JN441600

술 발효 용어사전

-술 생활문화 대전-

정 동 효 편저

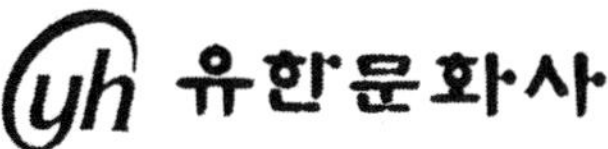

서 문

술을 만들기 위하여 누룩을 만들고 술쌀을 찌고 여기에 누룩을 섞어두면 술이 생긴다. 이 원리를 이용하여 우리 조상들은 전통주를 만들어 왔다. 그러나 누룩에는 여러 가지 미생물이 번식한 균체 덩어리이고, 미생물은 누룩에서 살면서 효소를 생성하고 있다. 이 효소는 쌀을 가수분해하여 포도당으로 분해하고 여기에 효모가 들어가 알코올 발효를 하면 술이 되는 것이다. 그러나 이 과정은 상당히 어려운 과학이 숨어 있다.

이 과학을 모르면 좋은 술로 발전할 수 없다. 그래서 한국 전통주인 막걸리는 탁하고 저장성이 없으며 비위생적이라 하였다. 여기에 식량이 부족하여 조선시대에는 금주령이 몇 번이나 있었고, 강점기 시대에는 과세하기 위하여 통제가 심하였다. 술을 발효하는 데는 상당한 과학적 지식이 필요하다. 양조장 사정도 그다지 좋지 않았다. 술을 발효하는 학술용어도 정해지지 않고 있는 실정이다. 그러나 최근 한국의 막걸리가 이곳저곳으로 수출되고 있다 하니 다행한 일이라 생각된다.

막걸리, 탁주는 전통주이기는 하나 양조학에서는 병행복발효주(竝行復醱酵酒)로 분류하는데 제일 어려운 과목의 하나이다. 사실은 막걸리, 탁주는 조전시대의 여러 고서(古書)에서 찾아 볼 수 있으나 술이 되는 원리, 과학적 설명이 부족하여 술을 발전시킬 수 없다.

그래서 하는 수 없이 병행복발효주(竝行復醱酵酒)의 대표적인 술이 일본의 사케(정종)이다. 이 술은 일본의 과학이라 자랑할 수 있다. 이 술 역시 쌀로 만든 술로서 한국의 전통주라 할 수 있는 막걸리와 같은 양조 원리를 가진다. 따라서 일본의 정종 양조의 모든 공정을 이해할 수 있으면 한국의 막걸리도 탁하지 않고 저장성이 있고 위생적으로 만들 수 있다는 것을 자신 있게 말할 수 있다.

편자는 이번 기회에 일본 술 양조의 학술용어를 수집하여 해설하고 그리고 한국의 술에 관련된 생활문화 그리고 주(酒)가 들어 있는 단어를 추려내어 『술 발효 용어사전 – 술 생활문화 대전-』이라는 책을 편찬하게 되었다. 이 작은 책자가 좋은 술을 공부하는 학생, 주류공장에 종사하는 분, 그리고 발효식품을 연구하시는 분들에게 조금이라도 도움이 된다면 다시없는 영광으로 생각하겠다.

오늘날 출판의 어려운 여건을 무릅쓰고 편찬해주신 유한문화사 천승배 사장님 그리고 여러 임직원분들에게 깊은 감사를 드리는 바이다.

2016년 4월

편저자 정동효

차 례

제 1 부

양조주(병행복발효주) 용어

■ 맛의 분류

미각은 미뢰(味蕾)라는 감각기능에 의하여 느껴지는 것이나 Henning은 맛을 감(甘), 산(酸), 고(苦), 함(鹹 : 염의 맛)의 4원미로 분류하고 있다. 다른 맛은 이 4원미의 결합과 다른 감각으로 후각(嗅覺), 촉각(觸覺), 온도감(溫度感) 등이 더해져서 생긴 것으로 풀이하면 각 원미를 정점으로 한 맛은 이 사면체를 만들고, 모든 맛은 이 사면체 중의 한 점으로 나타나게 하였다. 일본에서는 4원미 외에 글루탐산 이온으로 대표되는 지미(旨味 : 감칠 맛)를 가한 학자도 있다. 맛을 느끼는 방법에서 감미는 혀의 설단(舌端 : 혀끝), 산미는 설연(舌緣), 고미는 혀의 뿌리(舌根, 설근)에서 강하게 느끼기 쉽다고 한다. 이 외에 삽미(澁味)는 설점막(舌粘膜)의 수렴에 의한 감각이고, 신미(辛味)도 마찬가지로 생각해도 좋을 것이다.

암(暗)시료

관능검사의 판정인에게 시료를 제공할 때 그 시료의 내용을 밝히지 않고 암호 등으로 나타내어 판정하는 수가 많다. 이 시료를 암(暗)시료라고 하며, 이것에 대하여 내용을 명시한 시료를 명(明)시료라고 한다.

가리움 효과

본래의 향미 등이 다른 또 하나에 의하여 덮어서 가려져 있는 효과를 말한다. 예를 들면 술에 여과취가 있으면 술 본래의 방향이 낮아지거나, 또 고미를 느낄 수 없는 술에 감미 등의 맛을 가하면 고미를 없게 되는데 이것은 맛의 마스킹(masking) 효과에 의한 것이다.

최초의 술(呑先, 탄선)

술의 저장탱크에는 보통 저부에 두 곳의 배출구(위 배출구, 아래 배출구)가 있는데 배출구를 열어 최초에 나오는 소량의 술을 「최초의 술, 탄선」이라 한다. 시료 술을 채취할 때 배출구 부분에 먼지가 부착되어 있어 혼탁 되는 수가 있으므로 최초의 술은 버리는 것이 보통이다.

술맛 보는 도구

(1) 술맛 보는 데 사용하는 작은 술잔 : 술맛 보는 데 사용하는 작은 사기잔은 보

통 백색의 자기제로 내부 저면에 어두운 코발트색의 뱀눈 모양의 무늬가 들어 있어 술의 청명도와 색을 판정하는 데 좋게 되어 있다. 주질(酒質)의 관능검사는 대단히 섬세한 것이기 때문에 술맛 보는 데 사용하는 작은 술잔의 색·모양·크기·무게·질 등이 한결 같지 않으면 안 된다. 또 시각이 향미의 판단에 영향되는 것을 방지할 목적으로 내면을 황색으로 착색한 술맛 보는 작은 술잔이나 암바 글라스를 사용하는 수도 있다.

(2) 토해 내는 그릇(토하는 항아리) : 술맛 볼 때는 혀 위에서 술은 몇 회 굴리고 나서 향미를 판단하고, 그 후 입안에 남은 술을 토해 내 받기 위한 용기를 「토해 내는 그릇」이라 한다. 최신식의 관능검사실에서는 유수식의 고정된 것을 사용하고 있다.

프로파일(profile)법

품질 평가를 관능에 따라 색, 향기, 맛의 질과 양에 대하여 가능한 한 딱 들어맞게 나타낼 수 있게 미리부터 시트(sheet)화 하여 두고 평가하는 방법이다.

미맹(味盲)

1932년 Fox 박사는 페닐티오카바미드(phenylthiocarbamide, PTC)를 핥아 보고 고미를 느끼는 사람과 느끼지 못하는 사람이 있다는 것을 발견하였다. 이와 같이 사람에 따라 서로 다른 미각을 주는 물질을 미맹물질이라 한다. PTC 외에 다른 소듐 벤조네이트(Na-banzonate)가 유명하다. 미맹은 성별·연령·혈액형 등에는 관계가 없고 Mendel의 열성형질로서 유전된다고 하며, 미맹자라 할지라도 음식물의 맛을 보는 것은 지장이 없으며 술맛보기 등의 관능판정에도 특별한 장해가 없다고 한다.

전체 술맛보기

술을 제조하여 탱크에 저장한 술 전부를 동시에 술맛을 보고 주질(酒質)의 우열, 화락(火落)의 유무, 숙성의 상태 등을 판정하는 술맛 보기를 「전체 술맛보기」라 하고 경우에 따라서는 연간 수회 실시한다.

패널(pannel, pannalist)

패널이란 관능검사의 목적을 위하여 선발된 특정의 자격을 가진 사람들의 집단으로 구체적으로는 관능검사의 검사원, 판정인, 심사원, 피험자 등의 그룹을 말한다. 관능검사의 목적은 분석적(객관적) 검사와 기호(주관적) 조사로 나누어지므로 패널도

분석형 패널과 기호형 패널로 나눈다. 분석형 패널은 출하검사, 수인검사, 공정관리 등과 같이 시료 간의 차이를 검출하거나 특성을 평가할 때 사용된다. 기호형 패널은 개인이 좋아하는 것을 기술하는 것이나 소비자를 올바르게 대표할 수 있게 선정하는 것이 포인트이다.

술맛보기

술맛 보는 데 사용하는 작은 사기잔에 쏟아낸 시료 술을 관능검사에 의하여 평가하는 것이 술맛보기이다. 우선 색과 혼탁을 보고 다음에 후각으로 향기를 마시고 이어서 입안에 소량의 시료(4～10mℓ 정도)를 머금어 혀의 위에서 휘돌려 끌어들이는 향을 맛보면서 맛의 조화를 판단한 후 내뱉는 항아리에 토해 내고 다시 후미를 검사한다. 입안에 멈추어 있는 시간에 따라 다르나 보통 2～3초 정도가 적당하다고 한다. 청주를 가온한 상태에서 술맛을 보는 것을 「데운 술맛보기」라고 하고, 찬 술맛보기에 대한 말로 보통은 50℃ 내외의 온도에서 맛을 보는 것을 「가열 술맛보기」라고 한다. 술맛보기는 청주를 상온상태에서 술맛보기를 하는 것으로 보통은 찬 술맛보기를 하나 시판주 등의 술맛보기는 찬 술맛보기, 더운 술맛보기의 양방에서 행하는 경우도 있다.

선 발

선발이란 선택한다, 체질을 한다는 의미로서 특정의 조건을 결정하여 그 조건에 합치되는 것만을 골라내는 것을 말한다.

미뢰(味蕾)

맛을 느끼는 것은 혀의 표면과 안 턱 구석의 연구개부(軟口蓋部)에 있으며, 여기에는 미뢰라는 맛을 식별하는 2,000～3,000개의 작은 조직이 있다. 하나의 미뢰에는 수십 개의 세포로 되어 있으며, 그 세포의 선단에는 미세한 털이 많이 나와 있고 맛의 용액과 접촉하여 맛을 느낀다. 미뢰조직은 성인보다 소아 쪽이 발달하고, 성인이 되면 퇴화된다고 한다.

술맛 보는 방

술맛 보는 것을 정확히 행하기 위한 특별한 방을 말한다. 관능검사의 재현성을 높이고 객관성을 증가시키기 위하여 다음과 같은 조건이 필요하다.

① 소음을 최소한으로 할 것, ② 배기설비를 하여 언제나 신선한 무취의 공기를 공

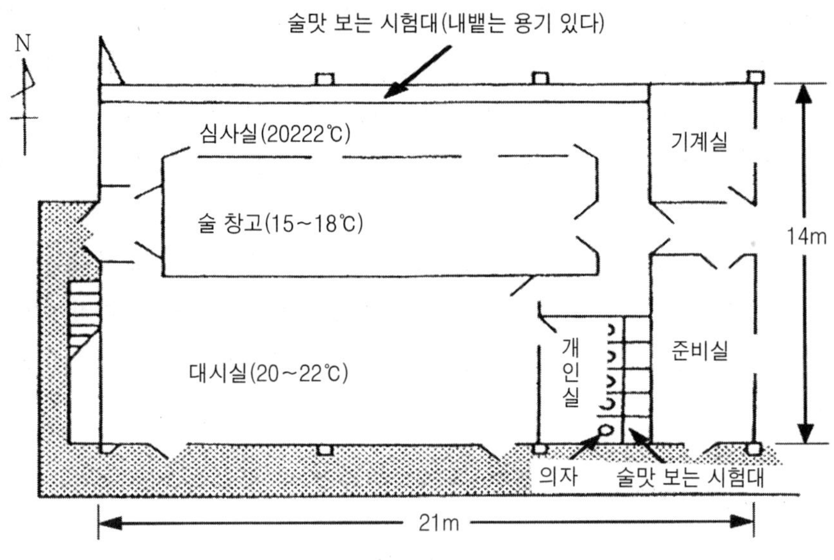

그림 1. 주류 심사실

급할 것, ③ 항온(20℃), 항습(60%)으로 조절할 것, ④ 피로하지 않는 책상과 의자를 설계할 것, ⑤ 벽, 마루, 천정, 책상, 의자의 재질 그리고 도료는 무취의 것을 사용할 것, ⑥ 실내는 neutral gray로 채색하고, ⑦ 공실, 시료저장실을 부속시킬 것, ⑧ 조명은 기능한 한 자연광과 인공조명의 양방을 이용할 수 있게 하고 책상의 조명은 비교적 시료 전체를 균등하게 비치게 할 것 등이다.

생리적 효과

술맛보기를 할 때 심리적·생리적 효과에 따라 편견을 가질 수가 있다. 올바른 판단을 하기 위하여 다음 사항에 주의하지 않으면 안 된다.

(1) 순서효과 : 두 개의 시료를 비교하여 그 품질에 관계없이 앞·뒤 것을 언제나 과대평가하는 경향을 위치효과라고 한다. 시료의 배치순서를 언제나 무작위로 하는 것으로 막을 수가 있다.

(2) 기호효과 : 시료의 부호에 대하여 좋아함에 영향을 받아 판정하는 것을 말한다. 개인 또는 집단에서 특유의 치우침이 있다고 한다. 기호 대신으로 도형을 사용하거나 기호를 받아 넣어 되풀이하는 것으로 막을 수가 있다.

(3) 기대효과 : 술맛을 보는 것이 시료에 대하여 어떤 선입관이나 예비지식을 가지고 있으면 이것이 판단에 영향을 미친다. 여기에 대하여 시료를 암(暗)시료로 하는 것으로 막을 수가 있다.

(4) 대비효과 : 예를 들면 단팥죽에 염미로 짠맛을 주게 되면 달게 느껴지는데 이것은 동시적 대비효과이고, 단 용액을 맛을 바꾼 후에 신 것이 특히 시게 느끼는 것은 경시적인 대비효과이다. 진한 술의 다음에 맛을 보는 술은 보다 묽게 느껴진다고 한다. 시료의 배열 순서를 바꾸어서 무작위화 하는 것으로 막을 수가 있다.

(5) 피로효과(수응효과) : 감각기관의 자극을 계속하면 감도가 둔해지고 드디어 지각이 없어지는 현상을 말한다. 예를 들면 후각기관의 피로는 빨리 일어나고 또 회복도 빠르다. 시료수를 한정하거나 휴식시간을 취하는 것으로 막을 수가 있다.

술맛보기 시험방법

일반적으로 술맛을 보는 수법은 다음과 같다.

(1) 2점 비교법(대 비교법 : pair test) : 시료가 2점이 있어서 어느 것이 감미가 있는지 또는 어느 것을 좋아하는지 또는 어느 것이나 같은지를 판정하는 방법.

(2) 3점 비교법(triangle test) : 2종의 시료 사이에 품질 혹은 좋아하는 차가 있는가를 알기 위하여 3점 중 2점에 동일 시료를 넣어 판단 시료를 지적하는 방법.

(3) 1 : 2점 시험법 : 시료 S를 미리 맛을 보고 준비한 2점의 시료 중에서 어느 것이 S인가를 지적하는 방법.

(4) Matching 시험법 : A그룹과 B그룹 중에서 동일 시료를 술맛 보기로서 찾아내는 방법. 술맛 보기 대회 등에서 사용되고 있다.

(5) 격부법(채점법 · 순위법) : 어느 특성이나 품질 혹은 기호에 따라 순위를 붙이는 방법. 술의 심사 또 메이커에서 수입되어 출하, 공정의 검사 등에 사용된다.

이상의 시험법에서는 술맛 보는 패널의 수가 적을 때는 되풀이 하여 행하는 쪽이 좋다. 또 결과의 해석은 유의수준 표를 사용한다.

한계값

관능검사에서 식별할 수 있는 최소의 자극치를 한계값이라 한다. 식별 가능한 최소 자극차를 변별역(辨別閾)이라 한다. 예를 들면 알코올분 16도의 청주 알코올 도를 서서히 계속 증가하여 처음으로 농도차를 느낄 때의 알코올 도수 차를 상변별역(上辨別閾), 역으로 가수하여 알코올 도수를 낮게 할 때 판별되는 알코올 도수를 하변별역(下辨別閾)이라 한다.

코 막애(nose creep)

입안의 향기 영향을 가능한 한 배제하고 맛에 중점을 두어 술맛을 보는 방법이다. 수영에서 사용하는 비전(鼻栓, nose creep)을 사용하여 술맛을 보는 방법으로, 이 방법을 사용함으로써 청주 맛의 숙도와 생술 같다는 평가가 맛보다는 향기에 의존되는 것을 알 수 있다.

술맛보기 용어

술의 특성을 표현하는 말로 색에 관한 용어, 향에 관한 용어, 맛에 관한 용어는 모두 100여 종 이상에 이른다[부록표 1. 양조주 평가 시 고려할 사항(색상, 향, 맛) 참조]. 표 1에서는 일본 전국 시판 청주조사 술맛 보기 용지를 나타내었다.

인자 분석법

몇 개의 특성에 대하여 측정된 측정치가 있을 때 그 측정치 사이에 보이는 구조를 가능한 한 소수의 공통 설명 변수로 기술하기 위하여 고안된 다변량(多変量) 해석법의 일종이다.

후미(後味 : 뒷맛)

주류를 마신 후에 느끼는 맛을 말한다. 뒷맛이 진하고 깊이가 있고 야무진 느낌이 있는 경우에 맛이 있다고 한다. 야무지고 경쾌한 경우에 맛의 깨끗함이 좋다고 한다. 뒷맛이 산뜻하지 못하고 싫증나는 느낌의 경우에는 맛의 깨끗함이 나쁘다고 한다.

약품 맛[藥品味 : 약품취(藥品臭)]

향과 맛이 혼동되기 쉽고 살균 소독제·화학약품 향기가 있는 술의 맛으로 이행되거나 또는 불량한 여과기에서 이행되는 것으로도 생각되지만 그 원인은 밝혀진 것은 아니다.

풀맛(호미 : 糊味)

풀기(덱스트린)의 맛을 말한다. 당화효소에 비하여 액화효소가 강한 술덧을 여과 후 빨리 화입한 것과 같은 경우에 나타난다. 알맞은 균형을 취한 제성주(製成酒)는 환원당이 비교적 적은 성분으로 되는 것으로 여겨진다.

표 1. 전국 시판 청주조사 술맛 보는 용지(A) 심사원 성명 :

심사번호	종합품질 4점법	맛의 농담			산미	고미	삽미	과숙향	병의향	음양향	이취	이취종류
		진하다	보통	묽다								
1												
2												
3												
4												
5												
6												
7												
8												
9												
10												

주 1) 종합품질 : 1 = 우, 2 = 양, 3 = 가, 1 = 불가

주 2) 해당되는 난을 체크한다.

전국 시판 청주조사 술맛 보는 용지(B) 심사원 성명 :

심사번호	깨끗함			맛의 과숙과 미숙			단맛과 쌉쌀한 맛		
	깔끔함	보통	나쁘다	미숙	보통	과숙	달콤함	보통	쌉쌀함
1									
2									
3									
4									
5									
6									
7									
8									
9									
10									

주 1) 해당되는 난을 체크한다.

불조화(不調和)

맛과 향의 균형 그리고 감(甘), 산(酸), 신(辛), 고(苦), 삽(澁)의 오미(五味)의 균형이 나쁜 경우의 표현이다.

목으로 넘어가는 느낌(삼킬 때의 느낌)

술을 마실 때의 느낌을 나타내는 말로서 매끄러운 감을 받는 경우를 목으로 넘어가는 느낌이 좋다고 한다. 단단한 느낌이나 거친 느낌을 받는 경우는 목으로 넘어가는 느낌이 나쁘다고 한다.

수렴미(收斂味)

주류를 입에 머금을 때 입안을 물들게(수축)하는 느낌을 주는 맛으로 수렴감은 혀, 뺨의 내측, 입술(순) 내측, 이틀, 경구개(硬口蓋) 등에서 느낀다고 한다. 미각의 신경세포를 자극하여 생기는 감각은 아니고 신경을 수축시키는 물리적 작용에 의한 감각이라고 한다. 삽미는 고미와 수렴미의 복합 감각이고, astrigency(acridity : 아린 맛, 신랄한 맛, 매운 맛)는 양각(痒覺 : 가려움 감각)과 수렴미의 복합 감각이라 한다.

농순미(濃醇味)·농담도(濃淡度)·감신도(甘辛度)

농순미는 맛의 진함을 표현하는 말이다. 일본 청주의 경우 맛의 진함은 당과 산의 함량에 의하여 대부분 설명되며, 다음과 같은 진하기(농담도)의 회귀식을 실험으로 구하면 다음과 같다.

$$Z = 0.42S + 1.88A - 4.44$$

Z는 진하기의 정도, S는 포도당 함량, A는 산도이다. 이 식에서 술맛의 진하기의 70% 정도는 설명되나 나머지 30% 중에 우선 고미·산미 성분 즉 잡미 성분의 효과도 생각된다. 그 외에 아미노산·펩타이드(peptide)·단백질·핵산 등의 질소화합물과 무기이온의 영향이 생각되고 있다. 다음으로 청주의 감신(甘辛 : 맛이 달콤하고 쌉쌀하지 않음, 맛이 달콤하지 않고 쌉쌀함)도 농담(濃淡)과 마찬가지로 청주 중의 당과 산의 양에 지배되는 것으로 생각되어 감신도(Y)로서 다음 회귀식에서 구할 수 있다.

$$Y = 0.86S - 1.16A - 1.31$$

Y와 Z를 종축으로 하고 A, 횡축을 S로 하여 그래프 상에 등가 점을 연결하여 등고선도로서 나타내면 그림 2와 같다.

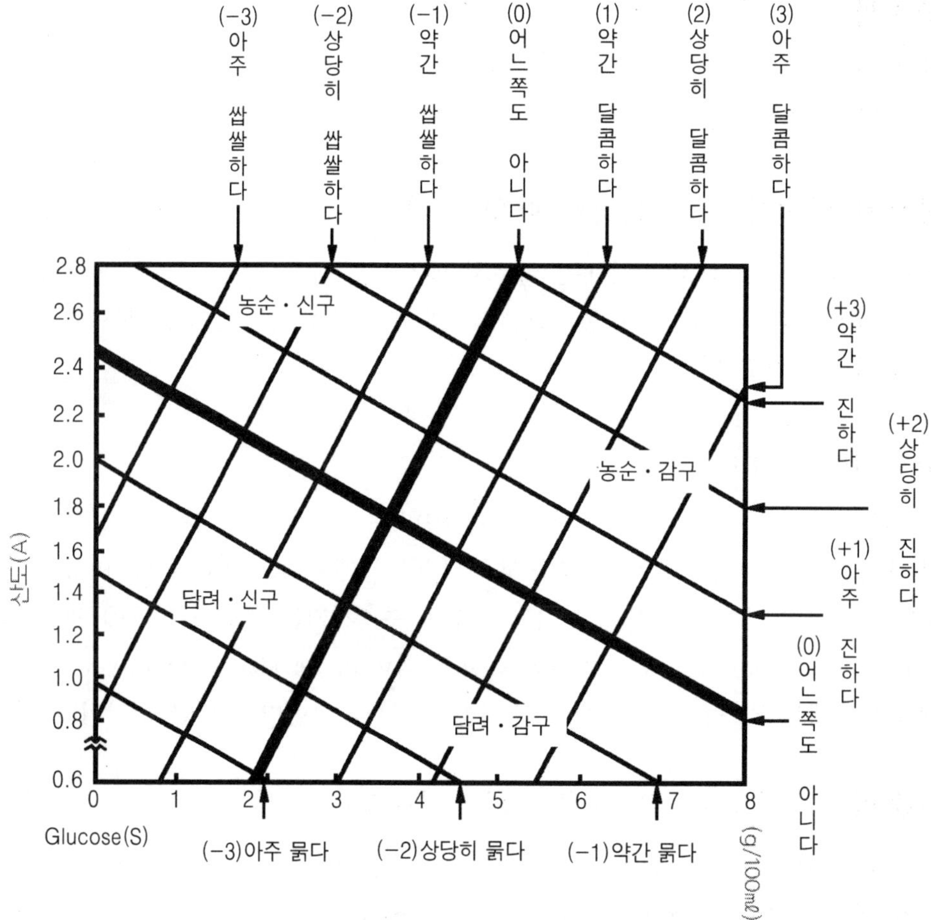

그림 2. 청주 맛의 감신(甘辛)과 농담(濃淡)의 등고선도

잡미(雜味)

잡미는 청주의 미각 중 불결한 맛, 불쾌한 맛, 거칠기를 주는 맛 등을 총칭한 것이다. 그러나 한편으로 잡미성분은 술의 맛에 진하기를 주고 있고, 이들 맛이 적당히 존재하는 것이 진하고 깊이가 있는 맛, 순조로운 맛 등을 주기 때문에 필요하다고 생각된다. 잡미의 반대 표현으로서 깨끗한 맛, 둥근 맛, 순조로운 맛, 온화한 맛 등의 용어가 있다.

끈 기

뒷맛이 있고 진하고 잘 조화된 맛이 있으며 맛이 진하고 깔끔하게 느껴지는 것을 끈기가 있다고 하며 끈기가 강하다고 한다. 이것과 반대로 맛이 진하고 잘 조화된 맛이 부족하고 둔해진 경우를 끈기가 없다든가 끈기가 약하다고 한다.

진하고 깊이가 있는 좋은 맛

진하고 깊이가 있는 좋은 맛은 주질 평가의 중요한 인자이다. 청주의 진하고 깊이가 있는 좋은 맛을 구성하는 성분으로서 일반적으로 아미노산·펩타이드 등을 생각하고 있으나 청주의 경우 감미와 산미의 조화도 일종의 진하고 깊이가 있는 좋은 맛을 주는 것으로 실험적으로 확인되고 있다. 이와 같이 진하고 깊이가 있는 좋은 맛은 '아주 좋은 맛'이라 하는 소위 청주 중의 화학성분과 대응 결부시킬 뿐만 아니라 조화라는 미각작용이나 입맛, 혀 촉감이라는 입안의 감각 등을 종합한 다차원(多次元)의 심리적 감각이라고 한다. 진하고 깊이가 있는 좋은 맛과 같은 내용을 갖는 말로서 농미(濃味)·농순미(濃醇味)·감칠맛 등이 있으며 이들이 복합한 용어로도 사용하고 있다.

산미(酸味)

산미는 4원미의 하나로 신맛을 내는 물질은 모두 화학적으로는 산이다. 그러나 산이 반듯이 산미를 내는 물질은 아니다. 산미의 세기를 총 산량이나 pH로서는 나타낼 수 없으나 화학단위로 산미를 대표하려고 하면 적정산도가 가장 가까운 결과를 내는 것이다. 청주의 산도는 1.0～2.0이고, 산미는 3.0～4.5가스트 정도이다. 가스트 척도란 Beehe-Center가 제창한 말로 4원미 맛의 진하기 대수는 농도의 대수에 거의 정비례하는 것과 그리고 이들 네 개의 이질 맛 사이에 있어서도 맛의 강도라는 점에서 공통의 척도를 만드는 것이 가능하다는 두 가지 전제를 세우고 설정한 것이다.

고미(苦味)

고미는 4원미의 하나이고, 청주 맛의 한 구성요소이나 고미로서 명확하게 느끼는 것은 좋지 않다. 청주의 고미물질로서는 아미노산류(L-leucine, phenylalanine, tryptophan 등), 프로릴루신(prolylleucine) 무수물·메틸티오아데노신(methylthioadenosine)·타이로솔(tyrosol)·키누렌산(kynurenic acid) 등이 확인되어 있다.

완충작용(緩衝作用)

타액에는 산도를 감소시키는 완충적 효과가 있다. 동일 산도의 염산과 초산에서는 염산 쪽이 pH가 낮고, 동일 pH의 강도와 약산에서는 약산 쪽이 산미가 강하다. 이것은 약산이 해리하지 않는(pH에 관계하지 않는) 예비 수소이온을 많이 가지고 있고 강산보다 타액의 영향을 받기 어렵기 때문이다. 즉 완충작용이 강하기 때문이다.

금속미(金屬味, 金屬臭)

금속을 연상시키는 것 같은 맛을 말하며, 그 본체가 금속인지 아닌지는 불명이고 향과의 관계가 강하다.

완숙한 맛[완숙미(完熟味)]

화입(살균)을 끝낸 청주는 저장탱크 중에서 조용히 숙성시킨다. 이 기간에 신주 때의 거친 향미가 없어지고 온화하고 원만한 향미로 변한다. 이 맛을 '완숙한 맛'이라 한다. 일반적으로 질소화합물의 함량이 많을수록 숙성은 빠르나 숙성이 지나치면 과숙으로 되어 맛이 싫증이 난다. 숙성이 충분하지 않는 경우에는 숙성이 덜 되고 맛이 거침 혹은 미숙이라 한다.

곰팡이 내(곰팡이 취, 곰팡내)

곰팡이 냄새를 느낄 때 곰팡이 맛과 무조작에 대하여 붙은 용어로 미각과 취기를 혼동한 표현이다

지미(旨味 : 감칠맛)

청주의 지미(旨味)는 아미노산류, 호박산, 아데닌(adenine) 등이 주체이지만 기타 복잡한 쌀 분해물의 맛이 더해져서 구성되고 있다. 대개의 주류 중 청주는 특히 감칠맛 술로서 세계적으로 평가되고 있다.

묽은 맛(맛이 묽다)

맛이 묽다는 것은 진하고 깊이가 있는 좋은 맛이 특히 부족한 경우를 말하며 빈약하다, 싱겁다, 여유가 없다 등의 유사한 용어로서 사용되고 있다.

이향미(異香味)

청주의 제조·저장 중에 용기·기구·첨가물 등에서 부여되는 청주 본래의 맛 이외의 맛을 내고, 향(이취)을 동반하는 경우가 많다. ⇒ 다른 물건에서 옮겨진 향. ⇒ 옮아서 남은 향.

감미(甘味)

감미는 4원미의 하나이다. 감미물질로서는 당류 이외에 글리세린(glycerin)·에틸 알코올(ethyl alcohol) 그리고 알라닌(alanine) 등의 감미 아미노산을 들 수 있으나 청주의 감미 대부분은 글루코스(glucose)로 2~5% 함유하고 20~40가스트이다. 가스트 척도란 Beebe-Center가 제창한 말로서 4원미 맛의 세기의 대수는 농도의 대수와 거의 정비례하는 것과 이들 네 개의 이질 맛 사이에 있어서도 맛과 세기라는 점에서 공통의 척도를 만든 것이 가능하다는 두 가지 전제를 세우고 선정한 것이다.

질이 좋고 나쁘다.

맛의 표현에서 잡미가 느껴지는 술을 질이 나쁘다고 하고, 깨끗한 술을 질이 좋다고 한다.

거칠다·깨끗하다·깔끔한 느낌

주류를 입안에 머금었을 때의 입 촉감을 나타내는 용어로 압 안에 자극적인 느낌을 받을 수 있는 상태를 거칠다고 한다. 반대로 매끄러운 느낌을 받아 진하고 깊이가 있는 좋은 맛을 느끼는 경우는 깨끗(깔끔)하다·담려(淡麗), 맛이 원만하다고 한다. 알맞게 진하고 깊이가 있는 좋은 맛이 있는 것으로 싱겁다·빈약하다와는 구별된다. 청주의 좋은 풍미의 표현에 담려(淡麗 : 맛이 깨끗함)와 농순(濃醇)을 상대적 용어로서 사용한다.

감구(甘口 : 맛이 달콤하고 쌉쌀하지 않음)·신구(辛口 : 맛이 달콤하지 않고 쌉쌀함)

청주를 미각에 따라 대별하는 경우의 용어로서 마셔서 맛이 달콤하고 쌉쌀하지 않는 맛으로 느껴지는 청주를 감구(甘口)라 하고, 신구(辛口)는 그 반대로 맛이 달콤하지 않고 쌉쌀하게 느껴지는 것이다. 청주의 감미(甘味)는 주로 엑기스 성분 중에 함유되는 포도당 양에 따라 그리고 신미(辛味)는 주로 알코올 성분에 기인된다. 청주 중의 비중이 무거운 엑기스 성분과 가벼운 알코올 분의 균형을 나타내는 「일본주도」는 청주의 감신(甘辛 : 단맛과 쌉쌀한 맛)을 간략하게 표현하는 방법으로서 중요시되고 언제나 사용되고 있다.

감취(甘臭 : 달고 역한 냄새)

신주(新酒)를 화입(살균)하여 그 직후에 나오는 일종의 독특한 달고 역한 물엿 같은 냄새로 저장탱크에 숙성하면 다른 향과 복합하여 서서히 소실되어 간다. 노국(老麴)을 사용할 때나 국 사용 비율이 많고, 박 비율이 적은 경우 또는 4단 담금을 한 청주에는 특히 발생하기 쉽다.

옮겨진 향(移香)

청주는 제조·저장 중에 접촉하는 용기·기계류에서 각종 향이 붙기 쉽고 이들 청주 본래의 향기 이외의 향을 총칭하여 '옮겨진 향(移香)'이라 한다. 옮겨진 향에는 유취(油臭 : 기름 냄새)·검(gum)냄새·수지냄새·탄소냄새·포대냄새·여과냄새 등이 있고 좋아하지 않는 향으로 다루고 있다.

불쾌한 냄새

생주를 상온에서 저장할 때에 발생하는 불쾌 냄새로서 원인물질로는 ① isovaleraldehyde(이소발레르알데하이드), ② isovaleric acid ethyl(ethyl isovalerate : 이소발레르산 에틸), ③ isovaleraldehyde diethylacetal(이소발레르알데하이드 다이에틸 아세탈) 등 세 물질이 동정된다.

금속취(金屬臭 : 철분 냄새)

금속을 연상시키는 것 같은 찬 향으로 맛과 관계가 깊으나 성분(철, 구리 등)과의 관계는 밝혀지지 않았다.

알코올 냄새

청주 중에 다량의 활성탄소를 가하여 여과하면 여러 종의 성분이 흡착되어 제거되나 알코올 향미가 다른 향미에 비하여 끌어올려져 향미의 균형이 허물어져 특히 알코올 냄새가 강하에 느껴지게 된다. 또 여과 직후의 신주는 첨가한 알코올과 원 술덧이 친숙하지 않고 향미 불조화로 알코올 냄새를 느껴지는 수가 있다.

병의 향(甁香)

청주는 유리병에 장기간 저장하여 둘 때 생기는 특수한 향으로 이 중에는 과숙 향(老香), 노주취(老酒臭), 탄내(焦臭), 일광취(日光臭), 짐승 냄새, 번데기 냄새, 황화수소 등이 함유되어 사람에 따라서는 그 표현이 갖가지이다. 병의 향 발생 원인으로서 유리병을 통과하는 광선에 의한 술의 변질현상이라는 것이 정설로 되어 있다. 푸른색 병에 병조림한 청주를 2시간 직사일광에 쬐이면 착색도가 증가됨과 동시에 이취(일광취)가 발생하고, 이 본체는 황을 함유하는 화합물(phenylmethyl captane)로 추정한다. 병의 향을 방지하는 데는 갈색병, 다크 그린 병, 에메랄드 그린 병을 사용하는 것이 유효하고 청주의 종류에 따라서 발생하는 병의 향은 다르나 억제하는 방법으로서는 활성탄처리가 유효하다.

유취(油臭 : 기름 냄새)

기계유가 부착하고 있는 기구·기계에 청주가 접촉할 때 부착된 기름 그 자체의 냄새로 관능적으로는 검(gum)냄새와 혼동되기 쉽다.

익은 감 향기

청주를 다량으로 음주한 경우 내쉬는 숨 중에 알코올 냄새와 함께 익은 감과 같은 취기를 느끼는 수가 있다. 내쉬는 숨 중의 아민류(주로 알데하이드)가 불쾌한 내쉬는 숨 냄새의 한 성분으로 된다. 이들은 체내에 들어간 에틸알코올이 아세트알데하이드로 산화되어 그 일부가 축합하여 생기는 것으로 생각된다.

생 과숙 향

생주를 저장한 경우에 발생하는 불쾌한 냄새와 같은 계통의 냄새이다. 과숙 향이 어느 정도 강하게 되면 '생 과숙 향'이라 부르고 생주의 과숙에 의하여 발생하는 것으로 생각한다.

과숙 향[노향(老香)]

청주의 저장 중이나 병조림 후의 시판 술에 나오는 향으로 주로 국에서 기인된다. 노국을 사용하여 박 비율을 줄이고, 저장온도가 높은 경우에 현저히 나타나는 특유의 불쾌취로 이를 '과숙 향(묵은 냄새)'이라 한다. 숙성은 일종의 산화반응으로 생각되는 산화취라고 부르는 수가 있다. 알코올류가 저장 중에 산화를 받아 알데하이드가 생성되고 또 황을 함유하는 아미노산의 분해에 의한 머캅탄(mercaptan), 다이설파이드(disulfide)의 생성이 발견되고, 최근에는 다이메틸 설파이드(dimethyl sulfide)가 증가되는 것으로 판명되었다.

이들 향기에 관여하는 성분은 헤아릴 수 없을 정도로 숙성 중에 미묘한 변화를 일으키는 것으로 생각된다. 또 청주의 저장 중에 증가하는 3-deoxy-glucosone(3-D-G)은 숙도를 나타내는 지표로서 중요시 되고 있다. 청주의 적당한 숙도는 3-D-G 농도로 0.24~0.38mM의 범위이고 그 상한치를 넘으면 관능적으로 과숙 향(묵은 향)을 느낄 수가 있다. 또 탄내를 가지는 것도 있으며, 이 물질은 호박산을 함유하는 에스터(ester), 또는 아마이드(amide)로 추정되고 있다.

냉각 향

청주를 화입(火入)하여 냉각할 때 발생하는 특유한 향으로 신주의 방향이나 숙성시의 술 본래의 향과는 다르고 숙성과정에 발생하는 약간 달콤하고 씁쓸한 맛이 나는 불쾌한 향이다.

입안 향

약 5㎖의 청주를 입에 머금고 입안에서 이동시키면 내쉬는 숨과 함께 청주의 향이 비강(코의 내부)에 이른다. 이때 느끼는 향을 '입안 향'이라 하고 청주의 관능검사 판정에 있어서 중요시 한다.

히오치 향(火落香)

저장 중의 청주나 시판 병조림 제품에 화락균이라 부르는 유산균의 일종이 증식하여 생기는 악취이다. 증식하는 유산균의 종류에 따라 다소 성질이 달라지나 그 본체는 다이아세틸(diacetyl)과 휘발산의 혼합체로 생각되고, 취반미가 시어질 때의 냄새와 아주 유사하고 부패취라고도 한다.

겨 냄새 · 효모 취 · 앙금냄새

쌀겨 같은 향으로 청주에 이와 같은 향이 존재하는 것은 좋아하지 않는다. 비타민 B_1이 분해되면 티아졸(thiazole) 핵의 분해물이 생기고 이것이 쌀겨 냄새의 원인으로 된다. 또 술 자루를 사용하여 여과한 바로 뒤의 청주에는 앙금이 함유되고 약간 백탁이 되고 있다. 이 앙금의 주된 성분은 녹말, 섬유, 단백질, 청주효모 등으로 앙금질 기간이 길면 청주 중의 잔존 효소의 작용으로 다시 분해가 진행되어 향미가 변한다. 분해가 지나치게 진행되어 과열로 된 향을 앙금냄새라고 한다. 효모 취 등도 이 계통의 향이다.

입덧 향

청주 술덧에서 효모의 증식이 늦어져 유산균 등의 세균류가 이상(비정상) 증식 할 때의 이상(비정상) 술덧이나 청주가 히오치(火落)될 때 발생하는 향으로 향의 본체는 다이아세틸(diacetyl), 휘발산 등이다. 히오치(火落) 향과 대체로 같은 계통의 취기이나 히오치 향은 제품의 저장 중 또는 병조림 제품으로서 출하 중에 생기는 향을 말하는데 대하여 입덧 향(냉향 · 냉 담금 향 · 세균 취)은 양조공정 중에 세균이 이상(비정상) 증식하여 생기는 향을 말한다. 초산균에 의하여 생기는 초산 냄새가 느껴져 청주 술덧 양조 중 더욱 싫어하는 향이다. 또 생원(生酛)계 주모제조 초기(담금 후 5~6일째)에 국향이 묽어져 감향(甘香)으로 되고 약간 입덧 향을 생성한다.

착향(着香)

청주 품평회에 출품할 때 인공적으로 음양주의 방향을 부여시킬 의도로 출품 술에 에센스 냄새나 발레르산(valeric acid)을 가하거나 사과 · 바나나 · 멜론 등의 과즙을 첨가한다. 또 청주 술덧의 고포기간 중에 방출되는 가스 중의 방향 성분과 냉각하여 액화한 것 혹은 알코올 용액에 녹인 것을 첨가하여 입상을 기대하는 수가 많다. 그러나 이들은 주세법에서는 인정되지 않는데, 예를 들면 전국 신주품평회에서는 사전에 이루어지는 분석 감정시험에서 제외된다.

신주 향(新酒香)

신주(新酒 : 햅쌀로 만든 술) 특유의 향으로 국향(麴香 : 고지 향)이라고도 한다. 향의 원인은 주로 국에 기인되는 것으로 생각되나 본체는 불명이다. 술을 데워 온도를 올리면 현저히 나타나서 소비자는 좋아하지 않는다. 그러나 화입을 하여 숙성시키면 소실된다.

지방산 냄새

청주의 제조 · 저장 중에 발생하는 일종의 독특한 불쾌한 향을 말한다. 양조 중의 세균오염이나 원료미의 정백이 불충한 경우에 발생한다고 하나 그 원인은 아직 밝혀져 있지 않다. 겨된장에 담근 침채류에 가까운 냄새나 낙산 같은 냄새도 있고 또 겨드랑 냄새(암내)와 같은 지방산 냄새도 유사하므로 지방산 냄새, 낙산 냄새 혹은 김치 같은 냄새라는 말로 표현한다.

초산에틸 냄새

초산에틸(acetic acid ethyl, ethyl acetate)의 냄새로 이 향이 강한 술은 술덧이 산막효모로 오염된 가능성이 있다.

외래미 냄새

외국산 쌀을 원료로 하여 양조한 경우 발생하는 특수한 향이다. 외래미는 수입 등의 조건에 따라 고미(古米)인 것이 많으므로 고미 냄새에 유사한 향의 경우가 많고 더하여 품종·수송·저장 등의 조건이 불리한 경우도 많으므로 복잡한 향을 구성하는 것이 많다.

탄내[초취(炒臭)]

술이 탄 것과 같은 냄새로 초취(焦臭 : 탄내)라고 하며 과숙 향[노향(老香)]의 일종이라 할 수 있다. 술에 광선을 조사하여 방향이 생기는 때에도 발생하는 수가 있고 양조과정 중에 원인이 있을 때는 신주 시에 탄내가 인정된다.

음양향(吟釀香)

고도 정백미를 사용하는 돌파정(突破精 : tsukihaze형의 국을 만들어 술덧을 저온 발효시킨 음양주의 청주에 있어서는 과실 같은 방향을 생성하므로 음양향이라 한다. 음양향의 주된 것은 ① 발레르산 에틸(valeric acid ethyl, ethyl valerate), ② 뷰티르산 에틸(butyric acid ethyl, ethyl butyrate), ③ 초산 이소아밀(acetic acid isoamyl, isoamyl acetate), ④ 카프론산 에틸(caproic acid ethyl. ethyl caproate) 등의 에스터류, ⑤ 이소아밀 알코올(isoamyl alcohol) 등의 고급 알코올로 구성되어 있다.

고미냄새(古米臭, 묵은쌀 냄새)

상온 저장한 고미를 원료로 하여 청주를 양조하면 맛보기 후의 청주에 일종의 당밀 취에 유사한 냄새가 느껴진다. 이는 다이메틸 설파이드(dimethy sulfide : DMS)가 주체라고 한다. 이 향은 신주 때보다도 화입 후, 저장 중에 숙성이 진행됨에 따라 증가한다. 고미냄새가 붙은 청주는 활성탄을 사용하여도 탈취하기 어려워 현시점에서는 완전한 교정법은 없다.

검(고무)냄새

새로운 검(고무) 호스로 더운 술을 수송할 때나 고무마개 등이 장기간, 청주에 접촉할 때 생기는 검(고무) 자체의 냄새이다. 또 양조과정에서 잘 발효된 신주에 검(고무)냄새 유사의 향이 생기는 수가 있고 기름 냄새(油臭)가 검(고무) 냄새와 같은 감각을 주는 수도 있다.

여과냄새

청주를 여과하는 경우 사용하는 여과 재료에서 이행되는 각종 냄새를 총칭하여 여과냄새라고 한다. 여과냄새에는 여지를 사용한 경우의 종이 냄새(紙臭), 수세가 불충분한 목면을 사용한 때의 목면냄새, 불량 성분을 흡착한 활성탄 사용 시의 탄소냄새, 술 포대에서 이행되는 떫은 향 등이 있다. 이들은 코로 느껴지는 것보다 입 안으로 들어온 향 쪽이 현저하고 미각에도 크게 영향한다. 일반적으로 여과냄새는 청주 본래의 방향을 떨어트린다.

포대 향

청주 술덧을 압착할 때 사용하는 술 포대 또는 자동 착즙기용의 여포 세척이 불충분할 때 유지 성분이 보존 중에 산화되거나 혹은 미생물이 번식하기 때문에 생긴 이취로서 최초로 여과하여 흘러나오는 술이나 여과를 일시 중지한 직후 흘러나오는 술에 부착하기 쉽다. 현재 사용하고 있는 대부분은 화학섬유 포대이므로 무면포대는 그렇게 사용되지 않으나 목면포대의 경우에는 여름철에 그물코가 막히는 것을 적게 할 목적으로 갈물을 들이고 있으므로 사용 처음에 떫은 냄새가 나는 수가 있다. 포대냄새를 방지하기 위하여 목면포대의 경우에는 0.5% 과산화수소 용액, 화학섬유 포대의 경우에는 0.4% 차아염소산 소다용액에 하룻밤 침지 후 충분히 수세하면 좋다.

탄소냄새(炭素臭)

활성탄은 청주의 탈색과 향기를 조절할 목적으로 사용되고 있으나 다량으로 사용하면 일종의 자극냄새가 느껴지게 된다. 일반적으로 이 자극적인 냄새를 탄소냄새 또는 탄취(炭臭)라고 한다. 탄소냄새의 내용에 대하여는 초산에틸(ethyl acetate), 아세트알데하이드 또는 양자 이외의 미지 물질의 혼합물질로 생각하고 있으나 온전히 해명되어 있지 않다. 탄소냄새는 사람에 따라 표현이 다르고 다른 물질을 흡착한 불량 활성탄을 사용할 때나 여과조작이 나빠 완전히 활성탄이 제거되지 않을 때 느껴진다고 한다. 현재 시판되고 있는 우량한 활성탄에서는 탄소냄새가 나지 않는다는 연구결과도 발표되고 있다.

수지냄새(樹脂臭)

합성수지제의 용기에 보존한 청주에 특유한 냄새가 나는 수가 있는데 이것을 수지냄새(樹脂臭)라고 한다. 통기성이 큰 용기일수록 수지 본래의 냄새만이 아니고 다른 이취를 흡수하기 쉬므로 통기성을 내리는 것이 필요하다.

나무 향[목향(木香)]

청주의 제조 또는 저장에 삼나무 재료의 용기를 사용하면 삼나무의 자연향이 붙는다. 오늘날 제조・저장에는 거의 대부분 목제 용기는 사용하지 않으므로 제품에는 나무 향(목향)이 없는 것이 보통이다. 단 소비자의 기호에 따라 큰 통조림의 제품으로 하거나 이것을 병에 분주한 제품에는 나무 향이 있다. 나무 향을 붙이는 재료로서는 요시노(吉野) 삼나무를 귀중히 여긴다. 또 목제용기를 사용하지 않는 경우에도 청주 술덧에 아세트알데하이드가 일정(80ppm)량 이상으로 생성되면 나무 향과 같은 향[알데하이드 냄새・청취(青臭)]가 느껴지는 수가 있다. 술덧 중의 아세트알데하이드는 피르브산(pyruvic acid)이 많이 존재한 상태에서 알코올 첨가를 하는 경우에 생성되기 쉽다.

에스터(ester) 냄새

유기산 또는 무기산과 알코올이 물을 잃고 결합(축합)할 때 화합물의 향으로 청주 중에 함유되어 있는 주된 ester는 초산에틸(ethyl acetate), 초산 이소아밀(isoamyl acetate), 낙산에틸(ethyl butyrate), 카프론산 에틸(ethyl caproate), 카프릴산 에틸(ethyl caprylate), 카프린산 에틸(ethyl caprate), 라우린산 에틸(ethyl laurate), 초산 페닐에틸(phenyl ethyl acetate), 유산에틸(ethyl lactate) 등이 있다,

이/에이(E/A)비

청주 중의 향기 성분인 초산 이소아밀(isoamyl acetate)(E)과 이소아밀 알코올(isoamyl alcohol)(A)의 비율을 말한다.

$$\text{E /A비} = \frac{\text{초산 이소아밀(ppm)}}{\text{이소아밀 알코올(ppm)}} \times 100$$

이 비율이 높은 청주는 소위 음양향이 높고 음양주의 품질 평가의 하나의 지표로 되고 있다. 최근 향기성분 생성능이 높은 효모가 각종 개발되고 있다. 표 2는 그 한 예를 나타내었다.

색 택

청주의 색은 향・맛 등과 함께 품질을 나타내는 중요한 요소이다. 활성탄을 그다지

표 2. 향기성분 생성능이 높은 효모가 생성한 향기성분

성 분	농 도
알코올(%)	17.6
일본주도	5.0
산도(mℓ)	1.3
초산 이소아밀(ppm)	4.0
이소아밀 알코올(ppm)	125
카프론산 에틸(ppm)	4.4
E/A비	3.2

사용하지 않았던 시대의 청주는 엷은 호박색이었으나 현재는 거의 활성탄 사용으로 무색에 가깝게 탈색되어 이것이 양질의 청주로서 시판되고 있다. 그러나 한편으로는 활성탄의 과도한 사용으로 농순 미(농순한 맛)를 잃어 색택에 관계없이 품질 판정을 하기 위하여 암바 글라스 사용도 하고 있다.

플라빈(flavin)류

청주의 착색물질 하나로서 원료미의 정백도(精白度)에 따라 증감되지만 감소량은 약간이고 효모가 다량으로 생성된다. 멜라닌(melanin)계 색소 등은 정백도에 의하여 다소 감소되므로 정미비율이 낮은(정백도가 높다) 청주에서는 플라빈류의 착색이 강하게 나타나 청주는 약간 푸른 기(靑味)가 나는 담황색을 띤다.

착색물질

청주의 착색물질은 ① 플라빈(flavin)류, ② 멜라닌(melanin)계 색소, ③ 페리크리신(ferrichrysin), ④ 금속용기에서의 용출물질 등 여러 물질로 대별된다. 이들 착색물질의 대부분은 원료인 쌀·국·물에서 유래한 것으로 양조경과, 저장상태에 따라 증감하여 종합적으로 청주의 광택을 형성한다. 그리고 삼나무로 만든 용기를 사용한 경우에는 삼나무 재료인 터펜(terpene)류 등의 색소가 용출한다.

멜라닌(melanin)계 색소

당과 아미노산의 축합에 의하여 생기는 고분자의 갈색 색소로 원료미의 정미비율

이 높고(정백도가 낮고), 국의 단백질 분해력이 강한 경우에 신주는 멜라닌(melanin) 색소, 금속 킬레이트 페리크리신(ferrichrysin)에 의하여 담갈색으로 된다. 그리고 화입, 저장온도, 기간, 병조림제품의 일광조사 등에 의하여 축합작용이 촉진되어 색소가 증가하여 착색이 증가한다. 신주 중의 멜라닌(melanin)계 색소에 의한 착색은 약간이나 숙성 시의 착색에 크게 기여되고 있다.

페리크리신(ferrichrysin)

청주의 색소 10~50%는 페리크리신(ferrichrysin)에 의한 것이다. 청주의 국균은 균주에 따라 다소의 차이는 있으나 환상 펩타이드(peptide)의 디페리크리신(deferri-chrysin : DF)을 생산한다. 이것이 환상의 중앙에 삼가의 철을 취입하여 킬레이트(chelate)하므로 페리크리신(ferrichrysin)을 생성하고 적갈색으로 발색한다. 원료의 쌀 혹은 물에 철분이 많고 DF를 많이 생산하는 국균 균주에 의한 국을 사용하면 청주색은 착색이 현저하다. 이에 대하여 DF 비생산성의 국균 변이균주가 조성되어 실용화 되고 있다.

투명도[청명도(淸明度)]

청주의 청징도를 나타내는 지표 수치로서 탁도((turbidity)가 사용되고 있다. 윤기(광택), 맑음(청명도)이 나쁜 술은 정제여과의 불충분, 단백질 혼탁, 화락(火落) 등이 원인이다.

제 2 부

청주제조(양조) 용어

ㄱ

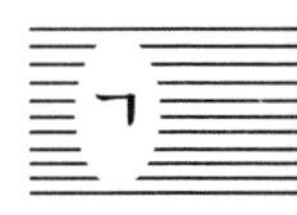

■ 간이 속양주모(速釀酒母)

효모는 건전한 효모가 배양되어 있으면 좋다는 견해에서 효모의 제조법의 간이화가 여러 가지 고안되어 왔다.

(1) 희박주모(稀薄酒母)

효모는 당 농도가 너무 높지 않고 또 호기적인(산소적인) 조건 쪽이 좋아 증식하기 위해서는 증미 100kg, 국 50kg, 급수 360 ℓ 와 같이 묽게 하여 담그고 고무래질로 산소의 공급을 꾀한다. 주모 총미(總米)는 담금 총미의 3～4%와 보통의 약 1/2, 급수비율은 220～240%, 유산 사용량은 급수 100 ℓ 당 600㎖ 정도로 후쿠레(膨) 시의 보메는 10도 정도, 6일 정도에서 육성되지만 카라시(枯) 일수는 4일 이상에 이르면 약성화 되기 쉽다.

(2) 고온 단기 속양주모(速釀酒母)・고온 속양주모・가온 폐지 속양주모

인스턴트 주모라고 하며 급수비율은 120～130%로 보통보다 약간 많게 하고 25℃ 정도에서 담그고, 우타세(打瀨) 중 품온이 내려가지 않게 보온하여 당화를 촉진하면 함께 효모의 증식도 촉진되고, 3일경부터는 후쿠레(膨)로 유도된다. 품온을 15℃ 이하로 내려가게 되면 가온조작이 필요하게 되어 육성일수도 길어지게 된다. 다량의 순수효모를 수국(水麴)에 첨가하고 단기간에 육성하므로 비교적 순수한 효모의 배양이 가능하다. 맛은 미려하고 아미노산은 적다. 카라(枯)시 기간이 길어지면 약성화 되기 쉽다.

간장(桿長)・초장(草丈)

벼의 줄기를 간(桿)이라 하고, 줄기의 길이(지표면에서 수수까지)를 간장(桿長)이라 한다. 지면에서 식물체를 신장시키는 경우의 최고 길이를 초장(草丈)이라 한다. 옛날 주조 미(대립 종)는 줄기가 길어 도복하기 쉬었으므로 품종 개량을 하여 줄기가

짧고 도복하기 어려운 품종으로 바꾸게 되었다. 일반적으로 대립 종은 소립 종보다 줄기가 긴데 대립 종은 100cm 전후, 소립 종은 75~80cm이다.

갈변성 국균(麴菌)·비갈변성 국균(麴菌)

국을 물에 담그고 나서 물기를 빼고 여지 상에 방치하면 국(정확하게는 국의 잔사)이 갈변되는 경우가 있다. 이와 같은 국을 갈변성(褐變性) 국이라 하고, 갈변하지 않는 국을 비갈변성 국이라 한다. 국의 갈변, 비갈변은 사용된 국균의 종류에 강하게 영향을 받아 갈변성 국으로 되는 국균을 갈변성 국균, 비갈변성 국으로 되는 국균을 비갈변성 국균이라 한다.

갈변성 국균은 일반적으로 호기성 생육형으로 제국에 있어서 아밀레이스(amylase)나 밤 향기의 생성이 강하다. 또 제국 중에 타이로시네이스(tyrosinase : tyrosine을 DOPA로 변하는 효소)를 생산하고 이것이 국 중에 함유되어 국의 갈변이나 검정주박의 생성 원인으로 된다. 그런데 국균 중에는 쌀 고지(미국)를 갈변시키지 않는 비갈변성 국균(따라서 tyrosinase를 생산하지 않는다)도 많다. 또 아밀레에스(amylase) 역가가 강한 갈변성 유용 국균에 자외선 조사처리로서 변이를 일으켜 비갈변성 국균을 얻어 실용화되고 있다.

갈색 미(米)

벼의 생육 중에 나락(벼)내에 균이 침입하여 주로 과피의 횡 세포가 착색된 알맹이를 갈색 미 혹은 갈색 쌀이라 한다. 대체로 입형은 부정으로 겨층이 두껍고 뿐만 아니라 충실하지 않으며 종구도 깊어 이곳에 갈색의 겨가 남기 쉽다. 또 등숙(登熟) 말기에 저온이 지나치면 모든 쌀이 보통보다 착색되는 경우가 많으나 이것은 엽록소의 분해가 정상이 아닌 것으로 생각된다.

강도(剛度 : 굳세기)

강도는 쌀의 경고성 혹은 취약(脆弱)을 측정하는 방법으로 신미, 고미, 단백질 함유량, 대립, 소립, 심백(心白)의 유무 등에 따라 다르다. 특히 수분은 강도에 크게 영향을 주고 수분이 많을수록 강도는 적어진다. 강도의 측정에는 미립을 가압하면서 미립에 갈라지는 금이 생기는 시점의 압력을 좌절강도(挫折剛度 : kg/cm^2)라 한다. 그리고 가압하여 미립이 깨어져 허물러지는 시점을 압세강도(壓碎剛度)라고 한다. 그런데 정미 시에 있어서 강도가 작을수록 쇄미(碎米)의 발생량은 많다. 보통 현미의 좌절강도는 $5kg/cm^2$ 전후, 그리고 압쇄강도는 $8kg/cm^2$ 전후이다.

개방발효 · 밀폐발효

주정 술덧과 같이 완전 밀폐탱크에서 발효를 하는 것을 밀폐발효라고 하고, 청주 양조와 같이 개방상태에서 발효를 하는 것을 개방발효라고 한다. 개방의 경우는 미생물에 오염되기 쉬우므로 세균수가 적은 한랭기나 제균한 발효실에서 발효를 하는 것이 보통이다.

거 품

(1) 포중(泡中 : 거품 중) : 3단 담금{도메(留) 담금 또는 도메(留)라고 한다.] 후 2～3일경에 나타나는 수포(水泡)에서 암포(岩泡), 고포(高泡), 옥포(玉泡)에 이르는 거품이 존재하는 기간을 총칭한다.

(2) 포지(泡持) : 거품 중 기간의 장단을 나타내는 말로서 거품 중의 긴 술덧에 대하여는 포지가 좋다 등의 표현을 한다.

(3) 포립(泡立) : 술덧의 거품이 나오는 상태를 말한다. 거품이 빨리 나오면 거품 일기가 빠르다고 하고 발효가 급속하게 진행하는 것을 나타낸다.

(4) 포전(泡前)시대 : 3단 담금(留) 후 1～3일 간은 보메는 놓고 거품은 아직 나오지 않는다. 이 기간을 포전시대라고 한다. 효모는 오직 번식만을 계속하고 상묘는 전급식(前急式) 술덧은 하레(膨)를 띠고 있으나 전완식(前緩式) 술덧에서는 후쿠레(膨)를 보이지 않는 경우에 따라서는 상징되는 수가 있다.

(5) 근포(筋泡) : 담금 후 최초로 나타나는 술덧 표면에 2～3개의 근육모양 거품으로 발효가 개시된 시기를 의미한다.

(6) 수포(水泡) : 3단 담금(留) 후 1～3일 후에 나타나는 거품으로 희고 가벼운 거품을 말한다. 이 시기는 덜 익은 과실 같은 방향을 가지며 효모증식의 초기이다. 맛은 담백하고 감미를 가지며 산미나 알코올 냄새도 없다.

(7) 게거품 : 수포의 초기에 발생하는 삽피(澁皮)에 붙어 있는 것 같은 거품의 상태로서 게의 입에서 품어내는 거품과 아주 유사한 거품이다.

(8) 암포(岩泡) : 수포의 다음으로 나타나며, 고포로 되기 전 단계에서 거품의 점도가 증가된다. 표면이 바위와 같이 되고 그 선단이 약간 황색을 띤 거품이다. 이 시기는 효모의 증식시기에서 품온은 상승되기 쉽고 감미, 지미가 있다.

(9) 전고포(前高泡) : 암포의 시기는 거품이 높으므로 이것을 고포의 초기 즉 전고포(前高泡)라 부르며, 고포에 포괄하는 수도 있다.

(10) 고포(高泡, 本泡, 本高泡) : 암포에 계속하여 거품이 차차 높아지고 치밀하게 점하여 소실되지 않는 상묘로 된 시기로 5～7일간 지속한다. 술덧의 당화, 발효가 왕성하여 탄산가스가 다량으로 발생하므로 과실 같은 향과 알코올, 탄산가스에 의한 쓴 향이 강하다. 특히 일본의 나다(灘) 술덧에서는 이 시기의 효모(단위 중량으로 액 부위의 5～10배)가 함유되기 때문에 거품을 깨뜨리면 발효가 둔해지는 것에 주의를 요한다.

(11) 낙포(落泡) : 고포 말기가 되면 점조한 고포가 대립으로 되고 점차 가볍게 되어 휘저으면 소리를 내면서 떨어지면서 소실되는 상태의 거품이다. 효모수도 최고로 되고 알코올 발효가 왕성하여 온도도 다소 상승 기미로 된다. 따라서 신미가 점차 증가하거나 산미, 삽미를 느끼는 것은 좋게 된다. 알코올 분은 12～13%이다.

(12) 옥포(玉泡) : 거품이 떨어지면 구슬모양의 거품이 술덧의 액면 전면에 생기는데 이것을 옥포(玉泡)라고 한다. 최초는 큰 옥포로 되나 점차로 작아진다.

(13) 지(地) : 옥포가 점차로 줄어져 거품이 없어지고 술덧의 액면이 보이는 상태로 되는 것을 지(地)라고 한다. 술덧의 상태에 따라 지로 되었을 때의 표현의 상태가 다르다.

(14) 방주(坊主) : 술덧 전면에 거품이 없고 액면이 노출되어 있는 상태를 방주라고 한다. 단단한 증미, 단단한 어린 국 등을 사용할 경우 당화보다 발효가 진행될 때 나타나기 쉽고 박 비율이 높은 경향이다.

(15) 축면포(縮緬泡) : 옥포가 야무지게 짜여 축면과 같은 주름모양을 띠는 술덧의 일면을 덮은 상태를 축면포(縮緬泡)라고 한다.

(16) 삽피(澁皮) : 지(地)로 되었을 때 연한 삽피 모양의 피막이 액면을 덮을 때를 삽피라고 한다. 축면포, 삽피 공히 당화와 발효의 균형이 이루어져 순조로운 술덧에서 발생되기 쉽고 주질은 온화한 것으로 된다. 두꺼운 삽피는 진한 맛 대신 산뜻하지 못한 주질로 된다.

(17) 개(蓋) : 지(地)로 되었을 때 액면의 표면이 덮개를 덮은 것과 같은 상태로 된 것을 개(蓋, 뚜껑)이라 한다. 미립의 잔사가 입상 그대로 표면을 뜨는 경우를 반개(飯蓋)라고 한다. 또 뚜껑의 두께가 10～20㎝에 이르는 것도 있고 특히 두꺼운 뚜껑의 경우에 후개(厚蓋)라고도 한다. 주모가 늙든가 증미가 연하고 미립의 용해가 좋은 경우에 잔사가 표면에 떼서 발생하는 것으로 주박 비율은 낮으나 술은 둔중하고 향기도 그다지 좋지 않다.

거품 없는 효모

거품 없는 효모란 술덧 발효의 고포기에 거품을 발생하지 않는 효모를 말한다. 이 효모에 대하여는 1924년에 타카바시(高橋) 등의 보고가 있으나 효모의 성질이 그다지 우수하지 않아 당시에는 중요시 하지 않았다. 1963년에 아키야마(秋山) 등의 산인(山陰) 지방의 주조장에서 거품 없는 효모를 분리하여 본격적으로 연구를 시작하였다. 그러나 이 효모도 제성주의 품질이 떨어지는 사실에서 실용화되지 못하였다.

다시 1971년 오우치(大內) 등은 우량한 청주효모에서 거품 없는 변이균주를 분리하는 것을 시도하여 그 선별법을 개발하여 협회 7호 효모의 거품 없는 변이균주를 분리하였다. 그 후 오우치(大內) 등은 다시 새로운 분리법을 설정하여 협회 6호 효모에서 거품 없는 변이균주를 분리하였다. 이 2종의 변이균주에 의한 시험양조를 전국적으로 행한 결과 거품이 일지 않아도 제성주의 품질도 양호하고 발효탱크의 효율 증진과 노무관리에 도움이 되는 것을 확인하였다.

현재 일본양조협회가 주조장과 거품 없는 균주 사용에 대한 계약을 체결하고 협회 701호 효모(협회 7호 효모의 변이균주)는 1971년에서부터, 협회 601호 효모(협회 6호의 변이균주)는 1973년부터, 협회 901호 효모(협회 9호 효모의 변이균주)는 1975년부터, 협회 101호 효모(협회 10호 효모의 변이균주)는 1984부터 영포하고 있다.

건조 국(麴) · 습기 국(麴)

손 촉감으로 마른 감을 느끼는 국을 건조 국, 습한 감을 느끼는 국을 습국(濕麴)이라 한다. 국의 건 · 습도는 보통 출국 비율로 판단된다. 보통 출구 비율은 18～21%이고, 이보다 큰 것을 습국으로 하는데 정연하지 못하고 관능 면에서도 떨어진다. 담금에 사용하는 경우 술덧의 산이 증가되기 쉽고 향이 낮아 농후한 술로 되기 쉽다. 수분이 적은 증미를 사용하거나 제국조작에서 수분의 발산을 많게 하는 경우 보통의 출국 비율보다 적은 건조 국으로 된다. 이 경우 박 비율이 높아지고 향이 강한 술이 되기 쉽다.

양조의 합리화가 진행하여 인수 부족 등이 문제 되어 국을 건조하여 장기 보존을 가능하게 하고 필요에 따라 꺼내서 사용되는 건조 국이 개발되었다. 보통 국의 수분은 25～30%이라 하나 이 건조 국은 수분이 8%로 될 때까지 제습 건조한 것으로, 효소를 실활 시키지 않고 장기 보존이나 수시 사용이 될 수 있게 되었다.

겨층(糠層)

현미를 도정할 때 초기에 나오는 겨는 갈색을 띠고 있다. 이것은 미립의 피층부가 벗겨진 것으로 이것을 붉은 겨(赤糠)라고 한다. 붉은 겨에 해당하는 미립의 부분을 겨 층이라 부르고 미립의 과피, 종피, 호분 층이 겨층에 해당된다. 주식용의 정미는 겨 층을 제거하는 도정이고 주조용 정미는 다시 배유의 외측 호분 층을 벗겨내는 도정이다.

경도(硬度)

물중의 칼슘(Ca^{+2}), 마그네슘(Mg^{+2}), 즉 알칼리 토류 금속의 양을 산화칼슘(CaO) 또는 탄산칼슘($CaCO_3$)으로서 나타내는 것이다. 전자를 독일 경도라고 하고 물 100 mℓ 중의 칼슘, 마그네슘 양을 CaO의 mg의 나타내는 것으로 단위는 도를 사용한다. 후자는 미국 경도를 말하고 $CaCO_3$ppm(물 100mℓ 중의 mg수)로 나타낸다. 이전에는 독일 경도가 사용되었으나 현재는 미국 경도가 주가 되고 있다. 독일 경도를 17.7배 한 것이 미국 경도에 상당된다.

물 중의 칼슘, 마그네슘이 중탄산염의 형으로 함유되고 있을 때는 자비하므로 불용성의 탄산염으로서 제거시킬 수 있다. 이것을 일시경도(一時硬度)라고 하고 황산염, 염화물, 질산염, 인산염 그리고 규산염 등으로 함유되고 있을 때는 물을 자비하여도 제거할 수 없으므로 이것을 영구경도(永久硬度)라고 한다. 양자를 합하여 총경도(總硬度)라고 한다. 그리고 칼슘으로 유래된 경도를 칼슘 경도, 마그네슘으로 유래되는 경도를 마그네슘 경도라고 한다.

마그네슘 경도의 측정은 곤란하므로 총경도와 칼슘 경도의 차를 마그네슘 경도로 하고 있다. 경도의 측정은 erychrome black(EBT 지시약)을 지시약으로 하여 EDTA에 의한 적정법을 사용한다. 시험 수를 삼각플라스크에 취하고 염화암모늄 완충용액을 가하고 EBT지시약 몇 방울을 가하여 시험수가 경수이면 적색으로 된다. 이것은 EDTA용액으로 적하고 적색이 청색으로 변하고 전혀 적색이 없어지는 점을 종점으로 한다. 이때의 EDTA 적정수가 경도를 나타낸다. 총경도 측정에는 EDTA용액을 염화마그네슘을 가하고, 칼슘 경도 측정에는 염화마그네슘을 가하지 않는다. 칼슘 경도는 총경도의 75～80%를 차지하고 일본 이야스이(宮水)에서는 총경도 9～11도, 칼슘 경도 6～7도이다(독일 경도).

경수(硬水)·연수(軟水)

경도가 높은 물을 경수, 낮은 물을 연수라 한다. 경도란 물 중의 Ca^{+2}, Mg^{+2} 즉 알

표 3. 각종 경수와 연수의 경도

각종 연수와 경수	경 도
연수	〈 3
중간 정도의 연수	3～6
경도(경도)의 경수	6～8
중간 정도의 경수	8～11
경수	4～20
고도의 경수	〉 20

칼리토류 금속량을 CaO 또는 $CaCO_3$로 표시한 것이다. 이것을 총경도라고 하고 일본 국세청 소정 분석법주해에 의하여 경도(독일 경도)에 따라 표 3과 같이 나누고 있다. 자비에 따라 연수로 되는 경수를 일시경수(一時硬水)라고 한다. 단지 자비만으로는 연수화 되지 않는 경수를 영구경수(永久硬水)라고 한다.

경질미(硬質米) · 연질미(軟質米)

경질미, 연질미의 구별에 대하여는 홋카이도(北海道), 도호쿠(東北), 기다리쿠(北陸), 산인(山陰)지방 등의 한랭 지방의 생산미를 연질미라도 하고 온난한 지방의 쌀을 경질미라고 한다. 수분 15% 정도를 경계로 하여 이 보다 많은 것을 연질미, 적은 것을 경지미로 하는 경우도 있다. 주조업계에서는 정미에서의 마모의 빠르기로 경연을 논하는 경우와 증미의 손 촉감으로 경연을 논하는 경우, 술덧에서의 용해의 정도나 박량의 다소로 논하는 경우가 있다. 경 · 연질미의 구별은 주조업계에서의 쌀에 대한 경연의 표현과 일치하지 않는 경우가 많다.

한랭 지방은 환경습도가 높아 쌀의 수분이 많아지는 경향이 있고 수분이 많은 쌀은 정미로 마모가 빠르다. 그러나 백미의 수분이 적은 쪽이 흡습성과 용해성도 좋고 박 비율도 적어지는 경향이다. 나가도(長戶) 등은 미립내의 경도분포에 따라 경질미형, 준경질미형, 준연질미형, 연질미형의 네 타입으로 분류하였다. 미립의 횡단면에서의 배유세포의 배열을 본 경우, 경질미는 배유세포가 배복부근에서 편평화 하지 않고 중심점보다 방사선 모양으로 배열하여 알갱이 내의 비중 그리고 경도는 알갱이 주변부로 감에 따라 높아진다. 연질미에서는 배복선 부근의 몇 층의 세포가 편평화 하여 비중과 경도도 중심에 감에 따라 작아지고 있다.

고도정백미 침지(高度精白米 浸漬)

고도정백미는 정미시간이 길기 때문에 백미 수분은 감소되어 쌀 전체의 수분이 차이가 있고 미립내의 수분분포는 불균일하게 된다. 이들의 시정을 위하여 충분한 건조기간을 취할 필요가 있다. 이 경우 백미수분은 건조 장소의 환경에 영향을 받는다. 그러나 상당한 건조기간을 취하여도 보통 정백의 정미에 비하면 백미수분이 낮고 흡수하기 쉬운 경우가 많으므로 정연한 좋은 증미를 얻기 위하여 한정 흡수가 필요하다.

고미(古米) 감별법

고미(古米)와 신미(新米)란 광택, 색조, 향 등의 차이에서 관능적으로 어느 정도 감별된다. 화학적 감별법으로서는 현미의 활성도에서 그 신선도를 보는 발아시험, 아텔류산나트륨(sodium tellurite, Na_2TeO_4) 또는 triphenyltetrazolium chloride(TTC : 염화 2,4,6-트리페닐테트라졸륨)에 의한 정색시험(환원법) 그리고 구아야콜((guaiacol : *o*-methoxyphenol)에 의한 정색시험이 있다. 또 쌀은 저장중의 경시적인 pH가 저하되는 사실에서 쌀의 pH를 측정하는 방법으로서 MR와 BTB의 혼합지시약에 의한 정색시험(2MB법, 30BTB법) 혹은 BTB와 PR의 혼합지시약을 함유하는 0.001N과 0.005N NaOH용액에 의한 정색시험법 등이 있다.

고온국(高溫麴)·저온국(低溫麴)

국균의 효소생산에 대하여는 아밀레이스(amylase)계 효소는 40℃, 프로테이스(protease)계 효소는 35℃의 배양온도가 적온이다. 제국경과의 품온의 고저에 따라 생산된 국의 효소역가, 풍미 등은 다소 차이가 있고 고온국, 저온국으로 나누고 있다. 고온국은 품온경과가 전반적으로 높은 것과 최고 품온 부근만 높은 것이 있으며, 최고 품온을 45℃ 정도로 끝내므로 국 자신이 효소분해를 받아 연한 맛이 많은 국으로 되기 쉽다. 저온국은 증미의 경화가 빠르고 국균의 번식이 늦어져 Tsukihaze형(突破精型)의 국으로 되기 쉽고, 단백질 분해력은 비교적 강하나 국 자신의 효소분해가 적어 향이 높은 젊은 국으로 된다.

고온냉(高溫冷) 담금

술덧의 품온이 극단으로 상승하여 고온이 계속되는 경우에는 고포(高泡)의 중기에서 옥포기(玉泡期)에 걸쳐 증미가 급격하게 용해 당화하고 보메의 저하가 둔해지고 혹은 역으로 보메가 증가하여 알코올분의 생성이 적어져 드디어 발효가 정지되는 현상을 말한다. 전완후완형(前緩后緩型) 발효형식의 극단의 경우에는 술덧의 초기에 일어나는 냉 담금으로서 구제가 곤란하다. 효모의 활동이 정지하는 사이에 부조(腐造) 유산균 등의 유해균이 침입하면 감산패(甘酸敗)로 된다. 주질은 산미, 고미를 띠고 입덧 향, 산취가 심하게 된다. 품질의 유지, 가수, 주모, 고형효모, 발효조성제의 첨가, 제산 등의 구제방법이 생각되나 가능한 한 빨리 원료 알코올을 첨가하는 것이 좋다.

고온 당화주모(糖化酒母)

당화를 급속하고 또 효과적으로 행함과 동시에 잡균의 도태를 의도하여 고온도(55~58℃)에 담그고 효모를 순수하게 육성하려는 방법으로 1940년경에 고안되어 감주속양주모(甘酒速釀酒母)라고도 한다. 대략의 담금 배합은 증미 100kg, 국미 50kg로, 급수 270~300ℓ에서 55~58℃ 담금하고, 이 온도를 5~8시간 지속하여 당화를 행하여 약 40℃까지 급랭한 후 유산을 가하여 다시 냉각을 계속하여 25℃ 근처에서 효모를 첨가하고 20℃ 정도에서 거품을 일게 하여(湧付 : 와키쓰기) 보통의 속양주모(速釀酒母)와 마찬가지 경과로 육성한다. 고온 당화주모는 당화 그리고 냉각장치가 완비되어 있으면 오염도 적고 작업도 성력화 되어 주모육성의 기간도 단축되는 이점이 있는 반면 설비가 불충분하거나 당화 시 잡균도태가 충실하지 못한 경우는 약성(弱性) 주모로 되는 수가 많고 건조기간이 길어질수록 약성화 되기 쉬운 등의 결점이 있다.

고정화 타닌

셀룰로스(cellulose : 섬유소)에 나일론의 원료인 hexamethylene diamine을 결합시켜 아미노헥실 셀룰로스(aminohexyl cellulose)를 만들고 여기에 오배자 타닌을 결합시켜 제조한 것이다. 청주의 단백질 그리고 중금속을 특이적으로 흡착시켜 아미노산, 핵산 등은 흡착되지 않으므로 제철, 탈색, 청징화(제단백질)에 사용된다.

고체 국 · 액체 국

청주 양조에 일반적으로 사용되는 국은 증미에 국균을 번식시킨 입상의 국으로 고체 국이다. 이것에 대하여 알코올 제조에 있어서는 아밀로(amylo)법과 같은 형식으로 액체배지에 국균을 통기 배양하여 효소용액을 제조하는 액체 국 제조가 시도되고 있으나 알파-아밀레이스(α -amylase)의 역가는 강하나 당화형 아밀레이스(amylase) 제 역가가 강한 효소용액이 얻어지지 않고 향미가 나쁘므로 실용화 되지 못하고 있다. 또 두꺼운 증미 층(1m 정도)에 상하부로 서로 통풍하여 제국을 하는 국을 퇴적국(堆積麴)이라 하나 이것도 현재로서는 거의 사용하지 않는다.

고쳐쌓기

제국 중에 품온의 상승을 억제하고 품질을 균일하게 하기 위하여 선반에 쌓아 올린 국개 놓은 장소를 국실의 안 구석과 출구 가까이 것을 바꾸는 작업을 말한다.

곰팡이 프로테이스(protease)

곰팡이를 기원으로 하는 프로테이스(protease)로 중성 내지 알칼리성에 작용 최적 pH를 갖는 것이 많다. 또 세균 프로테이스(protease)는 세균을 기원으로 하는 프로테이스(protease)로 중성 내지 알칼리성에 작용 최적 pH를 갖는 것이 많다. 양자는 작용 특성, 효소 자체의 성질 등이 다르다.

곰팡이 효소

곰팡이가 균체 외로 분비하는 가수분해효소의 총칭으로 곰팡이 효소라고 한다. 동양의 양조산업은 국을 사용한 본 효소의 이용공업이라 할 수 있다. 또 세균효소란 세균을 기원으로 하여 균체 외로 분비하는 가수분해효소로 그 공업적 이용도 이루어지고 있고 양 효소는 작용 메카니즘, 효소 자체의 성질 등이 상당히 차이가 있다.

공개(空蓋) · 실개(實蓋)

옛날부터 행해온 국개(麴蓋) 제조법에는 상(床)기간이 지난 국을 담기의 조작으로 1.5～1.7kg 정도 들이의 용기로 계량하여 국개에 담는다. 국개는 실개(實蓋)와 공개(空蓋)로 된다. 실개(實蓋)와 공개(空蓋)는 공히 동형의 것이나 국을 넣는 쪽을 실개(實蓋), 뚜껑으로 하는 것을 공개(空蓋) 또는 공개(共蓋)라고 한다. 실개(實蓋)와 공개(空蓋, 共蓋)가 한 쌍이 되어 이들의 포개는 방법, 쌓는 방법으로 품온 그리고 온도를 조절한다. 담는 조작에는 실개(實蓋) 6개를 포개고 그 위에 공개(空蓋) 6장을 포개 놓고 국개 내의 공간을 적게 하여 품온이 상승되기 쉽게 하나 제1손질 이후는 실개에 공개를 엎어두고 품온 상승을 억제하면 공히 국개 내의 산소와 탄산가스기와 치환되게 한다. 습도의 조절에는 건조한 공개를 사용하거나 솥에서 삶아서 습한 공개를 사용하거나 한다.

공업용수

생활용수로서 일반 가정에 공급되는 상수도에 대하여 산업용수로서 각종의 공장에 집중적으로 공급되는 물이 공업용수이다. 상수도는 원수를 침전여과, 살균 처리하여 공급되나 공업용수는 원수 그대로거나 전 처리한 것만으로 공급된다.

과산성 효모

효모는 술덧 발효 시에 호박산, 유산을 위시하여 수종의 유기산이 생성되나 대표적인 청주효모(협회 6호 효모, 7호 효모 등)에 비교하여 산 생성량이 적은 효모를 과산성 효모(寡酸性 酵母)라고 한다. YH 효모, 협회 9호 효모, 거품 없는 효모 등이 여기에 해당된다. 역으로 평균적인 청주효모보다도 산의 생성이 많은 효모를 다산성 효모(多酸性 酵母)라고 한다. 술덧의 산도는 보통보다도 0.3～0.5% 정도 많다. 협회 8호 효모, 알코올 내성 효모, 나가노(長野) 효모 등이 여기에 해당된다고 한다.

괘류(掛流)

세미한 백미는 침지 탱크에 넣어 물에 담근다. 이 탱크(또는 통)의 하부에서 물을 주입하고 상부에서 유출시키는 것을 괘류(掛流)라고 한다. 괘류를 함으로써 쌀의 단백질도 유출되나 칼륨의 유출이 많고 따라서 술덧의 발효가 완만하게 된다. 괘류를 하는 시기와 시간은 수질, 정미비율, 미질 등을 생각하여 행할 것이다. 주모용 쌀, 국미는 괘류를 행하지 않고 괘미 중에서도 3단 담금의 덧밥만의 괘류를 행하는 것이 상례이다.

교정(矯正)

화락주(火落酒)는 그대로 음용으로 하기는 곤란하여 적어도 정상의 주질로 뒤돌리기 위하여 혼탁 제거, 탈취, 탈산 등의 처리를 할 필요가 있다. 화락주를 발견한 경우 곧바로 재화입하여 화락의 진행을 멈추고 활성탄을 병용하거나 앙금질, 제산제, 이온교환수지에 의한 탈산, 입상 야자 탄에 의한 탈취, 신선한 주박을 사용한 박 여과법에 의한 향미 개선 등의 처리를 한 후 안전을 위한 재화입을 하고 주질을 조사하여 적당량의 건전한 술에 혼화 사용하는 것이 보통이다.

구리 혼탁

청주를 구리탱크에 저장하거나 구리, 도금제의 펌프 여과기로 처리하는 등 청주를 장기간 구리에 접촉시키면 구리 이온이 청주로 용출하여 극단의 경우에는 청주가 청미가 나거나 병조림 후 갈변되기 쉬워지거나 혼탁을 일으키거나 최종적으로는 금속구리의 앙금모양의 침전을 생성하는 경우가 있다. 구리 함량이 0.5ppm 이상으로 되면 주의가 필요하다,

국균(麴菌)

국균이란 자낭균류 중의 국균과(Eurotiaceae)에 포함되는 국균 중 유성 생식 환을 가지지 않는 것(불완전세대)의 일부에 설정된 Genus *Aspergillus*에 속하는 곰팡이 중 일본의 양조산업에 이용되는 곰팡이의 총칭이다. 국균(麴菌 : 고지균)은 황국균(oryzae그룹)과 흑국균(awamori 그룹)으로 대별한다. 전자는 *Aspergillus oryzae, Asp. tamarii, Asp sojae*가 그리고 후자에는 *Aspergillus awmoari, Aspergillus usamii, Asp. luchuensis* 등이 포함된다.

(1) *Aspergillus oryzae* : 콜로니는 황록색으로 청주, 간장, 된장, 미린 등이 국(麴)으로 사용된다.

(2) *Aspergillus tamarii* : 콜로니는 갈색으로 된장, 타마리(溜) 간장의 국으로서 사용된다.

(3) *Aspergillus sojae* : 콜로니는 농녹색으로서 간장의 국으로서 사용된다.

(4) *Aspergillus awamori* : 콜로니는 흑갈색으로 포성소주 국으로서 사용된다.

(5) *Aspergillus usamii* : 균총은 흑갈색~갈색으로서 소주의 국으로 사용된다.

(6) *Aspergillus usamii mut. shirousamii*(*usamii* 변이균주로 *shirousamii*) : 균총은 백색으로 usamii의 변이균주로서 소주의 국으로서 사용된다.

(7) *Aspergillus luchuensis mut. kawachii*(*lichuensis* 변이균주로 *kawachii*) : 균총은 담홍갈색~담황갈색으로 소주의 국으로서 사용된다.

국균(麴菌)의 균사(菌絲)

균사(菌絲)는 증미의 표면에서 호화가 완전한 부분을 찾아서 신장하고 호화가 불완전한 부분에 마주치면 방향을 바꾼다. 또 칼륨의 균체 내에의 취입이 끝날 때 다시 칼륨을 구하여 방향을 바꾼다. 부품이 있는[외경내연(外硬內軟)의] 증미는 균사가 미립 내에 깊이 들어가고 Tsukihaze(突破精) 제국으로 되기 쉽다. 국균의 아밀레이스는 균사의 최선단부의 약간 내측에서 생산된다. 국균의 증미에 번식된 균사가 희게 육안으로 보일 수 있게 된 상태를 파정(破精 : haze)이라고 한다.

국균의 향기

국의 제국 중에 여러 종류의 향을 발생하므로 이 향을 형용하는 여러 가지 말이 있다. 증미향(蒸米香)은 증미와 같은 향으로 제국과정이 진행됨에 따라 소실된다. 엿기름 향은 종국과 같은 향이고, 이를 까맣게 물들이는 데 쓰이는 진한 밤색의 액체 냄새는 초산철 같은 냄새이다. 버섯 취는 버섯 같은 향으로 어느 것이나 제국과정 중에 발생하여 제국경과와 국의 판단에 사용된다. 습기 취는 제국 중에 습기가 많이 발생하는 곰팡이 냄새이고, 노향(老香)은 국을 국실 중에 오래 두었을 때 느껴지는 향이며 어느 것이나 나쁜 향이다.

국실 피로

국실을 장기간 사용하기 때문에 습기가 많아져 사용할 수 없는 경우를 국실의 피로라고 한다. 단열재로서 짚을 사용하는 경우에는 국실 피로가 빨리 일어나 국이 건조하기 어렵게 되고 향도 나빠지게 된다. 왕겨를 사용할 때는 국실 피로가 적어지고, 합성 단열재를 사용한 경우에는 거의 일어나지 않는다. 국실 크기에 대하여 담금 양이 많을 때 습도를 높이 유지한 경우 국실 피로가 되기 쉽다.

규산(硅酸)

규산은 담수 중에 반드시 존재하는 주성분이나 그 존재 상태는 경우에 따라 다르고 한마디로 논하기 어렵다. 측정방법에 따라 의미하는 내용도 다르다. 보일러 용수에 대하여는 규산의 영향에 대한 것은 불명한 점이 많다. 수중에 존재하는 규산의 형태로서는 다음 것을 생각할 수 있다.

① 단일 분자로서 분사된 상태
② 분자가 중합하여 생긴 중합분자의 상태
③ 수중의 현택물질에 흡착된 형으로 존재하는 상태
④ 점토의 미립자, 생물 사체의 파편 등에 규산을 함유하는 물질이 미립으로 혼탁된 상태

몰리브덴산법에 의하여 비색되는 규산은 ①의 상태로 용존되는 것으로 생각되고 있다. 분석법으로서는 비색법 중 규산함량이 많은 것은 몰리브덴산법을 사용하고, 함량이 낮은 것이나 철 그리고 인을 많이 함유한 물은 몰리브덴 청법(青法)을 사용한다.

규조토(硅藻土)

규조류가 퇴적하여 생긴 것으로 수미터 층으로 되어 산출되고 있다. 이것을 분말화 정제한 것으로 주성분은 순수의 규산에 가깝고 다공질의 구조를 하고 있다. 여과에 사용하는 규조토는 특히 철 등의 불순물이 적은 것으로 입자의 다소 등에 따라 여러 종류가 알려져 있으며, 이것을 사용하는 경우에는 여과하려는 것의 성상에 따라 적당한 것을 선정할 필요가 있다. 미국의 Jihns Manville Sales Corp. 제품으로 상품명 셀라이트(selite)로서 판매하는 것이 많다.

균사(菌絲)

일반적으로 곰팡이, 버섯류는 균사를 신장시켜 증식하고 영양을 취해 번식을 위하여 각종 포자를 형성한다. 균사 중 기질 중으로 파고들거나 표면에 밀착하여 번식하는 것을 기저균사(基底菌絲)라고 부르고, 공기 중으로 신장해 나가는 것을 기균사(氣菌絲)라고 한다. 국균의 균사는 격벽이 있고 균사의 일부가 공중으로 신장하여 포자병으로 되고 선단부에 정낭(頂囊)이 생기고 포자가 착생한다. 실모양의 균사가 집합된 균사체를 포자병, 포자의 전체를 균총(菌叢 : 콜로니)이라 한다.

그물코 막힘

여과과정에 있어서 여재 중을 통과하는 여액의 통로를 고체입자가 막아버려 여액이 통과되기 어려운 상태를 말한다. 이것을 방지하여 여재를 보호할 목적으로 원액을 여과하기 전에 여재의 표면에 미리 다른 물질을 코팅하는 수도 있다. 이와 같은 목적으로 사용되는 규조토 등의 물질을 여과 보조제라고 하고, 여재의 표면에 코팅하는 경우에는 전장(前裝) 조제라고 한다.

근적외선 분석

근적외선(近赤外線)은 적외선과 가시광선 사이에 있는 800～2,500nm의 전자파로 물질에 조사하면 그 구조에서 유래되는 특정의 파장을 흡수한다. 이 흡수패턴을 측정하는 적외선 분석법은 그 특징으로서 ① 시료의 전처리가 간단하고 신속하게 분석할 수 있다. ② 여러 성분을 동시 측정이 가능하고, ③ 고체·액체 등 시료의 형상을 문제시 안 한다. ④ 온라인 계측이 가능하다는 것을 들 수 있어 식품, 화학약품 등의 분야에서 이용이 넓다. 청주양조의 공정에서 이용은 원료미의 수분, 조단백질, 조지방, 아밀로스(amylose) 등의 측정, 국균의 균체량 측정, 주모의 알코올, 일본주도, 산도, 아미노산 당분, 총 당 등의 온라인 측정을 들 수 있다,

글루코아밀레이스(glucoamylase)

아밀로글루코사이데이스(amyloglucosidase) · 글루코아밀레이스(glucoamylas) · (에스-아밀레이스(S-amylase) · 당화형 아밀레이스 · 전분 당화효소와 동의어이다. 오직 미생물에서만 생산되는 효소로 전분을 비환원성 말단에서 glucose(β 형) 단위로 점차 분해를 한다. 대부분의 것은 전분 중의 알파-1,6-글루코사이드(α-1,6-glucoside) 결합에도 작용하므로 분해 한도가 높고 Rhizopus 기원의 효소와 같이 전분을 거의 100% 가까이 glucose로 분해하는 것이 있다. 본 효소의 측정은 공존하는 알파-아밀레이스(α-amylase) 역가를 제거 또는 소거한 효소용액을 기질전분을 반응시켜 생성 포도당(glucose) 양을 정량하여 역가를 한다. 주조용 국의 글루코아밀레이스(gluco-amylase) 역가는 보통 100~300mg glucose/g · koji/hr라 한다. 청주의 단백질 혼탁의 본체라고 한다.

글루타싸이온(glutathione) 함유 효모

사와노(澤野) 등은 균체 내에 액포(液胞)가 형성되지 않는 액포 생리기능 결손 변이효모와 협회 7호 효모와의 반복 역교배에 의하여 양조 적성을 가지며, 또한 여러 생리기능을 가지는 글루타싸이온[glutathione(GSH)]을 균체 외로 누출할 수 있게 육종한 효모이다. 이 효모를 사용하므로 GSH 함량이 20ppm을 넘는 청주의 양조가 되었다,

급수(汲水)

술덧의 담금 수를 급수(汲水)라고 한다. 총미에 대한 급수의 비율(급수 비율)은 125~130%가 표준이나 원료미의 정미비율, 실온, 목표로 하는 주질에 따라 적의 가감한다. 급수에 함유되는 성분에 따라서도 술덧의 발효와 밀접한 관계가 있고 일반적으로 칼륨, 마그네슘, 염소 함량이 많은 소위 강한 물에는 발효가 강하고 보메가 잘 저하된다. 이들은 성분이 적은 약한 물에서는 그 정도에 따라 약간의 가공을 하는 수도 있다. 술덧의 발효를 진행시키기 위하여 급수비율을 크게 하고 발효를 억제하기 위하여 급수를 묽게 한다(급수비율을 작게 한다).

척관법(尺貫法) 시대에는 백미 1석(150kg)당 급수량 1석(180ℓ)의 경우를 10수(十水)라 하고, 급수량 1석 1두(198ℓ)의 경우를 11수(十一水), 그 중간을 10수(十水)라고 하였다. 각각 120%, 132%, 126%에 상당하다,

기계제국법(機械製麴法 : 自動製麴法)

재래법은 보온된 국실 내에서 마루(床)나 선반(棚), 국개(麴蓋)를 사용하여 제국을 하는 데 대하여 적당 온도와 습도를 조절하여 통풍하므로 국균의 증식에 따라 발생하는 열을 증발잠열로서 꺼내고 증식상태를 자동적으로 제어하여 제국을 행하는 방법이다. 제국의 기계화는 명치시대(1868~1911년)부터 시험되었으나 기계의 미개발로 실용화에 이르지 못하였다. 1952년에 2개의 회사에서 각각 연속과 연속통풍에 의하여 제국시험이 이루어져 실용화 되게 되었다. 그 후 설비는 다양화 되었으나 어느 것이나 20～30㎝의 국 쌀 층에 연속되는 연속통풍을 행하여 통기의 온도, 습도와 함께 산소의 양을 조절하기 위한 순환통풍을 행하는 방법으로 이루어지게 되었다. 대량제국, 성력화, 재국시간의 단축, 설비 면적의 축소 등 이점이 있다.

끝내기

1일에 한 번 담금 단위의 술덧을 몇 회 담금을 할 것인가를 나타내는 말로서 끝내기라고 한다.

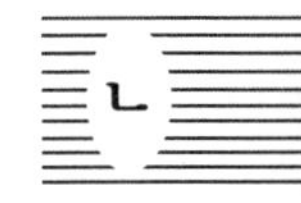

ㄴ

나트륨(소듐)

지구상에 칼슘 다음으로 6번째로 다량 존재하는 원소 염화나트륨으로서 해수의 약 3%를 차지함과 동시에 암석, 토양 중에 여러 가지 형태로 존재하고 있다. 그 기원은 암석, 토양에서 용출이 되며 해안 가까운 지대에서는 해수의 영향을 받고 있다. 염소 이온에 대한 나트륨 이온의 비(Na/Cl)는 그 지하수의 상태를 아는데 중요한 것과 같이 나트륨은 양조에 있어서 역할은 지하수의 동향을 아는데 중요한 지표의 하나이다.

내열성(耐熱性) 아밀레이스(amylase)

효소는 그 본체가 단백질이므로 열에 의하여 변성 실활된다. 균 기원, 배양조건, Ca^{+2}, Na^{+} 등의 존재에 따라 내열성이 다르다. 보통의 아밀레이스(amylase)보다 고온 하에서 안정성, 아밀레이스(amylase) 작용성을 가지는 아밀레이스를 내열성(耐熱性) 아밀레이스(amylase)라고 한다. 또 보통의 아밀레이스(amylase)보다 산에 대하여 안정성, 작용성을 가지는 아밀레이스를 내산성(耐酸性) 아밀레이스(amylase)라고 한다.

내열성(耐熱性) 프로테이스(protease)

효소단백질은 가열에 의하여 변성 실활되나 비교적 고온 하에서도 안정성, 작용성에 내성이 있는 프로테이스(protease)를 내열성(耐熱性) 프로테이스(protease)라고 한다. 또 비교적 강산성(pH 2～3)하에 있어서도 안정성, 작용성에 내산성이 있는 프로테이스(protease)를 내산성(耐酸性) 프로테이스(protease)라고 한다. 이와 같은 효소는 선발, 변이 등에 의하여 얻어진다.

냉 담금 · 감산패(甘酸敗)

담금의 초기에서 특히 증미의 용해가 급진하여 효모의 증식이 현저히 늦어지고 보메가 집적하여 저하되지 않고 알코올분의 생성이 둔하거나 정체하여 드디어는 발효가 정지된다. 이 현상을 냉 담금이라 한다. 경도일 때는 감구주(甘口酒 : 맛이 달콤하고 씁쌀하지 않은 술)로 되나 극단의 경우에는 감패(甘敗)로 되고 유해균이 증식함으로써 감산패(甘酸敗)로 된다. 효모의 건조가 지나치고 야생효모의 증시 혹은 한랭으로 극단의 저온경과를 취한 경우에 일어나기 쉽다.

고포의 증기보다 품온의 상승이 둔하고 또한 쓴 향도 낮다. 거품은 점조성이고 산의 증가가 빠르며, 증미는 감미가 많고 산미를 띤다. 냉 담금으로 판정되면 품온의 보유를 꾀하고, 역으로 지나치게 올라 용해가 진행되고 보메가 증가하지 않도록 유의해야 한다. 가수, 물 사단(四段), 정상의 술덧 거품, 고형 효모, 발효조성제 등을 첨가하여 발효를 촉진한다. 탱크 밑에 열탕장치를 넣거나 하부를 화로로 덥히는 방법은 물료가 녹기 쉬므로 주의하여 실시할 필요가 있다.

노국(老麴) · 약국(若麴)

너무 건조하지 않는 상태로 제국시간을 길게 하거나 고온경과로 손질이나 작업을 늦추면 국균의 돌파정형(突破精型 : Tsukihaze형)으로 되어 국균이 생성하는 내용성분도 많아져 노숙으로 된다. 이와 같은 국을 노국이라 한다. 이것과 역으로 제국조작을 빨리하여 저온경과를 이르게 하면 약국(若麴)으로 된다. 일본 나다(灘)에서는 주모 국을 노국(老麴), 괘국(掛麴), 약국(若麴)을 사용하는 것이 통례이다.

농산물 검사기준

일본 농림성 농산물 검사법에 기초하여 현미의 격부(格付) 검사가 이루어지고 있다. 그 중 수도, 멥쌀, 현미 그리고 양조용 현미의 검사기준은 다음과 같다. ① 등외미(等外米)는 검사에서 등외로 격부되므로 유통 용어에서는 설미(屑米 : 싸라기), 쇄미(碎米) 등이 여기에 해당된다. ② 규격 외미(規格外米)는 1등에서 등외까지의 각각의 품위에 적합하지 않는 현미(양조용 현미를 제외)로 다음 각종의 것이 있다. 수분 과다, 동할미(胴割米), 발아립(發芽粒), 탄 쌀, 유백미(乳白米), 청미숙립(青未熟粒), 백미숙립(白未熟粒), 미숙립(未熟粒), 피해립(被害粒) 등의 혼입. ③ 특정 저품위미(低品位米)는 규격 외미의 일종으로 식관법 하에서 1981부터 특정 미곡으로 자유화되었다.

농산물 검사법

이 법률은 일본 농산물에 대하여 국가가 검사를 하므로 농산물의 공정 또한 원활한 거래와 그 품질의 개선을 조장하고 더불어 농가경제의 발전과 농산물 소비의 합리화에 기여하는 것을 목적으로 한다. 미곡법(米穀法) 이래 식량의 국가통제의 변천에 부수하여 이 법률의 전신이라고 하는 각종 검사법의 명칭 내용도 역사적 경과를 가지고 왔다. 1951년에 이르러 현행 농산물 검사법이 법률 제144호를 가지고 공포 시행되어 수도, 멥쌀, 현미의 검사법에 대하여는 1978년 5월 1일 농림성 고시 제484호로 개정되었으며, 양조용 현미는 1991년 9월에 동 고시 제931호로 개정되었다. 일본 농림성 신식관법에서는 계획 유통미는 검사 의무 대상으로 되고, 계획 외의 유통미는 검사 대상 외로 임의검사를 실시하는 것으로 되어 있다.

뉴클레이스(nuclease)

광의로는 핵산의 분해에 관여하는 모든 가수분해효소를 말하나 협의로는 핵산에 특이적으로 작용하는 포스포다이에스테레이스(phosphodiesterase) 즉 뉴클레오데폴리메레이스(nucleodepolymerase)를 말한다. 뉴클레이스(nuclease) 중에는 리보핵산(RNA) 만을 기질로 하는 것을 리보뉴클레이스[ribonuclease(RNase)], 그리고 deoxy 리보핵산(DNA)에만 작용하는 것을 데옥시뉴클레이스[deoxyribonuclease(DNase)]라고 한다.

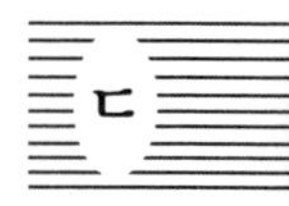

다갈색 쌀(茶米 · 銹米)

벼의 생육 중에 벼 안으로 균이 침입하여 주로 과피(果皮)의 횡 세포가 착색된 알갱이를 다갈색 쌀 혹은 수미(銹米)라고 한다. 대체로 입형은 부정으로 겨 층이 두꺼울 뿐만 아니라 충실도가 나쁘고 종구(縱溝 : 세로 홈)도 깊고 여기에 갈색의 겨가 남아 있기 쉽다. 다른 등숙(登熟) 말기에 저온이 지나치면 모든 쌀이 보통보다 착색되는 경우가 있으나 이것은 엽록소의 분해가 정상이 아닌 것으로 생각한다.

다랑이 논(棚田)

산의 경사면에 계단모양으로 만든 논을 다랑이 논이라 한다. 주조미의 대표 품종인 야마다니시키(山田錦)은 효고현(兵庫縣) 중앙부 동남에서의 구릉지대 계곡 다랑이 논에서 생산되는 것이다. 이 지대는 일조조건이 좋고 여름철 주야의 온도차는 10℃ 이상에 달하고 토양은 점토질로 대립미의 생산 특히 심백의 발현에 기여하고 있다. 그러나 다랑이 논은 사태나 언덕 붕괴의 위험이 있다. 기계화의 불편으로 경영상 불리하다. 최근 기반정비가 이루어져 있는 곳이 많다.

다수확 미(米) · 하이브리드 쌀

가공 원료용으로서 다수확 미(米)가 전국의 시험장에서 육성이 진행되고 있다. 태양에너지 이용률과 벼의 건물(乾物) 생산능력의 최고치에서 10a당 2,250kg가 이론적 수량 한계라고 하나 현재로서는 다수확 미(米) 품종인 후쿠히비키(후쿠시마 : 福島), 유키게쇼(雪化粧)(야마나시 : 山形)로 700～900kg이다(전국 평균 약 500kg). 다수확 미(米)의 조건으로는 하엽(下葉)까지 일조(日照)가 잘 되는 초형(草型)일 것(잎이 너무 번식하고 또한 무겁게 된다), 다비에 견딜 것, 단간으로 보복되기 어려운 것을 들 수 있다.

하이브리드 쌀은 잡종 1대(F_1) 쌀로 잡종 강세를 이용하여 다비에 적합하고 한 이삭당 알갱이 수가 많기 때문에 수량이 보통의 2～3할 증가하는 다수확 미(米)이다.

이미 중국에서는 인디카(indica) 쌀로 실용화되어 1989년 재배면적은 41%에 이르고 있다. 자웅(雌雄)동화의 각자 수분하는 벼에서 F_1종자를 대량으로 만든 것은 종자 어버이로부터 화분을 만들기 위해서는 웅성(雄性) 불임세포를 취하여 넣는다.

화분이 되지 않는 벼의 바로 가까이 있는 동 시기에 개화하는 다른 품종을 생육시키면 F_1이 된다. 단 보통의 화분에서 수정하면 F_1 종자도 불임성으로 되어 자가수분이 되지 않아 화분 어버이에는 임성회복(稔性回復) 유전자를 취입하여 F_1 종자의 불임성을 해제할 필요가 있다. 풍부한 유전자를 갖는 인디카(indica) 쌀의 F_1 종자는 비교적 만들기 쉬우나 자포니카 종은 만들기 어렵고 또 식미 등 품질 면에서 개량될 점이 많다고 한다.

단발효(單醱酵)·단행복발효(單行複醱酵)·병행복발효(竝行複醱酵)

주류의 양조방법 분류상 사용되는 용어로서 당질원료를 효모로 발효시켜 주류를 만든 경우 알코올 발효가 단독으로 이루어지는 사실에서 단발효라고 한다. 녹말질 원료를 효소로서 분해하여 당분으로 하고 여기에 효모를 가하여 알코올 발효를 행하는 양조법은 당화작용과 알코올 발효를 각각 독립으로 행하는 사실에서 단행복발효라고 한다. 청주양조에서의 효모 육성은 전기에서 당화를 진행시키고 후기에서 효모의 동시 발효를 꾀하므로 단행복발효에 해당된다. 양조공정에서 당화작용과 알코올 발효가 동시에 이루어지는 경우를 병행복발효라고 하고 청주술덧은 병행복발효에 해당된다.

단백질 혼탁(백탁)

청주의 백탁(단백질 혼탁) 현상의 하나로 외관은 화락(火落)균에 의하여 혼탁과 유사한 백탁(단백질 혼탁)의 정도는 낮고 그 청주를 가온하면 소실하고 냉각하면 다시 석출하는 점이 화락균에 의한 경우와 다르다. 세균성에 의한 것은 아니고 청주 중에 존재하는 효소단백질이 석출하는 것으로 국에서 유래하는 에스-아밀레이스(S-amylase) 활성이 강한 청주일수록 화입 후에 단백질 혼탁이 일어나기 쉽다.

생주를 여과하므로 청징한 것으로 끝마무리됨으로 화입을 하여 냉각하면 정도의 차에 있어서도 백택(단백질 혼탁)가 생기고 특히 심한 것은 침전물이 생긴다. 주질에 영향은 없으나 상품가치는 떨어진다. 백탁(단백질 혼탁) 때문에 청명도가 나빠진 상태를 윤기(광택)가 나쁘다든가 선명도(맑기)가 나쁘다고 표현한다. 백탁(단백질 혼탁)을 방지하기 위하여 일반작으로 청주를 앙금질을 하여 백탁 물질을 침전시켜 상징 청주를 여과하여 상품화하고 있다. 윤기(광택), 선명도(맑기)를 수치로 나타내는 데는 turbidity가 사용되고 있다.

혼탁이 많은 경우는 광전광도계를 사용하여 투과율(또는 흡관도)에 따라 직접 탁도를 비교할 수 있으나 미세한 경우에는 카르바노미터(감도 10-8A)를 조합시켜 산란광을 측정하는 방법에 의한다. 수증기를 0, 스노텍스 표준 원액의 100배 희석용액을 turbidity 100(토르만 유니트, No. 20에 상당)으로 정하여 측정한다. 앙금질을 한 청주에서는 20 이하, 상품으로서 출하 가능한 것은 50 이하, 윤기가 나쁘다고 판정되는 청주에서는 70 이상의 값을 나타낸다. 혼탁물질의 성성으로는 당류(galactose, mannose) 약 30%, 조단백질 60%, 기타 금속염, 페놀성 물질이 소량 검출된다. 분자량은 약 15~18만, 입자 크기는 5~10nm이고 효소처리에 의하여 침강된 것은 50~130nm로 크게 성장된다고 한다.

단좌운전(單坐運轉) · 연속정미(連續精米)

한 대 또는 몇 대의 정미기를 설치한 공장에서 총 정미공정을 각각 한 대 단위의 운전으로 마무리하는 방법을 단좌운전이라 한다. 이것에 대하여 몇 대의 정미기를 연결 설치하고 제1대째의 쌀을 수회 순환시켜 어느 정도 정미한 다음 이것을 2대째에 옮겨 정백도를 높이고 다시 다음의 정미기로 옮겨서 정미하는 방식으로 목적의 비율까지 정미하는 데 몇 대의 정미기를 사용하여 순차 정미하는 방법을 연좌운전이라 한다. 이 방법은 정미의 초기, 중기, 말기에 대응한 정미조건을 각 정미기에 조입하는 점이 유리하다.

또 다수의 동일 형식 또는 다른 형식의 정미기를 직열로 연결 배치하고 현미는 제1정미기를 통과 후 곧바로 제2, 제3, 제4의 정미기로 순차 통과하여 최후에 정미기를 거쳐 목적의 정미비율로 되어 배출되는 방식을 연속정미라고 한다.

담금배합

술덧 담금에 있어서 한 담금 당 주모의 사용량, 각 담금 단계에 있어서 증미 국, 급수의 양, 알코올 첨가량 등을 정한 것을 담금배합이라 한다. 일본 나다(灘)에서의 담금배합 평균치를 나타내면 다음 표 4와 같다.

일반적인 방법으로는 주모비율, 급수비율, 국의 비율이 큰 것은 당화에 비하여 발효가 촉진되어 거품 진행형으로 되어 신구주로 되고, 작은 것은 거품이 억제형으로 되어 감구주(甘口酒 : 맛이 달콤하고 씁쌀하지 않은 술)로 된다. 또 표준형에 비하여 첨가량을 많게, 3단 담금 양을 적게 하는 경우에는 거품 진행형으로 되고, 역의 경우에는 거품 억제형으로 되는 경향이 있다.

표 4. 담금배합 비율

원 료	주 모	초 첨	중 첨	유 첨	알코올 첨가	합 계
총미(kg)	140	316	566	9978		2,000
증미(kg)	93	217	423	813		1,546
국미(kg)	47	99	143	165		454
30% 알코올(ℓ)					900	900
급수(ℓ)	170	270	670	1,330		2,440

담금의 크기(술덧의 크기)

술덧의 한 번 담금에 사용하는 백미의 총 중량(세미 전의 백미 중량)을 담금의 크기 또는 술덧의 크기라 한다. 일반적으로 1,500kg에서 3,000kg가 표준이나 냉지에서는 크고 온난지에서는 작게 하여 발효를 조절한다. 또 한 용기당의 담금 백미의 총 중량을 술덧의 크기라고도 한다. 한 담금을 몇 개의 탱크에 분할하여 담금을 하는 경우와 또 탱크 하나에 한 담금 이상을 합병하여 담금을 하는 경우 등이 있다. 한 담금의 크기는 같다 해도 한 용기당의 담금 양은 다른 경우가 있다. 담금의 크기는 전열면적, 표면 공기접촉, 효모의 성질, 거품 문제 등에 따라 탱크의 크기, 형상과 관계가 깊다. 최근에는 기술의 진보에 따라 대형 담금이 이루어지는 경향이다.

담기(盛)

뒤지기 후 4~6시간에서 국균의 번식이 진행하여 파정(破精 : 하제)이 곳곳에 보이는 상태에서 국개(麴蓋)에 백미 중량 1.5~1.7kg에 상당하는 국을 담아 나누는 작업을 말한다. 담기시기의 늦고 빠름은 증미의 경화, 하제 마와리(破情 廻)등에 영향을 준다. 그런데 국의 진행방법이나 작업 형편에 따라 뒤지기를 행하면서 담기를 하는 경우가 있다. 이것을 뒤지기 담기라고 한다.

당류(糖類)

당류란 물에 녹아서 감미를 갖는 탄수화물로 단당류, 이당류, 과당류, 다당류로 분류한다. 청주업계에서는 증양주(增釀酒)의 당질 원료로서 주세법에 따라 포도당과 물엿을 사용하고 있으며, 이들을 당류로 칭하여 양조용 자료 규격협의 회의에서 그

규격을 만들고 있다. 현실로 출회되고 있는 당분의 성분은 포도당, 물엿 항에서 표시한 것이나 이것도 양조 알코올과 마찬가지로 이전에는 양조용 당류로서 표시하고 있었으나 1990년 표시기준의 제정에 따라 당류로 나타내었다.

당화율(糖化率)

주모 육성의 관리 수단으로서 보통 물료의 여액 보메도를 측정하고 물료의 용해 혹은 당화의 진행 정도를 판정하고 있으나 이 보메도는 여액 중의 엑기스 양을 나타내는데 지나지 않는다. 물료의 주체를 하는 쌀 전분이 붕괴하여 콜로이드 모양으로 된 경우, 액화효소의 작용을 받아 덱스트린으로 용존하는 경우, 덱스트린이 다시 분해하여 포도당으로 되어 용해되는 경우 어느 경우에도 각기 높은 보메도를 나타낸다. 주모 육성에서는 단지 보메도보다 높은 것이 중요한 것이 아니고 엑기스 중의 포도당의 백분율이 높은 것이 중요하다. 엑기스 중의 포도당을 백분율(%)로 나타낸 값을 당화율이라 하고, 팽(膨 : 후쿠레) 전의 시기에서는 이 값이 높은 것이 중요시 된다. 주모 여액의 당화율이 높은 경우 주모는 엉킨 것이 잘 풀린 것이 좋다고 한다.

쌀 전분이 붕괴하여 콜로이드 모양으로 되어 나타내는 보메도를 풀(糊) 보메라고 한다. 이때 나타내는 감미가 적은 전분립의 입안의 느낌 그리고 맛을 호미(糊味)라고 하는데 당화가 불충분하게 엉킨 것이 잘 안 풀린 주모의 상태이다.

대기통(待機桶)

술덧 탱크에서 직접 여과하지 않고 압착기 부근에 통을 두고 술덧을 일단 그 통으로 옮기든가 혹은 옮긴 후에 여과하는 경우 이 통을 대기 통이라 한다. 대기 통은 1층의 술통 옆에 두는 경우와 또는 높은 곳에 두고 낙차를 이용하여 술덧을 자연 유하시켜 포대에 채우는 경우가 있다. 또 화입 혹은 병조림 공정에서 화입 전 또는 입병 전 청주가 원거리에 있는 경우, 혹은 여과공정에서 여과 전 청주가 원거리에 있는 경우 일단 청주를 각각 조작을 하는 가까운 탱크에 옮긴 후 조작을 하는 쪽이 일이 원활히 되는 경우가 있다. 이와 같은 중계 탱크의 것도 대기통이라 한다.

대수기(對數期)

일정 배지에 일정 수의 검체 효모를 접종한 후 일정 조건하에서 배양, 일정 시간마다 효모수를 측정하여 이것을 보통 눈금으로 배양시간을 횡축으로 취하고, 대수 눈금으로 배양시간을 종축으로 취하여 편 대수 그래프 상에 프롯트 할 때 증식곡선이 직선으로 되는 시기를 대수기 또는 대수증식기라고 한다. 보통 청주 술덧에서는 3단 단금 후 3일~7일째가 효모의 대수기이고, 품온은 상승하고 고포로 되어 있다.

덧국(掛麴)

술덧의 담금(1단 담금(初添), 2단 담금(仲添), 3단 담금(留添)에 사용되는 국의 총칭으로 사용 구분과 국에 따라 초첨국(初添麴), 중첨국(仲添麴), 유첨국(留添麴)이라 부른다. 주모국보다 젊고 엉킨 것이 잘 풀린 것이 좋다. 일반적으로 1단 담금 국은 2단, 3단 담금 국보다 재실기간을 2~3시간 길게 하여 효소역가를 약간 강하게 하는 것으로 하고 있으나 기계제국에서는 일부의 재실기간 연장이 곤란하여 1단 담금 국도 2단 담금 국, 3단 담금 국을 동시에 출국하는 경우가 많다.

도감(搗減 : 搗精減小率)

정미공정에서 겨 등의 부산물 제성에 더불어 현미가 백미로 되면서 중량이 감소되는 것을 도감이라 칭하고, 그 중량을 도감 kg 수로 나타낸다.

도감 kg 수 = 현미 중량(kg) - 백미 중량(kg)

동절미(胴切米)

알갱이의 복부에서 배부(背部 : 등 부위)에 걸쳐 쐐기모양의 잘록 부가 생긴 알갱이를 말한다. 등숙(登熟) 기간 중의 도복 혹은 저온에서 알갱이 폭의 성장이 일시 정지하기 때문인 것으로 그 후 성장이 회복하여도 일부는 그대로 남아 잘록하게 된다. 폭의 생장 정지의 정도에 따라 잘록 부의 대소가 된다.

동할립(胴割米)

알갱이의 중앙부에 균열이 있는 것으로 심백립(心白粒), 대립에 많이 볼 수 있다. 미립의 급격한 수분 변화에 따라 생기고, 특히 급격하게 건조한 경우라든가 벼의 건조 시에 강우가 있으면 발생하기 쉽다.

두 번 찌기

증미가 완전하지 않았다고 생각되는 경우에 솥에 물을 추가하고 다시 찌는 것을 두 번 찌기라고 한다. 아주 단단한 외래미의 경우에는 증미에 살수하여 다시 찌는 두 번 찌기를 하고 그래도 단단한 경우에는 증미를 단시간 15~20분 증자한 후에 다시 수침지하여 증자하는 경우가 있다. 간장 원료의 외래미 처리에서 행하고 있다.

뒤바꾸기(적체, 積替)

제국 중의 선반에 6~7개 쌓은 국의 품온이 상부의 국개와 하부의 국개에서 온도의 고저가 생기므로 상부의 3개 분과 하부의 3개 분을 바꿔놓고 개국 중의 국 품온의 평균화를 꾀하는 작업을 말한다.

뒤집기(절반, 切返)

균종 접종 후 12~16시간 경과하면 퇴적 증미에 국균이 증식을 시작하여 온도가 상승하고 온·습도가 퇴적 증미의 내외에서 불균일하게 되므로 퇴적을 허물어 혼합, 온·습도를 균일하게 하고 또 산소를 보충하는 작업을 말한다. 국미(麴米) 미질의 경연, 품온 경과, 향기, 손의 촉감 등에 의하여 작업의 완급, 국실의 온도·습도를 조절한다. 뒤지기 시기가 빠르면 돌파정국(突破精麴), 늦으면 총파정국(總破精麴)으로 되기 쉽고 제국상의 중요한 작업이다.

등숙기(登熟期)

벼가 출수하여 개화, 수정 후 벼 내의 전분이나 단백질이 집적되어 임실(稔實)하는 것을 등숙이라 하고, 개화 후 후숙 할 때까지의 기간(일수)을 등숙기간(登熟期間 : 등숙 일수)이라 한다. 등숙 일수는 보통 35~50일이지만 등숙기간 중에 온도가 높거나 일조 조건이 좋을수록 짧아지고 주야 온도 차가 클수록 알갱이가 비대한다. 주간 온도 26℃, 야간 온도 16℃가 최적이라 한다. 등숙비율 (登熟比率)이란 이삭에 붙은 영화(穎花)가 몇 % 정현미로 되는가를 나타내는 비율이다. 정현미로 되지 않는 벼에는 생식기관의 장해에 의한 불수정(不受精, 完全不稔) 벼와 수정배유의 발육이 정지된 발육정지 벼(설미를 포함한 벼)이다.

디아스테이스(diastase)

Payen과 Persoz 등은 1833년 맥아의 추출액에서 녹말을 가수분해 하는 것을 발견하고 이것을 디아스타제라고 이름 지었다. 이것을 알코올에 의한 분별침전으로 분리한 것이 아밀레이스(amylase)의 효소 화학적 연구의 제1보이다. 이후 디아스테이스(diastase)는 아밀레이스(amylase)의 속칭으로 되어 있다. 1898년에 타카미네(高峰)씨는 국균배양으로부터 이 효소를 정제하는 방법을 고안하고 소화제로서 아주 유효하다는 것을 알고 이것을 타카-디아스테이스(Taka-diastase)라고 이름 지었다. Taka-diastase는 소화제의 상품명이다.

디 에프 균(DF균 : deferrichrysin 비생산균)

국균이 생산하는 데페리크리신(deferrichrysin : DF)이 Fe^{+3}과 chelate적으로 결합하여 착색물질 페리크리신(ferrichrysin)으로 된다. 이것은 청주의 착색원인으로 되고 활성탄에도 흡착되기 어려우므로 제거가 곤란하여 꺼려온 것이다. 청주 착색에의 기여율은 10～50%이다. 1974년에 인공적 변이에 의하여 DF를 생산하지 않는 변이균주를 선별하여 실용화되었다. 시판 균주로서는 A-27, FN-16, FN-48, FN-5가 있으며, 이 중 DF-5는 DF를 약간 생산하나 다른 여러 성질은 실용상 문제없이 널리 사용되고 있다.

떫은 성분

떫은 감 중에 특히 타닌 함량이 많은 푸른 감을 채취한 후 파쇄·압착하여 그 압착용액을 약 1개월간 발효시킨다. 그 후에 화입하여 수개월～수년간 숙성시킨 것으로 수량은 생감의 20～30%, 적갈색 내지 흑갈색의 액체로 pH 3～4, 비중 1.02～1.04, 고형분 7～10%, 유기산 2～3%이며 그 중 휘발성 산이 90%를 차지한다. 떫은 감 타닌 함량은 5～6%이다. 용도로는 청주 앙금질 등의 식품 청징제, 단백질 제거제, 목재도료, 어망염료, 섬유염료, 화장품소재, 방취소재 등에 사용된다.

뚜껑제거

담기시기에는 하부에 실개(實蓋) 6～8개, 상부에 공개(空蓋) 6～8개를 몽둥이 쌓기를 하여 약 3시간 후 실개의 상하 뒤바꾸기를 하나 품온이 급상하는 경우에는 이 시기에 각 실개의 위를 공개로 덮는다. 이 작업을 뚜껑제거라 한다.

뜸 드림

시루에서 쌀을 찌는 것이 끝나면 버너의 불을 정지 후 잠깐 그대로 방치하는 것을 뜸 드림이라 한다. 이것을 증미 뜸 들이기라고도 하며 그 조작에 따라 증미가 연하게 된다. 이전에는 석탄을 땐 관계로 화력을 정지하여도 남음 불이 있어 약한 화력으로 불을 때는 효과가 있었다. 그 후 중유 버너로 보일러의 증기를 사용하게 되어 뜸 드림을 하는 곳은 적어졌다.

ㅁ

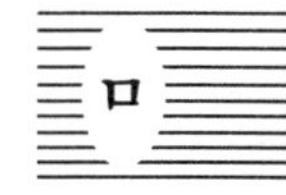

막여과(膜濾過)

엷은 박상의 여재로 세공의 직경은 비교적 균일하여 0.01～10㎛이다. 재질은 니트로셀룰로스(nitrocellulose), 아세텔셀룰로스(acetylcellulose), 폴리스티렌(polystyrene), 폴리-4-메틸렌(poly-4-methylene) 등이다. 세균, 효모 등을 제거하기 위하여 0.2～0.9㎛ 정도가 사용되며 담금수, 할수(割水)의 여과나 생주의 여과 등에 사용되고 있다.

막하균(幕下菌)

키모토계(生酛系) 주모 육성의 과정에 있어서 주역을 맡은 효모 이외에 유산균, 질산 환원균 등 주모 육성에 필요하다는 것이 확인된 미생물은 수 종류이고 이 외의 미생물을 막하균이라 한다. 일반적으로 잡균이라 불리는 세균류가 주모 육성의 초기에는 어느 정도 증식하나 주모 육성에 관여하는 의의가 있는지 확인되지 않는 상태에서 어떤 역할을 하고 있을 가능성도 부정되지 않아 이들 미생물을 막하균으로 총칭한다.

망 간

양조 용수 중에 망간이 존재하면 일광 착색을 촉진하는 인자로 되므로 철과 마찬가지로 적은 것이 바람직하고, 양조 용수 중의 함량은 일반적으로 0.01pp 이하이다. 분자흡광 광도법에 의하거나 과요오드산칼륨 산화법, formaltoxium법 등으로 정량하나 철 이온의 현탁물 중에 함유되어 공침되는 수도 있으므로 채수 후 가능한 한 빨리 분석하는 것이 바람직하다.

멥쌀(갱미, 粳米) · 찹쌀(나미, 糯米 : 점미, 粘米)

일본이나 한국인의 주식으로 먹고 있는 보통 쌀을 멥쌀(粳米)이라고 한다. 또 증자 후 아주 점성을 나타내어 옛날부터 떡이나 과자에 사용되어 온 쌀을 찹쌀(糯米)이라고 한다. 일본형 멥쌀 전분은 아밀로스(amylose)가 17~21%이며, 나머지는 아밀로펙틴(amylopectin)이나 찹쌀 전분은 아밀로펙틴(amylopectin)이 거의 100%이다. 멥쌀은 완전 건조하면 반투명으로 되나 찹쌀은 불투명한 유백색을 띤다. 양조용에 사용되는 것은 멥쌀이고, 찹쌀은 떡 사단(四段)용으로 사용된다.

모래여과

양조 용수는 그 용도에 알맞은 물이 되게 교정할 필요가 있다. 모래여과는 세미, 침지, 담금, 할수 용수의 교정방법의 하나로 가는 모래층에 물을 통과시켜 철, 미생물, 협잡물을 제거한다. 기폭법과 병용하면 더욱 효과적이다. 종종 모래 여과통을 청소하지 않아 미생물이 번식하여 오염원이 되는 수가 많으므로 충분히 주의하지 않으면 안 된다. 물이 통하기 쉽게 통 안에 작은 자갈을 넣는 외에 목탄 또는 활성탄이나 탄산석회를 사용하는 수도 있다.

목면(木棉)

면의 종자에 붙은 섬유로서 약 94%는 셀룰로스로 불순물은 알칼리로 자비하므로 제거되고 순 셀룰로스로 된다. 면섬유에 의한 여과 층의 공극률은 90~95%로 규조토의 80%에 비하여 아주 우수한다. 목을 사용하는 여과를 목면 여과・면 여과에 kg당 150~200 ℓ 의 물과 10kg의 증기가 필요하다. 면 여과는 끝내기 여과로서 사용되는 수가 많다. 이것은 청징도가 높은 여과방법이나 떼어내거나 세정에 많은 노력을 필요로 하고 또 그물코 막힘이 빨리 생기는 것도 결점이다. 이외에 압착 시 개인차를 생기게 하므로 청징도의 안정성도 결함이 있는 것이 결점이다.

무산소성 국균(혐기성 국균)

산소 소비량이 적고 당분의 취입은 많으나 에너지 이용률이 나쁘고 소량의 균체만 구성되지 않는다. 이 당은 혐기적(무산소적)으로 분해되어 많은 알코올 발효로 향하는 것으로 생각한다. 이러한 형의 균은 번식능이 늦고 효소역가가 약하기 때문에 청주용의 종국균으로서 이용되지 않는다.

무산소성 발효(혐기성 발효)

Pasteur는 알코올 발효를 할 때는 무산소 상태에 있어서 효모가 에너지를 획득하기 위하여 분자 간 호흡을 하고 있다고 하였다. 즉 Warburg의 장치에 의하여 질소 기류 중에서 1mg의 효모가 1시간에 생산하는 CO_2의 mg수 $Qco_2^{N_2}$를 측정하고, 이것을 그 효모의 혐기성(무산소성) 발효능이라 하여 효모 1mg이 1시간에 호흡한 산소의 mℓ수를 Q_{O_2}로 나타내어 호흡능으로 하였다. 보통 Q_{O_2}이 높은 것은 호흡형의 효모이고, Q_{O_2}이 큰 것은 발효형의 효모라고 한다. 통기배양을 한 호흡형의 효모도 술덧에 들어가면 급속하게 Q_{O_2}은 감소되어 혐기성(무산소성) 발효형으로 변하여 간다.

무세미(無洗米)

백미를 씻지 않고 증미하여 담금을 하는 것을 무세미 담금이라 한다. 정미소에서 백미를 연마기에 걸어 겨를 제거하고 직접 침지탱크에 투입하고 물 바꾸기를 하여 침지를 한다. 세미에 비하여 배수로 용출되는 SS, BOD, 단백질의 양이 적다. 무세미의 국은 온도 상승이 빠르고 술덧의 발효도 왕성하게 되기 쉽다. 이 방법은 배수 중의 BOD 총량이 적게 되므로 폐수처리가 곤란할 때 채용되는 수가 많다.

무포자 효모(無胞子 酵母)

포자형성이 인정되지 않는 효모로 분류학상으로는 Deutromycetes(강), Cryptococales(목), Cryptococcaceae(과)에 속하고 3아과 9속에 포함된다. 분리 직후는 포자를 잘 형성한 효모라도 국즙(麴汁) 한천 계대배양을 7～10년 계속하면 서서히 포자 형성능이 저하되어 결국은 대부분의 균주가 그 능력을 소실하는 수가 있다.

물갈이

침지 중에 침지수를 바꾸는 것을 물갈이라고 한다. 물갈이도 괘류(掛流)와 마찬가지로 효과가 있으므로 정미 비율, 미질 등을 생각하여 물갈이 시기를 선정할 필요가 있다. 칼륨이 유실되므로 국미(麴米)에는 하지 않는다. 아침에 세미하여 오후 1회 물갈이 하는 것이 보통이나 술덧의 발효가 급진하는 경우에는 물갈이 시기를 지연시키고, 한편 발효가 급진하는 경우에는 다시 1～2회 물갈이를 행한다,

물 빼기(수절, 水切)

백미를 물에 담가 침지탱크에서 물을 빼는 것을 물빼기라 한다. 침지 미는 표면에 수적이 붙어 있으므로 제거는 상당한 시간이 필요하다. 물 빼기를 행하면서 시루에 투입할 때까지의 시간을 물빼기 시간이라 한다. 미질에 따라 다르나 1～8시간의 경우가 많다. 저 정미비율의 백미일 때는 12～20시간에 이르는 것도 있다.

(1) 물 빼기 온도 : 물 빼기 중의 온도는 침지 시의 온도와 큰 차가 없으나 기온이 높을 때는 온도가 상승하여 세균이 번식하여 붉은 쌀의 원인이 되고, 반대로

기온이 낮고 물 빼기 후 동결되는 경우는 증자 시 증기가 쌀의 표면에 응축하여 위층 쌀이 점질성 증미로 되기 쉽다.

(2) 포대 위 물 빼기 : 물 빼기 쌀을 건조한 천의 위에서 물을 뺀다.

(3) 소쿠리 물 빼기 : 약 30ℓ 들이의 소쿠리에서 백미 약 15kg분을 넣고 물을 뺀다.

물 엿

물엿은 포도당 제조공정에서 당화의 진행을 덱스트린(dextrin)과 포도당(glucose)의 비를 적당한 지점에서 정지시키므로 제조할 수 있다. 이 당화방법에는 산 당화와 효소 당화의 두 가지 방법이 있으나 현재에는 효소 당화법을 많이 행하고 있다. 보통 물엿은 수분 약 25%, 당화율 40～50% 정도의 성분으로 50℃ 정도로 가온한 그대로 탱크롤리로 반입한다. 분말물엿은 물엿을 탈수 건조한 것으로 수분 3% 이하, 당화율 25～30 정도의 것이다. 여기에는 제법상 분무건조법과 진공건조법의 두 가지 종류의 것이 있다.

물의 가공(加工)

사용하는 용도에 대하여 물의 성분이 부족할 때는 그 성분을 약품으로 보충한다. 물에 약품을 첨가하여 목적하는 수질 성분에 맞추는 것을 물의 가공이라 한다. 양조용수의 가공에는 식품첨가물 지정의 것으로 주세법상에서도 허용된 것을 사용하지 않으면 안 된다. 경도(일반적으로 칼슘)를 첨가시키기 위하여 가공하는 약품을 증경제(增硬劑)라고 하며 중요한 가공제와 그 표준적인 가공 양을 표 5와 6에 나타내었다. 폭기방법에는 물을 박막으로 하거나 미세한 안개로 하여 공기와 접촉시키는 방법과 수중에 공기를 기포로 하여 송입하는 방법이 있다. 물과 공기를 충분히 접촉하는 것이 중요하다.

미끄럼 국(麴)

고초균의 오염, 번식에 의하여 국균의 번식아 억제되어 국 미립의 표면이 점질성을 띠는 것을 말한다. 고초균이 생산하는 효소로 덱스트린(dextrin)이 생성되기 때문이라 한다.

미량성분(微量成分)

지하수에 함유되는 주요한 화학물질은 일반적으로 칼슘, 마그네슘, 나트륨, 칼륨,

표 5. 물의 교정

교 정 방 법		제거할 목적물
여과	모래 여과	철, 세균, 협잡물
	활성탄 여과	철, 세균, 유기물, 암모니아, 염소취 등
	워터라이트 여과	철, 유기물, 암모니아 등
	만강 퍼무티트 여과	상 동
	소소 여과	세균, 협잡물
	필터 프레스, 솜 여과	상 동
	이온교환수지 여과	경도 성분
	소다 퍼무티트 여과	상 동
살균	우물 청소 적외선 살균 염소 살균 D.E.P.C 살균	세균 등

표 6. 가공약품과 그 양(각 성분 10ppm 증가하기 위한 물 100 ℓ 당의 사용량)

성 분	가 공 약 품	사용량(g)
칼 륨(K)	산성 인산칼륨(KH_2PO_4)	3.48
인 산(PO_3)	산성 인산칼륨((KH_2PO_4)	1.44
	산성 인산칼슘($Ca(H_2PO_4)_2 \cdot 7H_2O$)	1.33
마그네슘(Mg)	황산마그네슘($MgSO_4 \cdot 7H_2O$)	10.14
칼 슘(Ca)	산성 인산칼리($Ca(H_2PO_4)_2 \cdot 7H_2O$)	6.29
	결정 황산칼슘($CaSO_4 \cdot 2H_2O$)	4.30
염 소(Cl)	순 식염(NaCl)	1.65
	보통 염	1.74
질 산(NO_3)	질산칼륨(KNO_3)	1.63

염소, 중탄산 등의 이온이고 이들의 농도는 ppm(mg/ℓ : 100만 분의 1) 단위인데 대하여 그의 1000분의 1(ppm =μg/ℓ 10억 분의 1)의 단위로 존재하는 무기의 미량성분이다. 일본 나다 오향(灘 五鄕)의 지하수 미량성분으로서 다음 것을 들 수 있다. 철분(Fe), 망간(Mn)은 청주의 품질에 영향을 미치는 것으로 하여 그 양의 파악은 중요하고 바나듐(V), 아연(Zn), 구리(Cu) 등은 미생물의 생리활성 때문에 필요한 성분이다. 또 미량성분 간의 양적인 상관관계를 해석하는 데는 중요 성분과는 다른 관점에서 그 물의 성립을 추구하고 있다.

미분 당화액(쌀가루 糖化液)

도정과정에 있어서 생성되는 질이 좋은 흰 겨, 또는 쌀가루를 당화장치를 사용하여 효소로서 당화한 것으로 이것을 적당히 여과하여 청주술덧에 첨가하는 경우가 있다. 이 경우 쌀가루 당화액의 원료는 쌀이나 청주의 표시에 관하여는 자주 기준 시행규칙에 따라 당류로 한다.

미숙립(未熟粒)

사미(死米)를 제외한 숙성되지 않는 알갱이를 말한다.

ㅂ

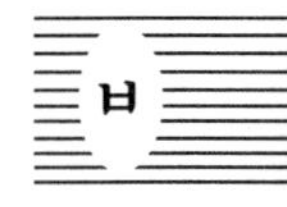

박취소주(粕取燒酒)

주박을 원료로 한 소주를 말한다. 신선한 주박에는 1kg당 70~90mℓ의 알코올이 함유된다. 이것을 소량의 물을 살포하면서 탱크에 담아 밀봉한 후 2~3개월 두어 재 발효시킨 다음 이것을 솥이나 단식 증류기로 증류한 것이 박취(粕取) 소주이다. 박 1톤에서 순 알코올로서 약 200ℓ가 얻어진다. 그런데 증류 시 증기가 잘 통하기 위하여 숙성된 박에 왕겨를 혼합하거나 박을 단자에 둥근 왕겨를 바르는 등의 방법이 취해지고 있다. 제품에는 감미와 단맛의 탄내가 있는 독특한 습성을 가지나 이것이 역으로 기호의 대상이 된다. 장기간 저장하면 맛이 농순한 양품으로 된다. 특정 소비자층, 특히 연배자에 애호되어 있으나 수요는 늘어나지 않는다. 박취소주는 청주업자의 부업적인 성격이 있다.

발아기

국균 분생자의 발아조건은 온도, 수분, 탄산가스이다. 30℃의 물에 담그면 흡수 후 팽윤하여 분생자 표면상의 한 곳 또는 3곳에서 발아관을 발생한다. 탄산가스의 필요량은 기상 중에서 0.1% 정도이나 영양분은 자신의 세포내 저장 성분으로 처리하기 때문에 증류수 중에서도 발아는 가능하고 알라닌(alanine), 아르기닌(arginine), 프롤린(proline), 히스티딘(histidine), 판토텐산(pantothenic acid), 이노시톨(inositol)의 존재가 발아를 촉진한다. 발아관의 선단부에 구성성분을 집합하여 기저균사의 선단에서 영양물질을 흡수하여 생합성이 세포 내에서 이루어져 마치 식물의 성장점과 유사하다. 증미상에서의 분생자의 발아는 흡수하는 데 3~4시간이 걸리고 접종 후 약 10시간에서 발아한다,

발아립(發芽粒) · 발아미(發芽米)

발아립(發芽粒)은 주로 수확 전에 태풍 등으로 도복 관수된 경우 혹은 예취 후 건조 중에 비가 많이 내린 경우에 발생하기 쉽다. 발아 후 건조하면 배아는 흑색을 띤

다. 그러나 품종 특성으로서는 발아되기 쉬운 것은 포장에서 서있는 경우에도 오랜 비에 의하여 발아되는 것이 있다. 이와 같은 현상을 이삭발아라고 한다. 발아미(發芽米)는 질이 취약하여 정미 시에 파쇄되기 쉽다.

발효립(醱酵粒)·발효미(醱酵米)

벼 수확 후의 벼 묶음이나 벼의 건조 중에 수분이 많은 벼가 퇴적되므로 발효할 때 미립은 착색된다. 이 경우 균이 미립 내부에 까지 침입하므로 정미하여도 착색은 제거되지 않고 역으로 선명하게 된다. 옛날에는 습답 등에서 보이는 정도였으나 최근 조기 재배가 많아져 온도, 습도가 높은 시기에 수확이 이루어지기 때문에 발생이 많아졌다. 또 생벼가 대량 집하되는 라이스센터 컨트리 엘레베이터 등에서도 발생되는 수가 있다.

발효 조성제

발효를 조성 촉진하여 양조상의 예측 못한 위험을 방지하기 위하여 건전한 양조를 기할 목적으로 가하는 물질을 발효 조성제라고 한다. 청주양조에서 발효 조성제는 담금수 중에 가공하거나 양조공정 중에 가하는 기본 통달로 규정되어 있다. 세균 오염의 방지 그리고 효모의 영양원으로서 산류와 염류가 있고 기본 통달로 규정되어 있는 물품은 산류로서는 유산, 인산, 사과산, 주석산, 무수아황산이 있고, 염류로서는 식염, 인산염류, 칼슘염류, 마그네슘염류, 암모늄 염류 등이 인정되고 있다. 일반적으로 술덧에 첨가하는 경우 백미 1톤당 산성 인산염 100～300g 정도이다.

발효형식

술덧의 경과를 구별할 때 다음의 유별법이 일반적으로 알려져 있다. 그러나 그 구별 영역의 판단이 아주 어렵다. 최근 일본 나다(灘)지방에서는 분류의 지표에 전기는 최고 BMD 값을 취하고 BMD 40 미만은 전급(前急), 60 이상은 전완(前緩)으로 하고 또 후기는 보메의 3.0～1.5도에 이르는 일시를 취하여 유별하고 있다. 또 피르브산(pyruvic acid)의 소장에 따른 분류도 이루지고 있다.

(1) 전급후완(前急后緩) : 오도리(湧)에서 상묘가 진행되어 도메(留 : 3단 담금) 후 3～4일에서 고포로 되는 등의 전급 형식으로 온도도 마찬가지로 승온 경향이 있으며 옥포(玉泡)로 되기 어렵고, 여과 전은 약간 강온하여 여과되는 형식이다. 비교적 연한 미립의 담금 경우가 많고 산의 생성이 적고 색택 미려로 되기 쉬우나 후완(後緩)이 지나면 잡미가 있는 후미가 나는 수가 있다.

(2) 전급후급(前急后急) : 전반은 전술의 형과 마찬가지이나 품온도 어느 정도 (1)보다 급성 기미가 있고 낙포(落泡)보다 보메의 저하가 급하여 기포기가 짧다. 생성 후의 글루코스(glucose) 함유량이 적은 것이 특징이다. 한편 알코올 첨가에 의하여 목향 같은 냄새가 발생하는 수가 있다. 파정입(破精込)이 나쁜 국이 원인으로 일어나는 경우는 품위가 나쁜 술로 되기 쉽다.

(3) 전완후급(前緩后急) : 술덧 초기의 발효가 완만하고 도메(留 : 3단 담금) 4~5일째부터 수포(水泡)상태로 8~10일경에 고포(高泡)로 되고 그 후 품온의 상승이 심하고 발효가 왕성하게 되며 낙포(落泡), 옥포(玉泡). 지(地) 등은 확실한 상묘경과를 이른 것이다. 주모의 오래 된 것, 카라시(枯)가 긴 것 등이 원인으로 되는 수가 많다. 제성주의 장점으로는 탄력성이 있고 술을 데우는 남성적인 술로 되고, 단점으로는 색이나 산의 양도 나오므로 살결이 거친 술로 된다.

(4) 전완후완(前緩后緩) : 일종의 변칙적 형식으로 극단의 경우에는 도메(留 : 3단 담금) 후 수일간 상징하여 7일경부터 수포(水泡), 10일째 고포(高泡), 이후 온도는 점차 오르나 비교적 저온에서 멈추고 여과 일수는 연장되기 쉽다. 극단인 조용(早湧) 주모를 사용하여 효모수가 적은 경우 국의 파정(破精 : 하제) 불량으로 담금 온도나 실온이 낮은 경우 담금 배합이 보통이 아닌 경우 등으로 되기 쉽다. 냉 담금으로 되는 염려가 있고 박이 다량으로 되어 어느 정도 기미의 감구주(甘口酒 : 맛이 달콤하고 쌉쌀하지 않은 술)로 되기 쉽다.

(5) 전급후평(前急后平) : (1)보다 약간 후기가 빨리 경과하는 것으로 타입으로는 이상형이고 대부분의 주조에 이 형이 계속되고 있다.

(6) 전완후평(前緩后平) : (3)보다 약간 후반이 완만하여 (4)보다 빠른 타입으로 이 형으로 되는 경우는 적다.

(7) 고온단기(高溫短期) : 술덧의 품온이 높아져 단기 술덧으로 되는 경우를 말한다.

(8) 저온장기(低溫長期) : 술덧의 품온이 낮고 장기 술덧으로 되는 경우를 말한다.

밤 향기

국의 출국 전이 되면 약간의 구은 밤 같은 향미가 나오기 시작하는데 이것을 밤 향기라고 하거나 혹은 밤맛(栗味)이라고 한다. 건조 기미로 파정입(破精込)이 좋은 국에 밤 향기가 발생되기 쉽다. 밤 향기, 밤맛을 발생하는 국에 있어서는 일반적으로 좋은 국으로 평가되고 있으며 호기성이 강한 균주를 종국으로 하여 사용한 경우에 발생한다.

방 랭

증미를 공기에 의하여 소정의 온도까지 냉각하는 것을 방랭이라 한다. 공기는 증미를 냉각함과 동시에 수분을 증발시킨다. 수분이 증발되면 기화 잠열을 증미에서 빼앗아가 냉각된다. 1단 담금(初添), 2단 담금(仲添), 3단 담금(留添)의 덧밥은 방랭 후의 증미온도가 다르므로 방랭시간도 변하고 증미의 경연(硬軟), 경강(硬鋼) 등이 보통이다. 옛날에는 가마니 위에 펴서 자연 냉각하였으나 현재는 상자형의 간이 방랭기라든가 연속식 방랭기로 강제통풍을 하여 급랭하고 있다. 양조장에서는 계절에 따라 사계절 제습·제균·냉각한 공기를 사용하고 있다.

배지의 탄소원·질소원

탄소원은 주로 균체의 호흡작용 때문에 이용된다. 곰팡이류에 사용되고 있는 탄소원은 포도당이다. 기타 유기산, 알코올도 이용된다. 이용되는 탄소원의 범위는 미생물에 따라 달라 8종류만 자화할 수 있는 것에서부터 90종류나 이용할 수 있는 것이 있다. 질소원은 주로 균체의 성분을 구성하기 위하여 이용된다. 배지 등의 질소화합물을 섭취하여 자기의 단백질을 합성하여 성장 증식한다. *Aspergillus*속은 질산염이나 암모늄염을 이용할 수 있으나 유산균류 등은 펩톤과 같은 유기화합물이 아니면 이용할 수 없다.

배초(焙炒)

배초는 백미를 증기로 찌지 않고 고온(200~400℃)의 열풍으로 단시간 배초처리하여 전분이 알파(α)화한 배초 미를 덧밥(괘미)으로 사용하는 청주 제조방식이다. 미리부터 28% 정도 수분을 함유시켜 백미의 고온 단시간 배초처리는 백미를 갈변시키지 않고 술에 탄내가 나지 않는다. 특징은 증미에 비하여 백미 중의 단백질이 열변성을 강하게 받아 효소에 의하여 소화되기 어렵기 때문에 청주 중의 아미노산은 적어진다. 또 백미 중의 지질도 배초 시에 태반이 휘발하므로 향미도 아주 미려한 주질로 된다.

베타-프럭토푸라노사이데이스(β-fructofuranosidase)

인버테이스(invertase), 사카레이스(saccharase), 슈크레이스(sucrase)와 동의어로 미생물, 고등식물 등의 식물계에 널리 존재된다. 특히 효모균에는 그 함량이 높다. 베타-디-프럭토푸라노사이데이스(β-D-fructofuranoside) 결합을 가수분해하여 베타-프럭토스(β-fructose)를 유리한다. 주로 자당을 가수분해하나 라피노스(raffinose), 스타키오스(stachyose) 등에도 작용한다.

벼의 병충해

대표적인 병충해로서는 도열병, 문고병 등을 들 수 있다. 병충해의 발생은 품종, 재배조건, 기상조건 등으로 좌우된다. 도열병은 나병부위에 따라 입도열병, 마디도열병, 그리고 이삭도열병으로 구별되어 대개는 저온, 일조시간, 강우, 다비에 의하여 발병이 된다. 운카에는 벼 호엽고병(바이러스병)을 매개하는 것도 있다. 줄기뿌리에서 즙을 빨아 먹어 도복, 고사된 이후 평고(坪枯)를 일으킨다. 돌발적으로 발생하는 사실에서 그 발생원은 남방 비말에 의한 것으로 생각된다.

벼의 생장기

벼의 생장기는 영양생장기와 생식생장기로 나누어진다. 전자는 초장(草丈)의 형성기로 비교적 저온 다비에 강하다. 일반적으로 조생종은 이 시기가 짧고 만생종은 길다. 후자는 유수분화, 이삭 잉태기로 품종에 관계없이 거의 30일간으로 일정하다. 이 시기는 세포분열이 왕성하여 외계 변화에 민감하다. 특히 개화 10일 전후의 화분 감수 분열기에 저온에 만나면 수정장해가 생긴다. 전자에서 후자로 바뀌는 포인트는 일조시간(感光性) 혹은 기온(感溫性)에 의한다.

적도 가까이를 원산지로 하는 벼는 원래는 단일성으로 하지를 지나서 겨우 일조시간이 짧아지는 시기에 생식생장기로 바뀐다. 북상됨에 따라 하절의 일조시간이 길기 때문에 광에 둔감하게 되고 대신으로 기온에 감응하기 어렵게 된다. 개략으로 규슈(九州)지방의 품종은 감광성이 우위이고 도호쿠(東北), 홋카이도(北海島)의 품종은 감온성이 우위이다. 감광성의 품종을 고위도(夏期長日)에서 재배하면 생식생장기에 들어가는 것이 늦고 개화가 만추로 되어 미숙으로 된다. 역으로 감온성의 품종은 난지에서 재배하면 도체가 아직 불충분한 중에 생식생장기에 들어가 수확이 낮다. 고시히카리(越光)는 감광·감온 양성을 가져 얻은 것이 사사니시키(笹錦)와 다르고 전국적인 재배가 가능하다.

벼의 형태

인(籾)은 벼 이식의 지경에 붙는 작은 이식이고 그 구조는 그림 3과 같다. 기부에

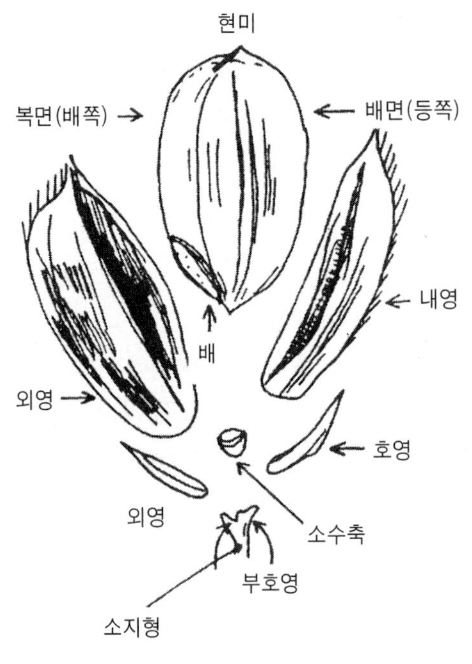

그림 3. 벼의 형태

서 부호영(副護穎), 길이 수mm 선단의 뾰족한 한 쌍의 호영(護穎), 외영(外穎), 내영(內穎), 소수축(小穗軸) 현미로 되어 있다. 현미는 외영(外穎)과 내영(內穎)으로 쌓여 이것이 인각(籾殼) 또는 부(稃)라 불리는 것이다. 현미는 기부에서 소수축(小穗軸)에 접속하고 있으나 벼 훑기에 의하여 이삭(穎)을 제거할 때 그 접점에서 끊어져 인각에서 떨어진다. 현미가 외영(外穎)에 둘러싸여 있는 측의 기부에 배(胚)가 있다. 현미의 배가 있는 측을 복면(腹面), 그 반대 측을 배면(背面)이라 한다. 미립의 좌우의 측면에는 2개의 종릉선(縱稜線 : 세로 능선)이 있다(그림 3).

변이균주

일반적으로 생물은 특수한 외적 조건이나 자극에 의하여 유전자의 변화가 일어나서 어버이와 다른 형태나 형질이 출현되는 수가 있는데 이것을 변이라고 한다. 친주에 대하여 변이균주(變異菌株)라 한다. 예를 들면 자외선, 엑스선, nitrogen mustard 등의 자극에 의하여 적극적으로 변이균주를 만들고 그 중에서 우수한 것을 선발하여 이용하는 것이 일반적으로 이루어진다. 친주용 국균에서는 자외선 조사에 의하여 데페리크리신(deferrichrysin)이나 메바론산(mevalonic acid)의 비생산성 변이균주나 비갈변성을 가진 변이균주를 만들어 공업적으로 이용되고 있다.

또 자외선 조사로 국균이 생산하는 단백질 분해효소가 어버이 균주의 2배에 달하는 변이균주가 만들어져 장류공업에 응용되어 생산성을 올리고 있다. 그러나 변이균주의 이용상의 난점은 back mutation 현상이 있다는 것으로 애써 고능력의 균을 사용하여도 이식배양을 3～4회 하면 그 균 중의 수 %는 본래의 성질로 되돌아간다는 것이다. 변이균주를 공업적으로 이용하기 위해서는 언제나 우수한 균주를 분별하여 보수에 노력을 하지 않으면 안 된다.

변조 술덧

냉 담금, 고온 담금, 부조(腐造)・감산패(甘酸敗) 혹은 전복발효(轉覆醱酵) 등의 이상경과로 산도가 보통보다 증가하거나 혹은 감미가 남아 알코올 분의 생성이 적고 향기가 나쁜 등의 변조를 일으키는 술덧을 총칭하여 변조 술덧 혹은 이상(異狀) 술덧이라 하며 그 도중 경과를 이상발효(異常醱酵)라고 한다.

보존균주(保存菌株)

미생물은 부적당한 환경에 두어지거나 장기 보존하면 그 형태나 생리적 성질이 변하게 되어 사멸되거나 한다. 균주를 보존할 때 변이를 일으키지 않게 하여 순수배양의 형으로 가능한 한 장기에 걸쳐 살려가지 않으면 안 된다. 가장 일반적인 방법은 균주에 알맞는 한천배지를 사용하여 시험관 내에서 사면배양(때로는 첨자배양)하여 균이 충분히 증식한 후에 이것을 그대로 2～10℃, 습도 60% 전후의 암소에서 보존하여 계대 배양하는 방법이다. 그러나 이와 같이 계대배양을 계속하는 동안 균의 성상이 자연으로 변하는 것도 적지 않다.

또 생육된 균체는 언제나 노폐물에 바래져 있으므로 균의 변이나 퇴화의 위험성이 크다. 이것을 방지하는 방법으로서 동결건조법이 있다. 이것은 균을 탈지유나 혈청과 같은 보존성이 높은 분산매에 현탁하고 초저온으로 단시간에 동결시킨 다음 고도의 진공에서 단시간에 건조시켜 용봉(溶封)하여 보존하는 것으로 균의 변이나 퇴화를 일으키는 것은 적고 장시간(때로는 수년간 이상) 보존된다. 이 외에 살균된 토양이나 흙에 균을 혼합하거나 고체배지에서 충분히 발육시킨 균체 상에 유동 파라핀을 부어 보존하는 방법도 있다.

복백립(腹白粒 : 腹白米)

미립의 복부에 백색 불투명한 부분이 있는 알맹이를 복백립(腹白粒)이라고 한다. 그 횡단면을 보면 측의 1～2층의 전분세포가 불투명으로 이것을 가로에서 보면 상당히 넓은 부분이 희게 보인다. 복백립은 품종의 특성이고 비교적 대립으로 길고 폭이 큰 만생의 품종이 많다. 알맹이 발육의 불량으로 알맹이 투께의 발달이 늦어지는 품종이 복백을 만들기 쉽고 추락적(秋落的)으로 등숙의 소산으로 생각된다.

본 담금(본첨, 本添)

초첨(初添, 1단 담금), 중첨(仲添, 2단 담금). 유첨(留添, 3단 담금)의 각 단계에서 있어서 수국(水麴) 중에 증미를 투입하여 고무래로 혼합하여 예정온도로 담금을 마치는 것을 본 담금(本添)이라 한다.

부원료

청주 원료는 일본 주세법 제조에 따라 쌀, 미국, 물, 청주 박, 기타 법령에서 정하는 물품으로 되어 있다. 그리고 주세법 시행령 그리고 청주제조법의 승인 기준에 따라 사용할 수 있는 원료는 보통 양조법에서는 양조 알코올, 호박산, 유산, 구연산, 사과산 그리고 청주에 한정되어 있다. 또 증양법(增醸法)에 의한 양조의 경우에는 양조 알코올, 포도당, 물엿, 호박산, 유산, 포도당, 물엿, 호박산, 유산 구연산, 사과산, 글루탐산나트륨 그리고 청주에 한정되어 있다. 일반적으로 청주원료는 원료수, 원료미, 알코올, 부원료로 나누어진다. 포도당, 물엿 등의 증양 주조용에 사용하는 당류나 유산, 호박산, 구연산, 사과산, 글루탐산나트륨은 부원료에 들어간다.

부조(腐造)

술덧에 부조 유산균 등의 유해균이 이상 증식하여 산도가 4～10 이상에 달하고 효모의 증식활동이 억제되어 도메(留 : 3단 담금) 후 10～15일 정도에서 알코올 발효가 정지되고 향기도 나빠지고 알코올 생성도 10～15%로 멈추는 현상을 부조라고 한다. 주질은 산취, 부패 취, 낙산취, 초산취 등이 있고 산미, 감미 등이 조화되지 않고 도저히 음용할 수 없다.

오도리(湧)경부터 이취가 느껴지는 때며, 초기는 이상이 없으나 점차 산취를 발생하여 유해균이 급히 번식하여 산도가 급증하는 경우가 있다. 유해균의 성질에 따라 산도가 증가하여도 알코올분의 생성은 빨리 정지되나 산도의 증가가 3～4 정도로 멈추는 것, 혹은 향기가 그만큼 악화되지 않는 것 등이 있다. 술덧이 산취를 발생하여 증미는 이상한 산미를 가지며 거품이 빛나고 무겁게 점조하고 품온의 상승아 둔하거나 혹은 정지되고 산도가 1일에 0.5% 이상 증가하고 보메의 저하가 둔하거나 정지하여 자극취의 향이 약해지는 등의 이상을 빨리 발견하는 것이 중요하다.

유해균의 번식 원인은 원료, 기구 등에 침입하여 국, 주모 중에 다량으로 번식한 경우로 생각된다. 또 술덧 초기에 효모의 증식이 늦어져 유해균이 우세하게 번식하는 경우도 마찬가지이다. 주모 그리고 오도리(湧 : 와쿠)의 산도를 보통으로 보존하면 유해균의 번식은 억제되는 수가 많다. 또 증미의 생 증기 찌기도 부의 원인이라고 하나 구제하는 데는 발효 조성제, 주모, 고형효모의 첨가 등이 있다. 부조 술덧이 발생하면 이후의 술덧에도 차차로 감염되어 갈 가능성이 있으므로 빨리 담금을 중단하여 원인 추구와 양조장 전체의 소독살균을 행할 필요가 있다.

분쇄 백미

액화 담금에서는 녹말 액화효소를 효율 좋게 작용시키기 위하여 백미의 알갱이를 적당하게 파쇄할 필요가 있으며 아래의 방법이 있다.

▸ 미리 백미를 파쇄한 다음 단시간으로 액화하는 방법.

① 건식 파쇄법 : 유지의 산화, 단백질의 변질, 철분 오염 등의 문제점이 많으므로 현재에는 사용하지 않는다.

② 고주파 파쇄법 : 고주파 조사 후 파쇄하는 방법으로 1990년경부터 자주 사용되고 있다.

③ 침지 습식 파쇄법 : 침지된 백미를 파쇄하는 것으로 원료의 변질은 없으나 제조법의 일부에 특허가 있다.

▸ 백미립을 액화 조에 투입하여 수시간에 걸쳐 파쇄, 액화하는 방법.

① 액화조 내 특수 효소이용 교반 파쇄법 : 녹말 액화효소 외에 셀룰레이스(cellulase) 등을 적당히 배합 한 효소제제를 사용한다.

② 액화조 내 고속교반 파쇄법 : 백미를 특수한 교반 날기로 고속 교반하면서 파쇄와 액화를 하는 방법.

붉은 주모(赤酒母, 붉은 술밑)

생원계(生酛系) 주모에 있어서 담금과 우타세(打瀬 : 타뢰) 중의 품온이 높게 경과하면 빠른 것은 마에다키(前煖氣) 기간 중에, 늦은 것은 와키쓰키 야스미(湧付休) 시에 주모의 물료가 적갈색을 띠는 수가 있다. 이것을 붉은 모토(赤酛), 홍색 모토(紅酛)라 한다. 그 원인은 주로 *Pseudomonase*속이 번식하기 때문이라 하며, 이 외에 *Torula*속의 적색 효모 또는 *Bacillus mesentericus* 유사 세균에 의한 것이라는 여러 가지 형이 존재한다.

약간 불쾌 취를 느끼는 경우가 있으나 그 후 청주효모가 증식하여 보메의 저하 등이 주모 육성의 경과가 순조로우면 술덧 담금에 사용하여도 무관하다고 한다.

비말동반(飛沫同伴)

상압에서 물이 비등하는 경우는 반듯이 작은 수적을 함께 하는 증기가 발생한다. 이 현상을 비말동반이라 한다. 비등이 심하면 심할수록 다량의 수적을 함유한다. 증강의 경우에는 시루의 저부에 연한 증미가 되는 것은 비말동반의 영향으로 장수(張水)가 지나치고 화력이 지나치게 강한 경우에 일어나기 쉽다.

비비기(종균 접종)

증미를 국실에 넣고서부터 3~4시간째에 증미를 깨트려 국균을 살포(접종)하고 증미를 평상(床)에 넓게 펴고 잘 비벼서 균일하게 국균포자가 증미에 부착할 수 있게 하는 작업을 비비기라고 한다. 평상(床) 위에 퇴적한 34℃ 전후의 증미를 허물리면서 종국의 약 반량을 살포하고 포자가 균일하게 붙게 비비면서 평상의 양단에 증미를 이동하여 쌓는다. 이어서 나머지는 종국을 소량씩 살포하면서 순차로 비벼서 다시 평상의 중앙에 모아 쌓는다. 이 사이에 실온, 증미 품온을 측정하면서 예정의 30℃ 전후가 되게 한다.

국량 450kg의 경우에는 6명으로 1.5시간 정도의 작업이다. 증미가 연할 때나 초실(初室)에서 고온 담금을 할 때 등 국실에 취입 전에 사용 예정 종국의 10~50%를 여분으로 살포하는 수가 있다. 기계제국법에서는 증미 방랭기에서 국미(麴米)를 방랭 중에 분말종국을 살포하거나 방랭 후 교반기를 통과한 후에 분말종국을 송풍 살포하여 종균접종을 한다.

비엠디(BMD) 곡선

술덧 관리의 한 방법으로서 BMD 곡선(B곡선이라고 한다)이 있다. BMD 값은 다음 식으로 나타낸다.

BMD 값 = 토메(留) 후의 일수 × 그 날의 보메도
(단 일본주도는 보메도로 환산)

술덧의 경과일수를 횡축에 BMD 값을 종축에 취하여 경과 일수마다 그래프 상에 프롯트 할 때 생기는 곡선을 BMD 곡선이라 한다. 전급(前急) 경과의 술덧은 곡선의 산이 빨리 낮아지고, 전완(前緩) 경과에서는 피크가 늦게 높아진다. 제일 높은 점과

그 뒷날의 약간 내린 점을 연결 연장하여 횡축과의 교점을 보면 보메도 0의 술덧 일수가 예지되므로 여과 기일을 예상할 수 있다.

비저항

용액의 단면적 1cm^2, 폭 1cm의 액체가 25℃에서 가지는 전기저항을 그 용액의 비저항(Ωcm)이라 한다. 그 역수를 비전도라고 하며 ℧/cm로 표시한다. 물의 비저항은 물에 함유되는 이온 총량의 대략 목표로 되어 일반적으로 이온총량이 많을수록 비저항의 값은 작게 된다. 물의 비전도는 전기전도 측정기를 사용하여 측정하고 μ℧(마이크로 모)/cm로 표시한다.

비 중

일반적으로 벼에는 1.18～1.20, 현미에서는 1.34～1.41이다 충실도가 높은 알갱이일수록 비중은 크다. 또 품종에 따라서도 달라 일반적으로 경질미에서는 크고, 연질미에서는 작고, 호적미는 다시 작다. 비중이 크고 충실도가 좋은 쌀은 겨 층이 엷고, 현미의 종구(가로 홈)도 낮다. 이 때문에 색택도 좋고 알맹이의 투께와 강도(剛度)도 크다.

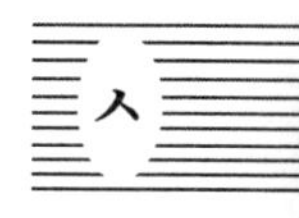

사계절 양조 · 삼계절 양조 · 장기 양조

청주의 양조시기는 보통 동계를 주체로 하고 있으나 최근에 이르러 계절 노무자가 매년 부족하고 청주 양조공정의 기계화가 진행됨에 따라 가동률을 높여 생산성을 올리기 위하여 사계절을 통하여 양조하는 것으로 알려져 있다. 이것을 사계절 양조라고 하나 여기에는 사계절을 통하여 7~8℃의 저온을 공기조정으로 행하지 않으면 안 된다. 일본에서는 1960년경부터 시작하였다. 일본의 하계는 습기가 많아 완전 사계절 양조는 어렵기 때문에 6~8월의 하계절만을 제외하고 양조하는 경우가 많은데 이것을 삼계절 양조라고 한다. 사계절 양조, 삼계절 양조를 총칭하여 장기 양조라고 한다.

사과산 고생산성 효모

일반적으로 청주의 총 유기산을 차지하는 사과산 비율은 약 20~24% 정도이다. 변이처리에 의하여 그 비율이 약 40~70% 정도까지 고생산성으로 된 효모를 말한다. 육종별로는 아이가와(相川) 등은 협회 7호 효모를 변이처리 후 호박산 탈수소효소(succinate dehydrogenase)의 저해제인 다이메틸숙시네이트(dimethyl succinate, DMS) 감수성 균주에서 분리하였으며, 요시다(吉田) 등은 협회 1001호 효모의 반수체(haploid) 균주를 변이 처리하여 얻은 사이클로헥시마이드(cycloheximide) 내성 균주에서 고생산성 효모를 분리하였다.

4단(四段) 담금

감구(甘口 : 맛이 달콤하고 씁쌀하지 않음) 청주를 바라는 경우 삼단으로 담금을 한 토메(留) 담금 후 제2 토메(留)라 칭하는 4단으로 담금을 하는 방법이 있다. 이것을 총칭하여 4단 담금이라 한다. 발효 말기의 술덧에 총 백미량의 7~15% 정도의 물료를 사용하여 알코올 첨가 등 다음의 조작으로 옮긴다. 4단에는 멥쌀 · 찹쌀 · 퍼내기 · 효소 · 감주 · 주모 · 박 · 급수 · 물의 각 방법이 있으나 효소 4단이 널리 보급되고 있다.

사미(死米)

충실하지 않는 분상립(粉狀粒)의 알갱이[청사미(靑死米), 백사미(白死米)]를 말한다. 불투명으로 광택이 없고 홀쭉하고 도정 시에 깨지기 쉬운 미립도 있다.

사용 시의 성분

주모의 사용 시 성분은 주모의 육성 경과, 카라시(枯) 일수 등과 함께 술덧의 발효 경과, 나아가서 주질에 까지 영향을 미친다. 카라시(枯) 중의 품온 경과에도 영향을 미친다. 카라시(枯) 중의 폼온 경과에 의하기도 하지만 일반적으로 보메의 저하가 좋을수록 건전한 발효능력이 강한 주모로 된다. 카라시(枯)가 길고 보메의 저하된 주모를 사용하면 술덧은 전완(煎緩)으로 되나 약분(若分 : 와카와케)의 것이나 카라시(枯)가 짧은 것을 사용하면 역으로 전급(前急)으로 된다. 따라서 목적으로 하는 주질에 따라 다르나 보통 사용 시의 성분은 표 7과 같다.

산막효모(産膜酵母)

산막효모는 주조공정 또는 주조공장 내에서 간혹 검출되는 야생효모의 일종으로 액체배양 상에 피막을 형성하는 효모로서 Hansen에 의하여 분리된 속이다. 유포자성의 것과 무포자성의 것으로 분류한다. 유포자 그룹의 것에는 전형적인 호기성균으로 국즙(麴汁) 배지에서 표면에 건조성의 백색, 회백색의 주름이 있는 피막을 형성하는 것이 많고 잡식성의 균이기 때문에 주조공장 내에 널리 분포 서식한다.

무포자 그룹도 국, 주모(酒母) 등에 널리 분포하고 있어 세포는 타원 또는 난형, 드물게는 약간 장형을 띠나 국즙(麴汁)에 배양하여도 완전한 피막을 형성하지 않거나 형성하여도 아주 엷다. 이들 균이 증식하게 되면 좋지 않는 향이 생기므로 주의해야 한다.

표 7. 사용 시의 성분

	속양주모	야마하이 주모
보메도	4~6	3~5
산 도	7~8	9~12
아미노산도	2~2.5	6~8
알코올(%)	10~13	10~14

산미료(酸味料)

증양주(增釀酒)에 사용되는 조미액에 가하는 유산으로 호박산, 유산, 사과산, 구연산이 한정되어 있다.

산(酸) 생산균

주모 그리고 술덧 중에 산을 생산하는 균을 총칭하고 있으나 그 대부분은 유산균이다. 키토모계(生酛系) 주모의 전반에서 증식하는 수서세균, 질산 환원균, 유산균 등은 주모의 산 축적 과정에서 도태되어 효모 증식 후에는 생성된 알코올과 산에 의하여 도태는 한층 완전하게 이루어진다. 알코올 10% 이상으로 증식 가능한 세균은 유산균만으로 술덧 발효경과에서는 효모가 유산균보다 우위로 증식되는 것이 매우 중요하다.

산 생산균이 효모보다 우위의 경우에는 변조 술덧 혹은 부조 술덧이 된다. 이와 같이 주조에 있어서는 산 생성에 의한 오염이 중요한 의미를 가지므로 국, 주모 혹은 술덧의 세균오염의 정도를 알기 위하여 세균산도 검사가 이루어지고 있다. 이것은 살균된 보메 5도의 국즙 배지에 효모, 술덧 등의 검체를 한 백금이 접종하고 30℃에서 48시간 배양 후 0.1N 알칼리용액으로 배지 중에 생산된 산을 적정하고 그 적정 값을 가지고 세균산도로 한다. 정상한 숙성 주모에서는 1㎖ 이하가 보통이다.

이외에 산 생산균 검사법으로는 산 생산균 검출배지(BCG 배지)를 사용하는 방법이 있다. 상기 배지가 들어있는 시험관에 검체를 국으로서 5～10 알갱이, 주모, 술덧으로 한 백금이를 접종하여 30℃에서 48시간 배양하여 BCG 지시약의 심록색이 황록색 내지 홍색으로 변화되면 산 생산균이 존재하는 것으로 판정한다.

산(酸) 생산속도

주모는 키모토계(生酛系)와 속양계(速釀系)를 불문하고 유산에 의한 유해균의 증식을 억제하고 있으나 키모토계 주모에 있어서는 이 유산균을 전 난기(暖氣) 기간 중에 증식하는 유산균에 의하여 생성된 것이다. 이 기간 중의 산이 생성되는 상태 즉 산 생성속도는 주모 품질의 하나의 목표가 되므로 주모를 육성하는 데 중요한 지표로 생각되고 있다.

일반적으로 산 생성속도가 큰 효모는 조용성(早湧性)이고 혀를 찌르는 듯한 감각을 주고 산미가 감미와 분리되어 부조화이다. 또 용지원(湧遲酛 : 와키오쿠레 모토)은 산 생성속도가 늦고 감미, 산미의 조화가 좋고 자극성의 산미를 띠지 않는다. 이 산 생성속도는 하쓰다키(初暖氣)부터 1～2일간은 완만하고 그 후 수일간에는 약간 빠르며 이어 완만하게 되고 하레(膨)부터 와키쓰키(湧付)에 걸쳐 한층 빨라지는 양상을 나타낸다. 또 이 속도는 주모와 달라 원료미의 정비비율, 다키(暖氣)의 사용방법에 따라 다르다. 일반적으로 1일 증산량은 산도가 0.3～0.45 증가라면 조용(早湧 : 야하와키)의 걱정이 없다. 0.2 이하이면 후쿠레(膨)까지의 일수가 길어지고, 0.55～0.8이라면 조용(早湧)의 위험이 크다.

산 생산 적온(適溫)

육성된 주모에 있어서 다키(暖氣)조작으로 부분 가온을 행한다. 주모의 열전도가 아주 좋지 않으므로 다키통(暖氣桶)의 주변에는 여러 가지 온도대가 분포하게 된다. 열탕 다키(暖氣)를 넣어 그 온도의 분포를 보면 다키 양상은 45～55℃에서 당화적온으로 되고 이보다 2～3cm 떨어진 곳은 37℃에서 단백질분해 적온, 다음으로 30～35℃에서는 생산 적온, 질산 환원 적온으로 되고 그리고 3～9cm 떨어진 곳은 30～30℃로 되어 효모의 증식적온으로 된다. 따라서 다키(暖氣) 조작에서 종종의 온도대를 만들므로 당화, 산 생산 혹은 효모의 증식을 각각 우선적으로 진행시킬 수 있다.

산성 카복시펩타이데이스(acid carboxypeptidase)

산성 카복시펩타이데이스(carboxypeptidase)는 아미노산의 일종인 세린(serine)이 효소의 활성 중심이기 때문에 세린(serine) 카복시펩타이데이스(carbocxypeptidase)라고 부른다. 이 효소는 단백질이나 펩타이드(peptide)의 카복실(carboxyl)기가 유리되어 있는 말단의 펩타이드 결합에 작용하여 점차 아미노산을 절단해 내는 펩타이데이스(peptidase)로 최적 작용 pH가 산성 축에 있는 효소이다. 따라서 청주국의 산성 카복시펩타이데이스(carboxypeptidase)가 술덧에 다량으로 존재하면 청주 아미노산이 많아진다.

청주 중의 아미노산은 청주의 정미성분으로서 중요한 성분으로 청주의 착색이나 숙성을 촉진한다. 이 효소가 적은 국이나 효소제의 연구가 현재 진행 중이다. 또 본 효소는 효모의 액포(液泡)에 불화성형으로 존재하고 사멸 혹은 자기소화에 의하여 활성화된다. 이 활성화된 효소는 술덧 말기의 아미노산 증가에 관여한다.

산성 프로테이스(protease)

산성 프로테이스(protease)는 아미노산의 일종인 아스파트산(aspartic acid)가 효소 활성 중심에 관여하고 있기 때문에 아스파트 프로테인네이스(aspartic proteinase)라고도 부르며, 최적반응 pH가 산성 측에 있으므로 종래부터 산성 프로테이스(protease)라고 부르고 있었다. 청주 국의 산성 프로테아이스(protease)는 증미의 단백질에 작용하여 증미가 붕괴하여 알파-아밀레이스(α-amylase) 작용을 받기 쉽게 됨과 동시에 알파-아밀레이스(α-amylase)의 쌀 단백질(주로 oryzenin)에의 흡착을 방지하고 알파-아밀레이스(α-amylase)의 증미 용해작용을 높이는 작용이 있다.

산소성(호기형) 국균

국균이 단위 시간당에 소비하는 산소량에서 생육형을 호기형(산소형), 중간형, 그리고 혐기형(무산소형)으로 나눈다. Czapek 개량배지에 배양한 균체 100mg의 단위 시간당(30℃, 5일간)의 산소 소비량이 60㎕ 이상을 호기형(산소형), 20~60㎕를 중간형, 20㎕ 이하를 혐기형(혐기형)이라 한다. Qo_2㎕/100mg = 60과 같이 표시한다. 시판 종국 균은 일반적으로 호기형(산소형) 또는 중간형에 속하는 균을 혼합한 것이다. 호기형의 균주를 사용하면 국을 만들기 쉽고 밤 향이 높고 아밀레이스(amylase) 역가가 강하다. 한편 갈색물질의 dopa의 생성도 많은 경향이고 흑색 박의 원인이 되는 수가 있다.

산소 흡수력

국균은 충분히 산소가 있을 때는 수시 산소를 취입하여 호흡작용에 의하여

$$C_6H_{12}O_6 + 6O_2 \rightarrow 2CO_2 + 6H_2O + 674\ \text{kcal}$$로

발생하는 열량 내 약 50%가 균체 구성 성분에, 약 20%가 균체 구성 유지에, 나머지 30%가 열로 되어 방출된다. 또 산소가 결핍할 때는 대사작용으로 분해적인 발효를 한다.

$$C_6H_{12}O_6 \rightarrow 2CO_2 + 2C_2H_5OH + 25\ \text{kcal}$$로서 중량을 줄인다.

산소 흡수속도는 균체 증식의 시기에 따라 변화되나 일반적으로 대수증식기가 가장 빠르다. 그러나 그 후는 균체량이 증대되므로 후기에 있어서도 반드시 계 전체의 산소 호흡량이 감소되는 것은 아니다.

산어폐지원(山御廢止酛 : 山廢)

야마오로시(山御)를 폐지한 주모 육성법으로 1909년에 시작되었다. 반절 통을 사용하지 않고 원어통(酛御桶 : 모토오로시 오케)에서 수국(水麴)을 행하여 3시간 후에 생원(生酛 : 키모토)과 마찬가지로 처리한 증미를 투입하여 담금을 완료한다. 야

마오로시(山御) 대신으로 고무래질 또는 쿠미카케(汲掛) 조작을 행하는 점이 키모토와 다르다. 그 후의 육성방법은 키모토와 마찬가지로 다키(暖氣)를 하지 않는 수가 많다.

야마하이(山廢) 주모는 키모토에 비하여 작업 소요 면적이 작아도 성력화 되는 이점이 많다. 일본 나다(灘)지방에서는 종래 키모토의 성력형 주모로서 널리 채용되었으나 최근 한 시기는 성력화가 일단으로 진행되어 야마오로시 하이시모토를 채용하는 회사가 감소하였으나 최근에는 증가 추세이다.

산지 품종 상품명

현미의 격부(格付) 검사(등급검사)는 주로 물리적 형상의 차에 따라 품위를 평가되나 이것과는 별도로 식미, 비율, 저장특성 등의 품질을 평가하는 방법으로 1911년에 자주 유통미제도의 도입과 더불어 산지 품종 가격형성제도가 창설되었다. 품질은 일반적으로 기상, 토양 등의 자연적 조건(산지)의 차와 품종에 의한 차가 크므로 농산물검사법에서는 품위(등급)와는 별도로 품질(산지 품종 명명)을 검사항목에다 넣어 등급검사 시에 감정한다.

산지 품종명명법은 품종이나 산지에 따라서 차이가 있는 것이 보편적으로 알려져 있는 경우에 설정되는 품질 구분으로 소비자의 요망에 응함과 동시에 자주 유통미 거래의 원활화를 기대하는 것이다.

산패(酸敗)

부조(腐造), 냉 담금 등 술덧의 변질에 의하여 산도의 이상이 증가하여 도저히 음용될 수 없을 정도의 이상발효를 산패라고 한다. 또 청주가 화락하여 산이 증가한 경우에도 산패라고 한다.

산화환원전위(酸化還元電位, γH)

산화환원전극의 평형 전극전위에서 용액의 산화력 또는 환원력을 나타내는 양, 즉 용액의 산화상태 혹은 환원상태에 있는 것을 나타내는 척도로 된다. 청주의 숙성에는 산화반응이 크게 관여하고 있으므로 당연 γH의 변화가 일어난다. 일반적으로 청주는 여과 후에 급격한 환원작용이 있고 γH가 저하하며, 화입 시에 급격한 γH가 증가, 다시 환원작용이 수일 계속 한 후 산화작용이 시작되어 γH가 순하게 상승하여 숙성이 진행된다. 신주(新酒)의 γH는 11.0~13.5, 고주(古酒)의 γH는 15.5~17.0이 보통이다. 그 후의 γH 증기가 심한 것은 숙성이 빨리 진행된다고 한다.

살균(殺菌)

미생물의 생활력을 빼앗아 버리는 것을 살균이라 하며 그 본질은 균체내 효소의 불활성화, 핵산의 변성, 세포벽의 용해, 고화(固化), 기타 구성성분 단백질의 변화에 의한 것으로 생각한다. 그 수단으로는 물리적 방법(열, 자외선, 방사선 등의 이용)과 화학적 방법(약제의 사용)으로 대별할 수 있다.

살균온도

세균의 현탁액을 가열처리하면 어느 시점에서 돌연 모든 균이 사멸되는 것은 아니고 가열시간에 대하여 대수적인 모양으로 생균수가 감소되나 같은 균종도 균종에 따라 또 균 밀도, 균 괴(菌塊)의 존재, 균의 배양령, 혼탁액의 pH, 삼투압, 성분 등에 따라 사멸되는 상태가 다르게 된다. 사멸확률을 몇 %로 할 것인지 현탁액의 조건을 밝혀둘 필요가 생기게 된다.

식품의 가열처리에 있어서는 목적하는 세균의 열에 대한 저항력을 알 필요가 있다. 또한 균 현탁액을 일정의 환경 하에 10분간 가열 때의 균이 사멸하는 최저의 온도(열사점)에서 비교하고 있으나 현재에는 기지의 일정 환경에서 어느 설정된 온도에서 균이 사멸하는 데 소요되는 시간(열사시간·총 사멸시간)을 사용하고 있다. 즉 몇 종류의 정해진 온도에 있어서 열사시간을 구하고 사멸시간을 종축에 대수 눈금으로, 온도를 횡축에 산수 눈금으로 취하면 직선관계로 되어 그 경사각도에서 각각 균의 열사저항의 강약을 알 수 있다.

이와 같이 살균온도와 살균시간에 따라 내열성을 나타내는 방식을 정식으로는 열사시간이라 부르나 통속적으로는 사멸온도를 표현하는 경우도 있다. 화락균(火落菌)의 경우도 60℃에 있어서 사멸속도를 1로 하면 65℃에서는 약 5배, 역으로 55℃에서는 약 1/5로 추정되어 가열처리 온도는 사멸시간에 크게 영향된다. 청주의 살균은 경험적으로 60℃에서 2~3분으로 충분하다고 하나 균종도 많고 원래의 균수와 청주의 성분 등도 다르므로 65℃, 10분 유지가 안전하다고 한다.

삼단 담금[일단 담금(초첨, 初添)·이단 담금(중첨, 仲添)·삼단 담금(유첨, 留添)]

주모에 대량의 물료를 단번에 첨가하여 담금을 하면 주모 중의 효모나 산도가 한번에 묽어져 효모 증식에 맞지 않아 잡균이 번식될 우려가 있다. 이 때문에 날을 잡아 몇 회 나누어 효모의 증식을 꾀하면서 담금을 행하는 방법이 취해진다. 이것을 단괘법(段掛法) 또는 단(段) 담금이라 한다.

3회로 나누어 담그는 삼단(三段) 담금이 일반적인 방법이나 드물게는 이단(二段) 담금도 채용되고 있다. 삼단 담금은 초첨(初添 : 약하여 添, 일단 담금), 중첨(仲添 : 약하여 仲, 이단 담금), 유첨(留添 : 약하여 留, 삼단 담금)의 세 단계로 나누어 담금을 하는 방법으로 초첨의 뒷날에 오토리(湧 : 용)이라 하여 1일 담금을 쉬므로 세 단계 담금을 4일간에 걸쳐 담금을 하는 것이 보통이다. 주모량의 약 2배량의 물료를 가하여 초첨(初添)으로 하고 초첨의 배량의 중첨(仲添), 중첨의 배량의 유첨(留添)으로 하는 것과 같이 각각 배량의 물료를 가하여 증량하여 가는 것이 보통이다,

초첨은 수국(水麴) 후 1～3시간째에 표준온도 12～13℃에서 담금하고 오토리(湧 : 용)로 유도한다. 나카(仲) 나누기 후 수국을 행하여 1～3시간 후에 표준온도 9～10℃에서 중첨(仲添)을 한다. 유첨(留添 : 삼단 담금)은 7～8시가 표준으로 보통 증미는 담금 온도까지 냉각하여 매우 단단하게 담금을 한다. 증미가 단단한 경우나 실온이 높기 때문에 증미 품온이 높을 때는 수국온도를 낮게 하여 담금 온도를 조절한다.

삼투수(滲透水)

강수 중에서 지면에서 지중으로 스며들어 지하수로 되는 물을 삼투수라고 한다. 강우량 중 삼투하여 자하수로 되는 비율은 지형, 기후, 지질 그리고 식물 등의 상태에 따라 일정하지 않다. 일본에서 비가 적은 지방에서는 1년의 삼투량은 100～200mm, 많은 지방은 1,000mm 정도라고 한다.

상국법(床麴法 : 평상 국법, 마루 국법)

제국의 가장 오랜 원형으로 추정되고 있는 국개(麴蓋), 상자를 사용하지 않고 모든 조작으로 상(평상) 위에서 행하는 것으로 상자 국법보다 상당히 조작이 간편하다. 재우기에서 출국까지 하나의 평상(床)에서 행하는 것과 담기 이후 출국까지 다른 평상(新床, 신평상)에서 행하는 경우가 있다. 제국 후반이 되면 국층(麴層)의 하부나 평상에 접하는 부분은 온도, 습도 다 같이 높아지기 때문에 만들기 어렵다. 신상의 면적은 담기량 100kg당 4～4.5m^2이 필요하다.

상면발효(上面醱酵)·하면발효(下面醱酵)

상면효모에 의하여 발효액에 부상 현탁하여 발효하는 경우를 상면발효라고 하고, 반대로 하면효모에 의하여 거의 침전 그대로 초기 발효가 끝나면 빨리 기저에 침사하여 하부에서 발효하는 것을 하면발효라고 한다. 맥주의 상면효모는 영국에서 사용되

고 있으며 일본, 독일에서는 하면효모이다. 일본 청주효모는 상면효모에 속하고 거품 중에 많이 집합하여 거품 1mℓ 중에는 10억~30억 존재하고 술덧 액 중의 5~10배에 이른다. 낙포(落泡)에서 효모는 액 중에 많아지고 지(地)로 되면 최대에 달하여 발효도 강하게 된다,

상모(狀貌, 국)

국에서 상모(狀貌)란 주로 파정(破精 : 하제)의 상태를 말한다. 뒤지기 시기에는 증미가 축축하기 시작한다. 담기시기에는 엉킨 것이 잘 풀리게 되어 약간(1~2분 정도)은 파정이 확인되기도 한다. 제1손질 시기에는 또 다시 엉킨 것이 잘 풀리는 것이 좋게 되어 하제마와리(破精廻 : 파정회)는 3~4분으로 되어 있다. 끝내기 시기에는 8~9분 정도의 하제마와리(破精廻 : 파정회)로 되어 있다. 적절한 제국조작을 행하여 국의 상모를 보고 판단하는 것이 중요하다.

상자국법(箱子麴法)

국개(麴蓋) 대신으로 길이 150cm, 폭 85cm, 깊이 18cm 정도의 목재상자로 그 밑에 나무 또는 대나무를 붙이거나 스테인리스 강철을 붙인 것에 발이 거친 모포를 깔고 국을 약 15kg을 담는다. 국개(麴蓋)에 비하여 한 개에 담는 양이 많기 때문에 공간, 노력이 절약되고 작업시간이 단축된다. 담기까지는 국개법과 다르지 않으나 담기 이후에 상자에 옮긴다. 표면이 건조되기 쉬우므로 면포로 덮어 주기도 한다. 제1손질 끝마무리는 상자 내의 물량을 교반하여 상자의 중앙에 모아 다시 편다. 다른 상자에 옮겨 바꾸는 경우도 있다. 어느 국개법 보다 능률적이며 품온 조절은 국개법 보다 능률적이다.

표 8. 상자의 크기와 담기량

담기량	가 로	세 로	깊 이
45kg	85cm	163cm	13cm
30	75	150	13
20	70	120	11
15	60	100	10
7.5	60	90	9

품온 조절은 층의 투께로 조절하거나 상자와 상자 사이에 잔목(棧木)을 넣어 간극을 조절하여 행한다. 경과는 국개법 보다 진행되기 쉽다.

상징(上澄)

카라시(枯) 중의 주모(酒母)는 그 표면이 거품[삽피 옥포(玉泡) 등]으로 덮어져 물료 중에서는 미 용해의 고형물이 표면 가까이 까지 밀려 올려와 있는 것이 보통이나 카라시(枯) 기간이 길어지면 거품이 없어지고 상징되는 수가 있다. 이것을 방주원(坊主酛 : 방주모토)이라고 한다, 키모토계(生酛係)의 주모에서서 하야와키(早湧 : 조용)한 경우에는 상징되기 쉽고 또 속양주모에 있어서도 카라시(枯) 기간이 길게 되거나 혹은 늙어져 카라시(枯) 기간이 길게 되면 상징이 되기 쉽다.

상징한 주모는 보메가 떨어져 효모도 약성화 되기 때문에 술덧을 전완형(前緩型)으로 되고, 극단의 경우는 술덧의 건전한 발효가 기대되지 않는 경우도 있으므로 주의해야 하며 건전한 주모와 섞어서 사용하는 것이 바람직하다.

색 되돌림(색려, 色戾)

활성탄으로 여과한 청주가 여괴 직후는 충분히 탈색되어 있어도 3～10일 후에 점차로 착색으로 이어져 탄소처리를 하기 전의 청주의 색보다도 진하게 되는 수가 있다. 이것을 색 되돌림이라 한다. 원인은 여과에 사용한 탄소나 규조토 등에서 철분이 용출하여 청주의 데페리페리크롬(deferriferrichrome : 무색)과 결합하여 페리크리신(ferrichrysin : 적갈색)으로 되기 때문이며 따라서 가능한 한 철의 용출이 적은 탄소나 규조토를 선정할 필요가 있다.

색택(色澤)·취미(臭味)

물의 외견상의 색이나 혼탁의 상태를 색택이라 하고 냄새나 맛을 취미(臭味)라고 한다. 양조용수로서는 무색투명으로 무미, 무취의 것이 바람직하다. 물에는 각각의 취미가 있는 것도 있고 이것을 질적, 양적으로 표현하는 것은 어려우므로 유사한 취미(臭味)로서 표현하는 경우가 많다. 냄새로서는 토취(土臭), 어취(魚臭), 곰팡이 냄새, 감취(甘臭), 황화수소 냄새, 염소냄새, 부패 토 냄새(土臭) 등 그리고 맛으로서는 감미, 산미, 염미, 고미, 수렴미, 청량미 등의 용어들이 사용된다.

생원(生酛, 키모토)

방냉과 장시간 묻어 놓은 증미에 따라 노화를 진행한 증미를 국과 함께 2개 모토

[酛(원) : 증미 150kg, 국미 60kg, 급수 260ℓ)]당 16장의 반절 통에 계량하여 담고 잘 혼합하면서 담금 수를 붓고 교반, 테모토[수원(水酛)] 등의 조작 후 야마오로시를 보통 3회 행하여 미립을 뇌쇄(擂碎)하여 모토오시 통(酛御桶)에 합한다. 7℃ 정도의 우타세(打瀨) 기간을 경과하여 질산 환원 균에 의하여 아질산의 생성과 유용 유산균의 선택적 증식이 진행된다.

유해균의 도태가 이루어짐에 따라 전다키(前煖氣)기간을 경과하여 당화가 진행되어 효모의 배지로서 적당한 성분이 축적되는 시기에 공중에서 날아들어 온 미생물 중 유용 효모만이 선택적으로 증식하여 후쿠레(膨 : 팽), 와키쓰기(湧付 : 용부), 다키(煖氣), 최고온도, 와케(分), 모토시(戻)를 경과하여 숙성된다. 키모토(生酛)는 농후한 청주의 양조에 알맞고 오래 카라시(枯) 기간에도 견디는 특성이 있으며 조작이 번잡하나 최근에는 각지에서 부활을 원하고 있다,

생원계(生酛系) 주모(酒母)

육성한 모토(酛 : 원)라 하여 유산균이 생성하는 유산을 주모 물료 중에 집적시킴으로써 잡균의 증식을 억제하는 사실에서 유산 직접 주모라고 한다. 주모 육성은 대략은 우선 주모 물료 중에 증식하는 질산 환원 균이 생성하는 아질산과 질산 환원세균 보다 약간 늦게 증식하는 유산균이 생성하는 유산과의 상승작용에 의하여 효모의 증식이 억제된다. 이 사이에 물료의 용해작용이 진행하여 효모의 증식에 필요한 성분 축적이 이루어진다.

유산생성에 의하여 질산 환원세균은 사멸되고 아질산도 소실되고 유효 효모가 증식을 시작한다. 이 시기에 유산균도 사멸을 시작하고 최종적으로는 진한 당, 진한 산의 배지 중에서 유용 효모만이 선택적으로 증식한다. 이와 같은 원리에 따라 육성되는 주모를 총칭하여 생원계 주모라고 한다. 생원계 주모는 생원(生酛), 야마오로시하이시 모토[산어폐지 원(山御廢止 酛)] 이외의 변형으로 생각되는 한키리 야마하이[半切山廢 : 한야미(半山)・생원(生酛) 야마하이 절충주모(山廢 折衷酒母)], 유산 분할 첨가 야마하이 주모(山廢 酒母)가 포함된다.

세균수

세균을 나타내는 하나의 특성은 그 왕성한 번식력이다. 또 최초의 세균수를 a, t시간 후의 세균수를 b, t시간 내의 분열회수를 n으로 하면 b = a × 2n의 관계가 성립된다. 보통 일반적으로 세균수를 측정하는 데는 부이욘 한천 배지를 사용하여 페트리 접시에서의 세균수 계수법을 사용한다. 또 화락균(火落菌)은 일본양조협회 발매의

화락균 검사배지[(나카가와(中川) 배지가 주성분]를 사용하여 37℃, 7일간의 배양으로 청주 1㎖당 100개 정도의 화락균이 되게 희석, 배양하여 계산한다.

세미(洗米)

백미를 수세하는 것으로 백미의 표면에 부착한 겨를 제거하는 것을 목적으로 한다. 세미 중에 백미의 표면이 마모하여 2차 정미의 효과를 겸하고 있고 그 양은 백미의 1~2%라고 한다. 또 칼륨, 단백질 등이 유실되고 약 20%의 수분이 쌀에 흡수된다. 1912~1925년에는 수세나 족세(足洗)로 하였고, 방아타령을 하면서 70회, 50회, 30회라고 하는 칠오삼세법(七五三洗法)으로 하였다. 수세에서 기계수회, 다음으로 연속 세미기, 솔리드 펌프가 사용하게 되었다. 솔리드 펌프는 세미와 동시에 수송도 할 수 있게 되었다. 세미의 수량은 보통 백미량의 3배에서 10배량이다.

셀룰레이스(cellulase)

셀룰로스(cellulose)의 베타-1,4-글루코사이드(β-1,4-glucoside) 결합을 가수분해하는 효소로 식물세포벽을 구성하는 셀룰로스(cellulose), 펙틴(pectin)질 이외의 다당류를 가수분해하는 효소의 총칭으로 헤미셀룰레이스(hemicellulase)라고 한다. 주조에는 경질미, 고미(古米)의 원료처리에 사용되고 있다.

셀룰로스 보조제

셀룰로스(cellulose)는 주로 자연계의 식물에서 채취되고 면화계(棉花系), 목재 펄프계로 분류된다. 보조제로서 제공되기 까지는 셀룰로스 순도를 올리는 처리가 이루어진다. 순도를 나타내는 알파-셀룰로스(α-cellulose)분의 함유율은 면화계가 높고 정제된 상태에서 99% 정도 된다고 한다. 한편 목재 펄프계는 90~96% 정도로 되어 있으며 알파-셀룰로스(α-cellulose)의 순도가 높을수록 섬유의 강성(剛性)이 높아진다.

형상은 목재 펄프계에서는 직경 20㎛, 길이 10~수백 ㎛, 면화계는 직경 0.1㎛, 길이 수백 ㎛의 형상이고 규조토 등에 필적한다. 셀룰로스 보조제의 특징은 무기물과 달라 철분 등의 용출 성분이 적고 프레코트 층이 강건하고 소각처리가 된다. 또 천연섬유이기 때문에 인체에 있어서 안전하다.

소주갑류(燒酒甲類)

연속식 증류기로 증류하여 만든 고순도 알코올을 36% 미만 물로 희석한 것을 말하며, 화이트 리큐르(White liquer)라고도 한다. 1910년경부터 개발된 재래의 소주(본격 소주)에 대하여 신식 소주, 주정식 소주라고 불렀다. 제2차 세계대전 전까지의 원료는 주로 절간고구마가 사용되었으나 전후 당밀 사용의 제한이 해제되어 1960년 이후부터 당화공정이 필요하지 않는 당밀계 원료가 주력을 차지하였다. 공장 폐수의 규제가 엄격하게 되어 1965년부터는 당밀과 당수(糖水)를 원료로 한 글루드 럼이 사용되었다.

소화성 · 소화 잔사

소화성이란 보통 증미의 효소제에 의한 피소화성을 말한다. 백미를 쪄서 효소 소화시키는 경우 품종에 따라 소화속도, 소화량이 다르고 이것을 보는 데에 따라서 그 백미의 술덧 중에서의 용해성이 어느 정도 예측된다. 소량의 증미에 효소(주로 아밀레이스)를 작용시켜 단백질을 보는 것이 소화성으로 충분히 소화된 후의 잔사량을 본 것이 소화성 잔사이다. 따라서 소화성은 술덧에서의 용해 패턴을, 그래서 소화 잔사는 박 비율을 예측하는 것도 생각된다.

주미(酒米)연구회에서는 백미 10g을 일정 조건에서 침지, 물 빼기 증자를 하여 증미의 흡수율을 측정한 후 50mℓ의 효소 완충용액으로 15℃, 24시간 소화를 행한 여액의 브릭스도와 포몰(formol)태 질소를 측정하였다. 효소 완충용액에서 알파-아밀레이스(α-amylase) 역가 60단위 / mℓ, 프로테이스(protease) 역가 3,000단위 / mℓ 이상으로 조정하고 있다. 여과 잔사는 건조 후 측정하여 건물 %로서 나타낸다.

속양주모(速釀酒母)

1911년 말경 에다(江田)씨에 의하여 고안된 속양(速釀) 주모로 대표되는 하나의 주모 육성법이며, 기본적으로는 유산균의 산 생산에 의하지 않고 유산을 첨가함으로써 잡균류의 증식 억제 그리고 도태를 행한다. 순수배양효모를 초기에 대량으로 첨가함으로써 주모의 효모순도를 고 수준으로 유지한다는 두 가지의 원리에 기초한 주모 육성법으로 이외에 주모 물료를 고온도로 유지하여 잡균의 도태를 행하고 동시에 효과적으로 당화를 진행하는 방법이다.

생원계 주모(生酛系 酒母)에 비하여 기온의 고저에 영향을 받지 않는 안전한 주모의 육성이 된다. 단시일에 마무리되어 노력 절약 면에서 효과가 크고 성질 기지의 우량 효모가 고순도로 육성되어 있다. 일정 품질의 주모를 쉽게 육성할 수 있다는 등의 이점이 많다. 고온 당호주모, 간이 속양주모, 울트라세븐 주모 등이 속양조모에 포함된다.

솥 물

솥에 붓는 물을 말한다. 솥에 붙는 물의 양은 너무 많이 부으면 비등할 때 열탕이 시루로 들어간다. 또 적을 때는 건조하여 솥이 파손되는 수가 있다. 보통 솥에 붓는 물의 양은 솥 용량의 85~90%가 최대이다. 솥에 붓는 물의 양이 적은 경우에는 증기의 건조도가 높고, 솥에 붓는 물의 양이 많은 경우에는 비말동반이 많고 시루 저부의 증미가 연한 진밥이 된다.

장시간 증자할 때는 솥에 붓는 물이 감소되어 적게 붓는 물의 경우와 마찬가지의 증기로 된다. 솥에 부은 물은 신선한 물을 붓는 것이 보통이다. 또 증기취입형의 솥에는 드레레인 수가 모이므로 이것을 감안하여 솥에 붓는 물의 양을 조정할 필요가 있다.

쇄립(碎粒)

파쇄된 미립을 말하며 현미에서는 적다. 살결, 심백 그리고 복백의 정도를 나타낸다.

수국(水麴)

담금 전에 일정 양의 물을 용기에 넣고 여기에 소량의 국 그리고 주모(첨가 담금만)를 넣고서 잘 혼합시킨다. 이 상태를 수국이라 한다. 국 중의 효소를 수중에 침출시켜 효모 중의 주모로 발육준비를 시키는 것이다. 보통 7~8℃에서 행하여 1~9시간 후 냉각한 증미를 넣어 담금을 마무리 한다.

수도(水稻)·육도(陸稻)

담수지(湛水地)에 자생한 벼의 원종을 개량하여 재배하게 된 벼는 원래 수도가 보통인 것이라 한다. 육도는 수리의 불편한 밭, 산지 등의 내한발성 품종이 장기간에 걸쳐 선택 배재되어 온 것이라 한다. 담수(湛水) 재배되는 수도는 육도에 비하여 연작이 가능하고 병충해, 환경오염, 잡초에 강하고 양분의 천연 급원이 많은 등 많은 이점을 갖는다.

그리고 육도는 다비(多肥)하면 지엽이 번식이 지나쳐 한발에 약하므로 소비(少肥)로 재배되어 수량을 얻기 어렵다. 육도 찹쌀은 수도 찹쌀에 비하여 품질에 손색이 없고 설사 경화되기 어려우므로 일본과자 등에 사용된다. 육도 멥쌀은 식미가 나쁘기 때문에 보통 육도로서는 찹쌀이 재배되고 있다, 일본 찹쌀 재배면적은 전체의 수% 정도이다.

수리(水理)·수질(水質)

지하수에 관한 수리학(水理學)은 특수 과학의 하나로 그 기초가 되는 것은 지리학, 지구물리학, 수력학, 기상학, 토목공학 등의 부분을 포함하여 지하 수리학의 이론을 수리(水理)라고 한다. 화학성분의 종류나 함유되는 과다에 따라 물의 성질이 다른데 이것을 수질이라 한다. 지하수에 함유되는 화학성분으로는 양이온으로 Ca^{+2}, Mg^{+2} Na^{+}, K^{+}, 음이온으로 CO_3^{-2}, HCO_3^{-}, SO_4^{-2}, Cl^{-}, NO_3^{-} 등이 있다. 미량성분으로는 Fe^{+3}, Al^{+3}, HN_4^{+}, NO_2^{-}, PO_4^{-3} 등이 있다. 가스성분으로는 CO_2, N_2, O_2, CH_4, H_2S를 함유하는 수가 있다.

수분(水分)

105℃ 건조법으로 측정하고 백분율로 나타낸다.

수위계(水位計)

수위를 측정하는 기구로 연속측정에는 프롯트를 사용하여 자기 기록지를 짜 넣은 시계형의 1일 감기, 1주간 감기 등의 자기수위계를 사용한다. 이외에 전기적 장치, 피압(被壓) 변화를 전기적으로 지시하는 계기도 있다. 간편하게 우물의 수위를 측정할 때는 줄자의 선단에 부자를 붙인 것을 사용하고 있다.

수지제 입상탄(粒狀炭)

네덜란드에서 수입된 것으로 사용법은 흡착수지와 마찬가지로 칼럼을 사용하여 주류 중에 함유되고 있는 유기금속 화합물 기타 색소를 탈색한다. 칼럼의 내부에 메타-페닐렌다이아민(m-phenylenediamine) 같은 방향속계 아민을 기본체로 하는 수지상의 물질을 충전하여 이 층을 청주가 통과하므로 활성탄 등에서 불가능한 철 이온에 의한 착색 제거가 이루어지고 있다. 탈색 능력이 없어진 경우는 물, 알칼리, 산에 의하여 재생처리를 하고, 반복하여 탈색조작을 할 수가 있다.

수질기준

양조용, 가정용, 공업용 등의 각종 사용 목적에 따라 요구되는 수질은 다르나 그 대표적인 수질기준을 아래에 나타낸다. 우리나라 먹는 물 수질기준은 먹는 물 관리법에서 규정하고 있다. 양조용수에 관한 특별한 규정은 없으며 먹는 물 수질기준은 다음과 같다.

① 미생물에 관한 기준(일반 세균, 대장균균, 분원성 세균)
② 건강상 유해영향 무기질에 관란 기준(납을 위시한 8가지)
③ 건강상 유해영향 유기물질에 관한 것(페놀을 위시한 17가지)
④ 심미적 영향물질에 관한 것(경도를 위시한 14가지) 등 많은 것들이 규정되어 있다.

수질의 판정

주조 용수로서의 수질 판정을 하는 경우 그 사용 목적에 따라 요구되는 수질의 기준은 자연히 달라지나 최소한 만족되지 않으면 안 될 기준은 다음과 같다.

① 색택은 무색투명, ② 취미(臭味)는 이상이 없을 것, ③ 수소이온농도는 중성 또는 미 알칼리성, ④ 철, 망강은 0.2mg / ℓ 이하, ⑤ 과망간산칼륨 소비량은 5mg / ℓ 이하 ⑥ 아질산성 질소는 불검출, ⑦ 암모니아성 질소는 불검출, ⑧ 세균 산도는 2mg / ℓ 이하, ⑨ 산 생성균은 불검출, ⑩ 대장균군은 불검출, ⑪ 그 외는 수도수 기준에 준한다. 특히 주조 용수의 하나인 양조용수 중의 담금 용수에서는 상기의 기준에 더하여 칼슘, 마그네슘, 칼륨, 염소 등의 함유량이 감안되어 수질이 판정된다.

숙성 술덧

술덧의 말기에 당화작용, 알코올 발효가 충분히 이루어져 술덧의 성분 조성을 목적으로 하는 상태를 숙성 술덧이라 한다. 숙성되었는가의 판단은 주관적이기는 하나 피루브산(pyruvic acid)의 소장을 지표로 제시되고 있다. 술덧 말기에 일본주도의 감소가 둔하고 알코올 생산이 적게 된 상태를 숙성으로 판단하고 있다. 고 알코올 농도의 환경을 장기간 지속하는 것은 효모의 사멸을 초래하여 주질(酒質)을 열화시킬 염려가 있으므로 최근 일본 나다(灘)에서는 알코올 첨가 후는 가능한 한 빨리 여과하는 경향이다. 숙성이 불충분한 젊은 술덧은 미숙 술덧이라 하고, 미숙 술덧을 여과하는 것을 젊은 여과라 한다,

순간살균

세균의 현탁한 액을 살균하는 경우 가열시간의 상승에 대하여 사멸시간은 대수적 형으로 감소되어 간다. 즉 고온으로 되면 아주 단시간으로 살균되므로 식품에 따라서 품질 유지상 낮은 온도에서 장시간 가열하는 것보다 고온에서 단시간 가열하는 것이 좋은 순간살균이 이루어진다(예를 들면 우유나 과즙에서 140℃, 2초). 청주의 화입 경우도 급열 급랭하는 쪽이 주질을 젊게 유지할 수 있으므로 75℃, 15초 유지 후 혹

은 70℃, 30초 유지 후 생랭주의 열 교환에 의하여 약 40℃까지 급랭한 탱크에 보낸다는 보고도 있다. 이 경우 배관, 용기의 살균을 보다 완전히 하여둘 필요가 있으므로 그다지 채용되지 않고 있다.

순수배양

타 종류의 미생물 또는 세포의 혼입을 완전히 방지하여 목적으로 하는 미생물 또는 세포만을 증식시키는 것을 순수배양이라 한다. 일반적으로 순수배양은 사용하는 용기 그리고 배양기를 살균 후 외부 환경과 균학적으로 격리된 상태에서 순수 분리한 종균을 접종하여 배양이 이루어진다. 그러나 청주양조에 있어서는 잡균의 존재 하에서 개방탱크를 사용하여 살균이라는 수단을 사용하지 않고 잡균을 자연 도태하고 유용 효모를 순수배양의 형으로 육성하는 기술이 이루어지고 있다. 주모에 있어서는 전반의 공정으로 산 순양(酸 馴養)에 의하여 세균을 자연 도태하고 유용 효모를 육성하는 방법이 기본으로 되어 있고 술덧에 있어서도 주모를 육성한 효모를 항시 우량으로 증식시켜 순수배양 형으로 유지하여 발효를 행하고 있다,

술덧 냉각

술덧의 발효주에 품온 조정을 위하여 냉각하는 것으로 알루미늄제의 긴 원통 용기에 얼음을 채우는 방법이다. 술덧 중에 얼음을 채운 냉온기나 냉수를 통한 사관 등을 술덧 내부에 삽입하는 방법, 탱크 외주의 냉각 재킷이나 내부 배관에 냉수를 순환시키는 방법, 기타 샤워에 의한 냉각방법 등이 있다. 술덧의 온도가 급상하는 3일째~5일째, 지(地)로 되는 12일째~15일째에 주의하여 냉각하는 것이 보통이다.

술덧의 산

청주 중의 총 산량의 약 17%가 주모, 6%가 증미, 4%가 국에서 유래하고 술덧 중에서 생성된 양은 거의 73%이다. 술덧 중 최고 보메도의 산도는 pH 0.7~1.5이고, 이때의 산도가 극단으로 적은 경우는 유해균으로 오염되기 쉽고 고포(高泡) 시에 다량으로 생산하는 수가 있다. 수포(水泡)에서 낙포(落泡)까지의 시기는 1일 평균 0.2~0.3으로 산을 생성하는데 이 시기를 술덧의 증산기(增酸期)라고 한다.

일반적으로 술덧의 알코올 첨가 시의 산도는 2.2~2.7에서 0.3을 초과하면 다산(多酸) 술덧으로 생각한다. 효모의 종류에 따라서도 산 생산경과가 다르고, 7호 효모는 조기에 일정량에 달한 이후의 증산은 둔하다. 알코올 첨가 전은 산 생산을 하지 않으나 효모의 종류에 따라 역으로 점차 증산하여 후기까지 산 생산이 계속되는 경우가

표 9. 술덧 중의 유기산 성분 변화 예 (mg/술덧 100g)

일 수	호박산	사과산	유 산	피르브산
토메(留添)	10.87	3.10	33.40	13.61
3	19.04	3.34	39.81	24.86
5	25.04	7,34	43.47	14.85
7	31.34	9.52	43.66	15.17
11	53.35	18.43	57.14	33.17
15	54.99	26.02	55.71	6.75
19	55.37	25.61	50.03	18.77
술	53.42	7.56	45.04	5.92

있다. 술덧의 유기산 중의 약 80%는 유기산과 호박산이고 생성량이 많은 것은 호박산, 다음으로 사과산, 유산의 순위이다. 술덧의 5일째 경에는 유산이 많으나 알코올 증가와 더불어 호박산도 증가하고, 10일째 이후는 거의 동량으로 된다. 기타 사과산, 피르브산(pyruvic acid)의 경과 예는 표 9와 같다.

유기산 중에서도 양적으로는 적으나 특징 있는 경과를 나타내는 것은 피르브산이고, 이들 소장의 형은 술덧의 발효형태와 밀접한 관련을 갖는다. 피르브산의 소장에 대하여는 네 가지의 형으로 대별한다. ① 최고치가 극단으로 빠르고 6일째 경에 오는 것, ② 약간 늦어지는 것, ③ 표준적인 11～13일째 경에 오는 것. ④ 피크가 연속하여 소실되어 가는 것 등이다. 알코올 첨가 후 총산량이 급격하게 감소되는 것이 있는 것은 피르브산이 감소하여 아세트알데하이드(acetaldehyde)가 증가하는 것으로 생각한다. 아세트알데하이드(acetaldehyde)가 70～80ppm을 초과하면 목향 같은 냄새가 느껴지는 수가 있다.

술덧의 아미노산

술덧의 발효공정 중에 백미 중의 단백질(4～7%)이 산성 프로테이스(protease)에 의하여 분해되어 종종 펩타이드(peptide)를 생성하고 산성 카복시펩타이데이스(carboxypeptidase)에 의하여 다시 분해하여 글리신(glycine), 알라닌(alanine), 루신(leucine) 등 20여 종 전후의 아미노산이 생성된다. 대부분의 아미노산이 술덧의 진행 경과에 따라 증가된다. 그러나 아르지닌(arginin)과 트립토판(tryptophan)은 지

(地)의 시기에 거의 최고에 달하고 알코올 첨가로 증가되지 않고 오히려 감소되는 경향이 인정되었다.

술덧 경과 중에 집적량(集積量)이 현저한 아미노산은 글루탐산(glutamic acid), 글리신(glycine), 알라닌(alanine), 루신(leucine), 아르지닌(arginine), 프롤린(proline) 등이고, 집적량이 적은 아미노산은 시스틴(cystine), 트립토판(tryptophan), 메싸이오닌(methionine) 등이다. 또 알코올 첨가 후 알코올 농도가 20% 가까이 되면 효모가 사멸하기 시작하나 이때 효모균체 내의 카복시펩타이데이스(carboxypeptidase)가 활성화하여 아미노산이 급격하게 생성되어 라이신(lysine), 알라닌(alanine), 글루탐산(glutamic acid), 암모니아(ammonia)가 많아진다.

술덧의 품온

술덧의 온도를 말하는 것으로 유첨(留添 : 토메, 3단 담금) 후 품온은 알코올 발효의 개시와 동시에 발효열에 의하여 점차 상승하기 시작하여 최고에 달하고 나서 5~10일간 지속한 후 점차 하강하여 여과한다. 최고 온도는 음양 술덧에서 9~13℃, 보통 술덧에서 14~16℃정도이다. 술덧 품온의 최고 온도는 10~12일째 되는 것이 보통이었으나 현재는 술덧 품온의 조절이 가능하게 되어 5~7일째 경에 최고로 된다. 이후 그 온도를 지속하여 술덧 말기에서 온도를 1~2도 떨어뜨리는 형식을 취하는 등 각 공장에서 인위적으로 온도 경과를 유도하게 되었다.

술덧 일수

술덧의 토메담금(留添 : 3단 담금) 종료로부터 여과까지의 일수를 술덧 일수라고 한다. 일본 나다(灘) 지구에서는 15~20일 정도로 많다. 국의 노약, 담금 수의 경연, 담금 비율, 술덧의 온도 경과, 원료미의 정미비율, 주모의 성상에 따라 장단이 있다. 특히 기온에도 좌우되어 술덧의 품온에 따라 저온 장기형과 고온 단기형으로 나눈다.

술덧 중의 당분 변화

술덧 중에는 국의 알파-아밀레이스(α-amylase), 글루코아밀레이스(glucoamylase), 산성 프로테에스(protease) 등의 종합 작용에 의하여 증미가 용해, 당화되어 글루코스(glucose), 말토스(maltose) 등의 올리고(oligo)당이 생성된다. 그러나 그 대부분은 글루코스(glucose)이다. 청주 술덧의 특징은 병행복발효이므로 증미에서 당분이 조금씩 생기면서 공급되므로 그 당분이 계속 이어져 효모에 의하여 발효되어 나가 당분의 변화는 국의 효소역가나 효모의 발효능력에 의하여 현저히 변동된다.

예를 들면 술덧의 최고 보메도는 보통 유첨(留添 : 3단 담금)후 3~5일째 당 7~9도, 그 후 발효가 진행하므로 감소하여 낙포(落泡) 시에는 보메도 3~5도 되고, 1일에 0.5~0.7 정도로 낮아져 지(地)로 되면 1일 0.2~0.5 정도가 떨어진다. 포도당 생성은 평균 1일에 약 2~4% 정도이고, 이 당은 효모에 의하여 1일 약 1~5% 알코올로 변한다. 술덧의 전반은 후반에 비하여 포도당 농도가 2% 정도이고, 높은 거품이 없어지면 술덧 중의 효모 수도 많아져서 포도당 농도는 0.2% 정도로 된다. 술덧 말기는 알코올 첨가나 4단 담금 등에 의하여 당분은 일정하지 않다.

한편, 국의 트랜스글루코사이데이스(transglucosidase)는 말토스(maltose), 기타 올리고(oligo)당에 작용하여 글루코스(glucose)를 생성하나 이 글루코스(glucose) 단편을 다른 글루코스로 전달하여 아이소말토스(isomaltose)를 또 말토스(maltose)에 전달하여 panose 등의 아이소말토올리고(isomaltooligo)당을 생성한다. 이들 당은 비발효성 당으로서 청주의 주요한 성분이 되고 있다(약 1%). 또 이 효소는 말토올리고(maltooligo)에서 에탄올(ethanol)을 acceptor로 하는 당 전달반응으로 알파-에틸글루코사이드(α-ethylglucoside)를 생성한다. 청주 중에는 약 0.5% 함유된다.

술맛보기

술 저장탱크의 배출구에서 소량의 청주를 채취하여 건전하게 저장되어 있는지를 검사하거나 향미의 변화를 조사하는 것을 술맛보기라 한다. 현재는 화입, 저장관리기술도 향상되어 저장 중에 화락되는 예는 거의 볼 수 없으나 옛날의 습관에 따라 가온이 상승하여 화락의 위험성이 있는 6월에서 7월에 걸쳐 제1회째의 술맛보기를 행하는 것이 일반적이다. 이 1회째의 술맛보기를 첫째 술맛보기라고 한다. 이후 기온이 내려가 10월경까지 월 1회 정도로 술맛보기를 실시하는 회사가 많았다. 이외에 주질에 의문이 생기는 경우라든가 조합시험을 하기 위하여 저장탱크의 술을 불정기적으로 술맛보기를 행하는 수가 있어 이것을 중간 술맛보기라 한다.

시루에 넣기

물 빼기를 한 백미를 시루 안에 넣는 것을 시루에 넣기라 한다. 시루에 넣기는 발괘법(拔掛法)과 일시 넣는 법의 두 종류가 있다. 시루에서 증기가 오르면 소량의 백미를 시루 중에 서서히 넣고 증기가 나오는 곳에 소량의 쌀을 조리 등으로 넣는다. 여기에 백미를 순차로 넣는데 이 방법을 발괘법(拔掛法)이라 한다. 이 방법은 증미가 단단해지지 않고 일시 넣는 법에 비하여 잘 찐 증미가 된다. 백미 150kg을 5분으로 넣는 것이 증기 강도의 표준이다. 일시 넣는 법은 시루에 전야부터 쌀을 넣어 두거나 증자 전에 전량을 넣어 찌는 경우이다. 발괘법과 달리 증미가 단단하게 굳어지기 쉽고 노무의 배분상 사정이 좋으므로 일반적으로 보급되고 있다.

식관법(食管法)·식량관리법

일본 식량관리법의 약칭으로 국민 식량의 확보, 그리고 국민경제의 안정을 도모하기 위하여 식량을 관리하고 그 수용과 가격의 조정 그리고 배급의 통제를 행할 목적으로 하는 법률로서 1897년 시행의 미곡법(米穀法) 이후 많은 변천을 거친 후 1942년 2월 식량관리법의 이름으로 공포하였다. 식관법은 수요가 생산을 상회한다는 전제로 만들어진 법률이고, 이것이 역전하여 1965년대 이후는 수많은 내부의 모순이 생기기 시작하여 정상적인 운용이 곤란하여 1995년 10월에 말에 폐지되고 대신으로 신식량법이 1995년 11월부터 실시되었다.

신미(新米)·고미(古米)

당해 연도에 수확된 쌀을 신미(햅쌀)라 하고, 신미가 출화한 후 전년에 생산된 쌀을 고미(묵은 쌀)라 한다. 행정적으로는 11월부터 시작하는 미곡년도의 전년도에 생산된 쌀을 고미로 생각하여도 좋다. 고미는 자연조건 하에서 발아력이나 배아의 활력이 저하하여 알갱이 내의 효소작용을 받아 질적 변화를 일으킨다. 저장 시의 수분, 저장온도에 따라 그 변화의 정도가 다르나 지질 분해가 진행하여 칼륨 등의 무기성분이 알갱이는 배부로 이행된다. 훈증하여 장기 저장한 고미를 사용하여 만든 술은 고미 취를 발생한다.

신 식량법

일본의 식관법 대신으로 1995년 11월 1일부터 실시 종래의 「원칙통제(原則統制」에서 「원칙자유(原則自由)」로 전환되었다. 그 골자는 다음과 같다.

① 정부미와 자유 유통미를 「계획 유통미」로 하여 유통을 파악하여 전체 수급의 조정을 꾀한다.
② 유통규제를 최소한으로 완화하여 민간 유통에 의한 자유 유통미를 주체로 한다.
③ 자유 유통미의 가격형성의 장을 제도화한다.
④ 지금까지의 전량 정부 매도한 의무를 해제하고 정부미는 비축미와 수입미로 한정한다.
⑤ 지금까지의 자유미(암거래 쌀)를 「계획 유통미」로 하여 추가 인정하고 농림수산성 장관에 수량 제출만으로 농가가 자유 판매할 수 있다.

심백립(心白粒)·심백미(心白米)

미립의 중앙부에 원형 혹은 타원형의 백색 투명부분이 있는 것을 심백립(心白粒)이라고 한다. 그 횡단면은 직선상으로 방추상의 유백립과 구별된다. 심백부분은 녹말의 집적이 적고 세포 내에 간극이 생겨 광선을 난반사하기 때문에 하얗게 보인다. 심백은 일차 생장이 왕성한 알맹이에서 발생되기 쉽고, 이와 같은 알맹이는 길고 폭의 방향 발육이 왕성하여 중심부에서 투명하게 되는 시기(개화 후 10일 정도 추정)에도 아직 외측부에의 양분 집적이 이루어져 중심부에의 집적이 원활치 못하여 그 부분이 불투명으로 남는 것으로 생각된다. 심백립은 비교적 대립으로 심백부분은 취약하고, 외측은 오히려 단단하고 충실한 조직으로 되어 있으므로 소위 외경 내연의 주조미로서 많이 사용하고 있다,

쌀의 성분

(1) 수 분 : 현미의 수분은 일본 농산물검사 기준에서 15% 이하로 규정되어 있으나 양조용 현미를 제외한 현미는 당분간 16% 이하로 하여 양조용 현미는 지역에 따라 일부 완화되고 있다. 백미 수분은 정미 시에 수분 발산을 동반하는 경우도 있으므로 현미 수분보다 1% 전후로 적다. 수분이 적으면 강도(剛度)는 높고 흡수율도 커진다. 급격한 수분 변동은 알갱이 균열이 생긴다.

(2) 탄수화물(전분가) : 탄수화물은 미립의 중요 성분으로 현미 중에 70% 전후, 정백에는 75% 전후 함유되어 있고 그 주체는 녹막이다. 쌀 전분은 곡류 중에서 입형이 아주 작고 2～9㎛로 복립을 하는 수가 많다. 정량법으로는 산에 의하여 가수분해로 생성되는 포도당을 정량하여 녹말량으로 환산한다. 이 값을 녹말값이라 한다. 아밀로스(amylose) 함량은 보통 일본 생산 쌀은 17～21%이나 호적미의 아밀로스는 사슬 길이가 짧은 것이 많이 함유된 것으로 알려져 있다. 찹쌀에는 아밀로스는 함유되어 있지 않고 아밀로펙틴(amylopectin)만이 있다. 쌀의 탄수화물은 녹말 이외에 유리의 당이 존재한다. 자당은 100～150 ㎎, 과당·포도당은 20～40㎎ 함유되어 있다. 또 세포막, 과 종피 등에 셀룰로스(cellulose), 헤미셀루로스(hemicellulose)가 소량 분포한다.

(3) 단백질 : 현미 중에는 약 7～10%의 단백질이 함유되어 있다. 백미 중의 단백질은 주로 미립 중에 내배유 중 녹말립의 간극에 소립상으로 존재하는 2종류의 protein body(BB에 국재하여 있는데 하나는 prolamine(PB-l), 다른 하나는 glutelin(PB-Ⅱ)으로 구성되어 있다. Pb-Ⅰ과 Pb-Ⅱ의 비율은 약 1 : 3으로 후자는 술덧 중에서 효소로 분해되어 펩타이드(peptide), 아미노산 성분으로 된

다. 일반적으로 미립 중의 단백질량은 조생종에 많고 만생종에는 적다. 따라서 그 함량은 백미 흡수율, 증미의 효소 소화성 등의 성질과 관계가 깊고 단백질이 적을수록 흡수성, 소화성이 높다. 정량법으로는 분쇄 검체를 황산으로 가열 분해한 후 켈달(Kjedahl)법으로 질소량을 측정하여 질소량에 계수를 곱하여 단백질량으로 환산한다. 여기에는 단백질태 질소 이외의 비단백질태(암모니아태 질소, amide태 질소, purine태 질소 등)가 함유되어 있으므로 조단백질이라 한다.

(4) 지 방 : 현미 중에는 약 2% 정도 함유된다. 지방산 조성은 리놀레산(linoleic acid)이 더욱 많아 약 50%를 차지하고 올레산(oleic acid)이 약 30%, 팔미트산(palmitic acid)이 15～20% 함유한다. 소위 조지방은 겨, 배아 중에 집중하고 정미에 의하여 급격하게 감소되나(약 75% 정미에서는 0.1% 감소) 결합지질(0.6～0.7%)은 미립 중에 거의 한결같이 분포되어 있으므로 정미하여도 그다지 감소되지 않는다. 백미의 지방은 제성주의 향기에 깊이 관계하고 특히 불포화지방산의 존재는 효모의 방향 에스터의 생성을 억제하는 것으로 생각된다. 조지방의 정량은 분말 검체를 속스렛(Soxhlet) 지방 추출장치를 사용하여 추출 증발, 건조 후 칭량한다. 이때 지방 이외에 에텔 가용성 색소 초유기산 등이 함유되어 있기 때문에 조지방이라 한다.

(5) 회분(무기성분) : 분쇄 검체를 가열 회화 잔량을 회분이라 한다. 현미 중에 약 1% 전후 함유되어 있고, 주로 호분 층에 존재하고 있어 70～75% 정백으로 약 20% 전후 감소된다. 개개의 성분으로서 현미에는 칼륨이 가장 많아 2,000～3,000ppm, 다음으로 마그네슘이 1.000ppm 전후, 칼슘이 100ppm 전후, 망간, 아연, 나트륨이 20～30ppm, 철이 10～15ppm 함유된다. 술덧 중의 무기성분은 거의 백미에서 유래되고 발효성, 그리고 제성주의 주질에 크게 영향을 준다.

(6) 조섬유 : 조섬유 중에는 셀룰로스(cellulose), 리그닌(lignin), 펜토산(pentosan) 등이 함유되어 있다. 분쇄 검체를 묽은 산, 다음에 묽은 알칼리용액으로 가열 처리하여 여별, 건조 후 칭량하고 다시 연소 회화시켜 회분량을 구한다. 이 회분량을 뺀 값을 조섬유량으로서 %로 나타낸다.

(7) 비타민 : 현미에는 비타민 A, C 그리고 D는 함유되지 않고 니코틴산이 4～5mg%. 비타민 B_1이 0.4mg%, 비타민 B_2가 0.1mg% 전후 함유되고 그 외에 비타민 B_6가 미량 함유된다.

(8) 효 소 : 현미에는 알파, 베타-아밀레이스(amylase), 프로테이스(protease), 라이페이스(lipase), 포스파테이스(phosphatase), 말테이스(maltase), 옥시데이스

(oxidase), 퍼옥시데이스(peroxidase), 카탈레이스(catalase) 등이 있고 주로 배아, 겨층에 많이 함유되어 있다. 이들 효소는 숙성된 미립에서는 그렇지 않으나 저장 중에 서서히 미립 내의 성분을 분해하여 효소 자신도 서서히 실활되어 간다. 그러나 발아 전후에는 다시 알파, 베타-아밀레이스(amylase) 등의 효소활성은 증가한다.

쌓 기

국 쌓는 방법은 온도, 습도의 조절에 중요한 역할을 한다. 겹쳐쌓기, 몽둥이 쌓기, 보통으로 쌓아 올리는 방법, 벽돌쌓기는 서로 엇갈리게 쌓아 올리는 방법, 6장 쌓기는 일반적인 쌓아올리는 방법으로 7장 쌓기, 8장 쌓기도 있다(그림 4).

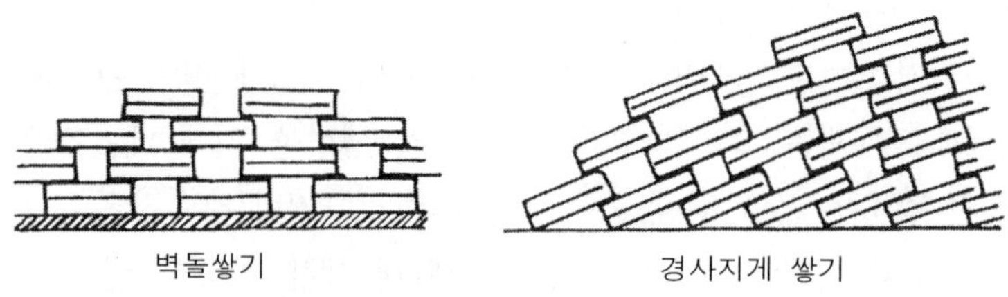

그림 4. 벽돌쌓기와 경사지게 쌓기

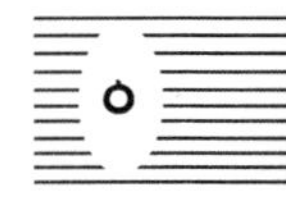

아미노산

청주 중의 아미노산은 저급 펩타이드(peptide)와 함께 고쿠미(kokumi)나 완충능력을 준다. 청주 중의 아미노산은 염류로서 존재하고 있으며 이것이 약한 감미, 지미, 산미나 고미를 띠고 청주의 맛을 구성하고 있다. 아미노산이 많은 경우는 잡미가 많아 마시기 어려운 술로 되고, 적을 때는 깨끗한 엷은 술이 된다. 일본 나다(灘)에서는 아미노산이 많지 않은 술은 좋아하지 않는다. 아미노산의 주체는 글루탐산(glutamic acid), 글리신(glycine), 알라닌(alanine), 발린(valine), 아르지닌(arginine) 등이다. 글루탐나트륨은 증양주(增釀酒)용 부원료로도 사용하는 수가 많다.

포르몰(formol) 적정법이란 아미노기를 중성 또는 미 알칼리성 하에서 포름알데히드와 결합시켜 모노메틸롤(monomethylol) 또는 다이메틸올(dimethylol) 화합물을 만들어 유리 카르복실기를 적정하는 방법으로 정확하지는 않으나 측정법이 간단하므로 일반적으로 사용되고 있다. 청주 10㎖를 중화 후 포름알데하이드를 가하여 유리하는 카르복실기를 중화하는 데 소요되는 0.1N NaOH 용액 적정 ㎖를 아미노산 산도라고 한다. 보통 술의 아미노산 산도는 2.0 전후로 2.5를 넘는 것은 아미노산이 많은 술에 속한다.

아미노산염

아미노산염은 증양주(增釀酒)의 조미액으로 사용한다. 글루탐산나트륨이다.

아밀레이스(amylase)

녹말, 글리코겐을 가수분해하는 효소의 총칭으로 고등동식물이나 미생물에 널리 존재하여 기질의 분해양식에 따라 알파-아밀레이스(α-amylase), 베타-아밀레이스(β-amylase), 글루코아밀레이스(glucoamylase), 데브랜칭엔자임(debranching enzyme) 등으로 분류되고 있다. 청주 양조에 있어서는 원료 쌀의 대부분은 녹말이기 때문에 본 효소는 가장 중요한 효소라 해도 과언이 아니다.

아질산 반응

아질산은 생원계(生酛系) 주모 육성 중에 담금수 중의 질산염이 질산 환원세균에 의하여 환원되어 생성되나 이것은 효모의 증식 억제작용이 있고 조용(早湧 : 와야와키) 방지 등 생원계(生酛系) 주모 육성의 관리상 중요하다. 아질산은 보통 생원계(生酛系) 주모에서는 하쓰다키(早暖氣)경에 생성하기 시작하여 4~5일 후에 최고치(5~10ppm)에 이르고, 이후는 점차 감소하여 용부쓰기(湧付 : 와키쓰키) 전에는 모두 소실된다고 한다.

아질산의 정량은 그리스(Griess) 시약을 사용한다. 그리스 시약은 A용액, B용액으로 되어 있다. A용액은 설파닐산(sulfanilic acid) 1g을 5% 초산용액 300㎖에 용해한다. B용액은 알파-나프틸아민(α-naphthylamine) 0.2g을 5% 초산용액 40㎖로 자비시켜 용해하고 여과 후 5% 초산용액 300㎖에 용해한다. 또 이 액체시약 외에 주모의 아질산 측정에 편리하게 설파닐산(sulfanilic acid)과 알파-나프틸아민(α-naphthylamine)을 상기 비율로 유발에서 으깬 후 혼합한 고체시약도 있다.

주모 중의 아질산을 주모 관리에 사용할 정도로 대략 측정하는 데는 백색의 자재에 2~3g 주모 물료를 취하여 상기 A용액을 몇 방울 넣은 다음에 B용액을 마찬가지로 추가 교반하여 수분간 방치한다. 아질산이 존재하면 순홍색을 띤다(아질산 반응). 이 정색을 표준비색법과 비교하여 아질산 양을 판정한다. 또한 정색은 시간 경과에 따라 농도를 증가시키므로 장시간 방치 후 판정하는 것이 바람직하다. 아질산 양을 나타내는 데는 브레키(breeky)라는 단위를 사용한다. 1 브레키(breeky)도는 아질산이 무수아질산으로서 1ppm 존재하는 것을 의미한다.

최근 알파-나프틸아민(α-naphthylamine)은 제조가 중지되었기 때문에 나프틸에틸다이아민(naphthylethyl diamine)이 대체 사용되고 있다.

알칼리도

알칼리도는 수질을 나타내는 성분 중에서도 그 측정 내용이 확실하지 않고 그 해석도 어려우나 수질을 이해하는 데는 물 처리 등의 실용적 입장에서 중요한 측정 성분이다. 우선 정의로서는 일정량의 검수(시수)를 황산 등의 강산으로 적정하여 어느 일정 pH에 달할 때까지에 소요되는 산의 양을 알칼리도라고 하고, 산에 대한 물의 완충능력 강도를 나타내고 있다. 일반적으로 종점을 pH 4.5로 한 M-알칼리가 측정된다. 이것을 총 알칼리도라고 부르는 것으로 pH 지시약으로 사용하여 메틸렌 오렌지(methylene orange)의 M을 머리글자로 한 것이다.

그 내용은 보통 중성의 담수(淡水)에서는 그 양을 측정하는 목적으로 된다. M-알칼리도는 시수(검수)를 N/50 황산용액으로 pH 4.5를 종점으로 하여 적정하고 요하는 산의 mg 당량으로 나타낸다. 또 상당하는 $CaCO_3$의 물 1 ℓ 중의 mg 수로 나타내는 수도 있다. 일본 궁수(宮水 : 미야스이) 지대의 M-알칼리도는 100～150 $CaCO_3$ mg/ℓ 이다. 이외에 pH 8.5를 종점으로 한 P-알칼리도(페놀 프탈레인의 머리글자 P)라고 부른 것이 있으나 보통의 물에서는 측정하지 않는다.

알칼리성 프로테이스(alkalin protease)

단백질, 펩타이드(peptide)에 작용하여 텝타이드 결합의 가수분해를 촉매하는 효소로 작용최적 pH가 알칼리성에 있는 프로테이스이다.

알코올(알코올 분)

청주의 알코올은 에틸알코올이 주체이고 비중계를 사용하여 측정되는 측정치(용량%)를 가지고 알코올 분으로 표시하고 있다. 즉 15℃에 있어서 원 용량의 100mℓ 중에 함유되는 에틸알코올의 용량이다. 청주(원주) 중의 알코올 분은 제조 시의 급수량, 알코올 수득율(酒化率), 첨가 알코올의 알코올 분과 첨가량에 따라 다르고, 순 미주(쌀 술)에서는 18% 전후, 보통주에서는 19～21%, 증양주(增釀酒) 21～23% 정도이다. 또 일반적으로 시판되고 있는 청주는 15.0～15.9%의 것이 많고 이 보다 높은 것과 낮은 것도 출하되고 있다.

알코올 도수란 알코올 분과 동의어이다. 청주 중에 함유되는 알코올류는 에틸알코올 이외에 약간이기는 하나 노말-프로필 알코올(*n*-propylalcohol), 아이소뷰틸 알코올(isobutyl alcohol), 활성 아밀 알코올(active amylalcohol), 2,3-뷰틸렌 글리콜(2,3-butylene glycol), 베타-페닐에틸 알코올(β-phenylethyl alcohol), 티로졸(tyrosol) 등이 있다.

알코올 첨가 · 보통주

일본에서는 제2차 세계대전 중 청주에 사용되는 원료미의 공급이 악화되어 1942년도에 청주 원료로서 알코올 사용을 인정하였다. 보통 술덧의 여과 1～2일 전에 알코올을 첨가하는데 이 방법을 알코올 첨가라 한다. 또 이것으로 양조된 청주를 보통 양조주 또는 보통주라고 한다. 순 미주(쌀 술)에 비하여 일반적으로 맛이 담려(淡麗)하다. 알코올의 사용량은 목표로 하는 주질(酒質)에 따라 다르나 백미 1톤당 500 ℓ (알코올 분 30%) 정도가 보통이다. 그런데 국세청 통계자료에서는 보통주는 1992년 주조년도부터 특정 명칭 주 그리고 증양주(增釀酒)를 청주로 하고 있다,

알코올 탈수소효소(alcohol dehydrogenase)

알코올을 탈수소하여 알데히드 또는 케톤을 생성하는 반응을 촉매하는 효소로 nicotine amide adenine nucleotide(NAD)가 보효소로 된다. 알코올 발효에 있어서 알코올의 생성에 관여한다.

알파(α)-미국

찐 백미를 급속하게 탈수하여 녹말을 알파(α)화 한 건조 증미[알파(α)- 미]에 알맞은 물을 보급하여 찐 직후의 증미상태로 되돌려 제국한 국을 말한다. 소량 시험한 경우는 알파(α) 미에 균일하게 수분을 흡수시켜 얻을 수 있으나 대량의 경우는 곤란하므로 실용화에 이르지 못하고 있다.

알파(α)-아밀레이스(amylase)

액화형 아밀레이스(amylase)·전분 액화효소·호정화 효소와 동의어이다. 곰팡이와 세균을 위시하여 고등 동식물에 널리 인정되는 효소로서 녹말의 알파-1,4-글리코사이드(α-1,4-glycoside) 결합을 임의로 분해하고, 알파-1,6-글리코사이드(α-1,6-glucoside) 결합은 분해하지 않는다. 분해가 진행되면 기질의 녹말용액 점도는 급속하게 저하하여 요오드 반응은 청색 → 자색 → 적색 → 갈색으로 변화하여 간다.

녹말의 분해 한도는 보통 50% 이하로 최종 분해생성물은 말토스(maltose), 덱스트린(dextrin)과 소량의 글루코스(glucose)로 된다. 생성 환원당은 광학적으로 α-D형이므로 알파-아밀레이스(α-amylase)라고 한다. 알파-아밀레이스(α-amylase) 역가의 측정에는 기질 전분액과 요오드 정색반응(요오드 반응)의 변화가 응용되고 있다. 즉 요오드 반응의 청색이 적자 내지 적색으로 도달할 때까지의 시간을 구하는 방법과 미리부터 청색 변화에 대응하는 흡광도의 경시 변화를 구하여 둔다. 주조에 있어서 국의 알파-아밀레이스(α-amylase) 역가는 Wohlgemuth 단위로 1,000~2,000/g이다.

알파(α)화 미

백미 녹말이 알파(α)화 처리된 것으로 그대로 담금 할 수 있는 백미를 알파(α)화 쌀(α 미)이라고 한다. 알파(α)화에는 증미의 열풍건조, 알코올 탈수, 고온 팽화 등의 제조법이 있다. 주조용으로 상용화 되어 있는 것은 증미의 열풍건조법으로 연간 약 1만5천 톤(현미 환산)이 생산되고 있다. 알파(α)화 미는 직접 담금 시에 투입될 수 있으므로 원료처리 공정과 세미수의 배설처리 공정이 생략되는 점이 유리하고 장기 저장이 가능하여 저장 중 수송 중의 변질도 방지할 수 있다. 알파(α)화 미는 증

미에 비하여 가열공정이 많기 때문에 단백질의 열변성이 진행되어 아미노산 생성이 적은 경향이다,

암모니아

수중에 암모늄이온(NH_4^+)이 함유되는 경우는 동식물성 질소화합물이 유래되는 수가 많고 0.1ppm을 넘는 경우는 다량의 유기물을 함유하는 경우와 마찬가지로 오수 혼입의 의심이 있으므로 양조 용수로서 좋아하지 않는다. 분석법은 정성분석만으로 끝나는 수가 많으나 정량법과 정색반응에 의한 비색법에 따라 측정된다. 시수(검수)에 롯셀(Rochelle)염 용액을 첨가하고 그리고 네슬레(Messler) 시약을 가하여 비색한다.

압수(押水)・수압(水押)

청주의 이동, 여과, 화입 시에 사용되는 호스, 여과기, 화입사관 등의 기계나 기구류 중에 청주가 잔존하는데 이것을 물로 압출하는 조작을 압수(押水) 또는 수압(水押)이라 한다. 청주의 결함을 줄이는 것이 목적이며, 화입 종료 시의 압수 등은 완전히 물로 교체될 때까지 보내면 알코올 분이 묽어져 화락되기 쉽게 되므로 주의를 요한다.

압착・여과

청주 술덧을 압착 여과하여 술과 박으로 분리하는 것을 압착 또는 여과라고 한다. 이전에는 술덧을 술 자루에 담아 통 안에서 늘어 세워 착즙하였으므로 상조(上槽), 주양(酒揚) 혹은 주괘(酒掛)라는 말을 사용하였다. 술덧은 처음에 술 포대에 채우고 양조(揚槽)에 늘어 세워 겹쳐 쌓는다. 최초 나오는 술은 희고 혼탁되어 있으므로 이것을 작은 다른 통에 넣어두고 앙금질을 하거나 술덧 탱크에 뒤돌려 또 한 번 더 짜기도 한다. 최초에 나오는 백탁된 청주를 황주(荒走)라고 한다.

술덧을 채운 청주를 겹쳐 쌓아 양조(揚槽)에 가득 차면 통 위에 갓을 씌워 갓 안에서 포대를 겹쳐 쌓는다. 또 다시 가득 차면 그 위에 또 갓을 얹어 술 자루를 가득 겹쳐 쌓는다. 이 시기가 되면 깨끗한 술이 자연의 힘으로 흘러나온다. 통 안의 자루 용량이 줄어들면 갓을 순차로 걷어낸다. 깃을 걷어 내면서 압개(押蓋)를 얹어 압박한다. 압력을 걸지 않고 자연으로 흘러나오는 사이를 수주(水槽)라고 하고, 압력을 걸어서 짜는 사이를 압조(押槽)라고 한다.

다음날 양조(揚槽) 중의 술 자루를 책조(責槽)에 옮겨서 자루를 바꿔 쌓고 다시

압착한다. 이때는 통 안쪽의 주위를 조금 열어 자루를 종횡으로 서로 겹쳐 쌓고 점차 압력을 증가하여 고압으로 압착한다. 황주(荒走) 후 통에서 나오는 술을 중수(中垂)라고하고, 책조(責槽)에서 나오는 술을 책(責)이라고 한다. 책(責)은 품질이 조금 떨어지므로 중수(中垂)와 구별되는 수가 있다. 압착이 끝나면 책조(責槽)에서 술 자루를 꺼내어 자루속의 주박을 꺼낸다. 이 작업을 책(責) 풀기라고 하고, 자루에서 주박을 까내는 것을 박 분리라고 한다. 최근 자동 술덧 압착기가 개발되어 술덧의 자루담기에서 책(責)에 이르는 일련의 작업과 박 분리의 작업이 자동 연속식으로 이루어지게 되었다.

압착효모

효모는 이용 시의 형상에 따라 각각의 명칭이 붙는다. 액체배양에 순수 배양시킨 그대로의 상태의 것을 액상효모, 액체배지에서 침전된 효모 균체를 상징액과 분리한 상태의 것을 이상(尼狀)효모라고 하고 이상효모를 압착기나 원심분리기로 탈수하여 수분을 70% 정도로 한 것을 압착효모라고 한다. 이것은 종래 거의 빵 제조에 사용되었으므로 압착효모라고 하면 빵효모를 가리키는 경우가 많았으나 최근에는 청주양조에도 이용되고 있다.

효모를 수분 10% 이하로 탈수한 것을 건조효모라고 한다. 청주용, 제방용, 약용, 사료용 등의 용도가 있다. 목적에 따라 건조방법은 다르나 선반식 건조, 드럼건조, 분무건조 등이 있다. 압착효모에 비하여 건조효모는 발효능력이 떨어지나 유효 보존한도는 3~6개월로 아주 길다. 순수 배양효모를 원심분리, 압착, 건조에 의하여 탈수한 것을 총칭하여 고형효모라고 한다.

앙 금

압착 여과한 청주는 희게 혼탁 되어 있고 이것을 수일간 방치하면 저부에 백색의 혼탁물질이 침전된다. 이 침전물을 앙금이라 한다. 앙금의 성분은 녹말, 섬유소, 불용성의 단백질, 청주효모, 효소 등이다. 효소의 작용으로 덱스트린은 당류로, 단백질은 아미노산으로 분해하여 술의 향미가 변한다. 이 혼탁물질인 앙금을 가능한 한 빨리 제거하고 또 효모의 자기소화에 의한 주질의 열화를 방지할 필요가 있다. 최근 화학섬유의 술 자루나 자동 술덧압착기의 사용으로 앙금의 양은 적어지고 있다.

앙금내림

청주는 미국 중의 당화효소가 용존하여 이것이 화입에 의한 가열과 냉각조작에 의

하여 청주의 청징도를 떨어뜨리고 때로는 앙금으로 되어 침전한다. 이와 같은 백탁현상을 백색 혼탁이라고 하나 제품화 후의 백탁은 상품가치가 없어지므로 이것을 방지하기 위하여 병조림 전에 앙금성분을 침강시키는 조작을 앙금내림이라 한다. 앙금은 백색이나 앙금내림 시에 활성탄을 투입하여 청주의 탈색, 향미의 저장을 하여 탄소입자를 핵으로 하여 앙금이 응집침전 될 수 있게 한다. 따라서 이때에 회수되는 앙금은 검으므로 흑색 앙금이라고 한다.

청주의 앙금내림의 방법은 물리적 청징법과 효소적 청징법이 있고, 이 목적으로 이용하는 물질을 앙금내림 보조제라고 한다. 물리적 청징법으로는 타닌과 단백질의 결합에 의한 응집침전을 이용하는 것과 알긴산의 산성에서의 응집침전을 이용하는 방법이 있다. 또 이산화규소에 의한 응집침전도 있다. 효소적인 방법이란 효소 중의 프로테이스(protease) 작용에 의하여 혼탁물질이 약간 분해되어 이것으로 백탁 단백질의 분자 내의 이차결합이 붕괴되어 서로 응집을 일으켜 침전되는 것을 이용한 방법이다. 이 경우 미처리 주와 처리 주를 혼합하면 재침전을 일으키므로 주의를 요한다.

앙금질(1회 앙금질 · 2회 앙금질)

곧바로 압착 여과한 청주는 앙금이 혼재되어 백탁 되어 있으나 이것을 용기에 넣어 방치하면 수일간에 앙금이 용기의 저부에 침전하여 상부는 청징하게 된다. 이 앙금과 청징한 청주를 분리하는 것을 앙금질이라 한다. 앙금 침전은 청주의 온도가 낮을수록 빠르다. 앙금질은 탱크의 위 배출구에서 청징한 청주를 꺼내어 다른 탱크에 옮겨 아래 배출구에서 꺼낸 앙금부분은 다시 다른 작은 통에 옮겨 재 침전시킨다. 또 탱크의 아래 배출구를 열어 처음으로 나오는 앙금을 다른 탱크에 옮기고 뒤에 나오는 청징한 청주를 꺼내는 방법도 있다. 1회째의 앙금질을 1회 앙금이라 하고, 2회째의 앙금질을 2회 앙금이라 한다.

옛날에는 앙금량도 많고 앙금질 이외에 청징한 청주를 얻는 방범도 없었으므로 3회째의 앙금질까지 행하였으나 2회째를 중간 앙금질, 3회째를 본 앙금질이라 하였다. 앙금질의 회수에는 관계없고 앙금질 조작에 따라 청징하여 화입하는 상태로 된 청주를 본 앙금이라고 하는 경우도 있다.

액화 담금

액화 담금이란 백미와 담금 수를 액화장치에 투입하여 온도를 상승시키면서 내열성 액화효소에 의하여 쌀 녹말의 액화를 꾀하여 액화종료 후 발효탱크에 담그고 국, 효모를 가하여 보통법으로 발효를 행하는 양조법이다. 액화 담금을 백미의 파쇄 · 액화의 방식에서 구분하여 ① 백미를 미리 파쇄한 후 단시간으로 액화 적온까지 가온하여 액화하는 방법, ② 백미를 알갱이 상태로 액화조에 투입하고 시간을 걸려 서서히 가온하면서 액화효소를 가하여 액화를 행하는 방법, ③ 침지, 물 빼기 후의 백미를 마쇄하여 내열성 액화효소와 혼합하고 단시간에 가열하여 액화를 행하는 방법(융미방식, 融米方式) 등이 있다. 액화 담금은 술덧의 초기에서 유동성이 양호하기 때문에 술덧, 품온의 제어가 용이하다.

액화 담금용 효소제

액화 담금법이란 괘미(掛米 : 덧밥)에 상당되는 알맹이 백미 혹은 파쇄 백미에 적량의 녹말 액화효소제 그리고 담금수를 액화장치에 투입하여 쌀 녹말의 호화 온도대까지 가온(승온)하여 액상화(液狀化)시킨다. 그 후 냉각탱크에 담금을 하고 청주를 제조하는 방법이다. 액화 담금용 효소제는 고역가의 내열성 녹말 액화효소 외에 프로테이스(protease), 셀룰레이스(cellulase) 등의 식물조직 붕괴효소를 알맞게 배합한 효소제제이다.

야마다 니시키(山田錦)

일본 주조미의 대표로서 나다(灘) 술과 더불어 육성된 최량의 주조미이다. 1923년 효고현 (兵庫縣) 현립 농업시험장에서 야마다 호(山田 穗 : 야마다 수)를 어머니로 하고 단간도선(短稈渡船 : 탄칸 와다리부네)를 어버이로 하여 인공교배를 행하고 선발고정을 꾀하여 1931년에 야마와다리(山渡) 50-7의 계통명을 붙여 품종 비교시험을 행하여 1936년에 야마다 니시키(山田錦)로 명명되어 장려 품종으로 편입되었다. 그 후 60년 긴 역사 속에서 몇 번의 품종 개량이 시도되어 또 다른 부 현에서도 몇 종류의 심백미가 개발되었다.

주조미로서의 품질 우량성은 물론이고 현 농업단체, 주조조합 등으로 형성되어 있는 주조미진흥회, 나다(灘)의 주조가와 생산농가와 직결하여 서로 연찬회를 거듭함으로써 촌미제도(村米制度)에 공헌한 바 크다. 야마다 니시키는 효고현 육갑산지 북측의 요시가와마치(吉川町), 미키시(三木市) 도조마치(東條町), 코베시(新戸市) 북구, 야시로마치(社町), 나카마치(中町) 등이 산지이다. 8월 하순에 출수하여 10월 중순에 성숙한다.

고도의 재배기술과 주야 온도차가 큰 점질토의 토양 등 입지조건이 아니면 양질의 야마다 니시키(山田錦)가 생산되지 않았을 것이다. 따라서 수확성이 낮고 최고 가격(일반미보다 50% 이상 높다)을 유지하면서 주조가에서 최고의 술을 만들기 위한 원료미로서 사용되고 있다. 엄한 생산조건 때문에 1982년에는 약 7천 톤까지 생산이 떨어졌으나 그 후 1994년에는 약 2만 톤까지 회복되었다. 야마다 니시키(山田錦)의 특징은 알맹이가 크고 백색이며 또한 광택이 있는 백미로서 외관적으로도 왕자의 위엄을 가진다. 단백질 함량은 적고 흡수성, 소화성이 좋아 좋은 국이 되고 정미나 기타 고정에서의 붕괴가 적고 각 공정에서 조작하기 쉬어 좋은 술을 양조한다. 야마다 니시키를 사용하여 만든 술은 향미가 좋고 살결이 가늘며 순하고 소위 맛이 진하고 깊이가 있는 좋은 맛이 나는 술이라는 점이 일본 나다(灘)만이 아니라 전국에서 존중받고 있는 까닭이다.

야생 효모

청주 양조용으로 첨가한 효모균주 혹은 건전한 양조의 주역을 하고 있는 효모균 이외의 효모를 야생 효모라고 한다. 야생 효모의 대부분은 담금 용수, 원료 미, 국 등에서 유래하는 것으로 유산 산성 중에서도 잘 번식 증식한다. 주모를 순수하게 육성하기 위하여 야생 효모를 도태할 필요가 있으나 생원계(生酛系) 주모에는 초기에 아질산과 유산의 작용으로 야생 효모의 증식은 억제되어 점차로 사멸된다. 고온 당화 주모에서는 고온(55~58℃)으로 유지하므로 사멸된다. 그러나 속양(速釀) 주모는 이와 같은 야생 효모의 도태는 이루어지지 않는다. 야생 효모 중에는 배지 중의 미량 영양분을 급속하게 취입하는 것 혹은 저해물질(killer factor)을 분리하는 것이 많아 이 때문에 유용 효모를 억압 또는 사멸하여 주모나 술덧이 불순으로 되는 것도 있으므로 배양효모를 주모 담금의 빠른 시기에 다량 첨가함으로써 야생 효모의 증식을 억제하여 오염을 방지한다.

야자박 탄

야자박을 원료로 한 활성 탄소로 특히 탈취능력이 강하고 탈산능력도 있으므로 화락균, 부조주(腐造酒)의 탈산과 향미의 교정에 유효하다. 출하 시의 탈취, 탈 잡미와 앙금질 술이나 변패주의 마무리용으로서 유효하다. 야자박 탄에 적당한 유속으로 청주를 통과하면 색도와 산도가 감소되나 맛은 그다지 변하지 않으므로 색 향이 좋게 되는 이점이 있다. 철도 다소 흡착되고 수중의 미량 유기물도 제거되므로 물 여과에 자주 사용된다.

약제 살균

미생물 균체에 약제를 작용시켜 불가역적 변화를 주어 미생물을 사멸시키는 것을 약제 살균이라 한다. 청주의 경우 청주 자체에 직접 적용되는 살균제, 방부제의 사용은 전혀 인정되지 않는다. 청주공장에서 널리 사용되고 있는 환경 살균제로서는 과산화수소(0.5～1.0% 용액), 차아염소산소다(유효 염소 200ppm 용액). 요오드제(200～700배 용액), 염화 벤잘코늄(benzalkonium chloride)(100～200배 용액), 다이메틸벤질알킬 암모니아(dimethylbenzyl alkyl ammonia)(550～800배 용액 훈증용), 에틸알코올(70%), 포르말린(formalin : 훈증용) 등이 있으나 화락균에 대한 효과는 할로겐계의 것이 더욱 강하고 계면활성제의 것은 이것 다음이다. 포르말린(formalin), 과산화수소는 상당 고농도를 나타낸다. 할로겐계는 산성측, 계면활성제계는 중성～알칼리성에서 살균작용이 강하고 포르말린(formalin), 과산화수소는 pH에는 그다지 관계하지 않는다. 온도는 20℃보다 높을수록 작용은 강한 경향이다. 할로겐계 살균제는 소량의 영양분 존재에서도 살균작용 저하는 현저하다.

양조 알코올

제2차 세계대전 중 그리고 전쟁 후의 쌀 부족시대의 증양법(增釀法)으로 알코올이 첨가되었고, 그리고 당류나 산류, 글루탐산나트륨 등을 사용하는 증양법도 채용되었다. 1973년 9월 일본 국세청 통달의 승인기준에 따라 한 제조장에서 사용되는 알코올 한도는 백미 1,000kg당 100% 알코올로서 280ℓ이고, 양조법에서 사용되는 백미는 총 백미 사용량의 23% 이하로 정해져 있다. 이 알코올 첨가용의 양조 알코올은 녹말질을 당화한 것이나 폐당밀을 발효시켜 정류탑에서 증류하여 얻은 95% 에틸알코올이다. 현재는 해외에서 조류(粗留) 알코올을 수입하여 이것을 증류 정제하여 출하하는 곳이 많다. 이전에는 원료용 알코올로 표현하였으나 1990년부터는 표시기준의 제정에 따라 양조 알코올로 표시하게 되었다.

양조 용수

양조장에서 양조에 사용되는 용수로 세미 침지용수·담금 용수·잡용수로 구분된다. 백미를 씻는 침지, 갱수(更水)하는 데 필요한 물을 세미 침지용수라고 한다. 발효에 유효한 성분을 함유한 담금수 정도는 아니지만 백미는 수중의 철분 정도 주조에 악영향을 미치는 성분을 흡착하므로 이것을 함유하는 용수가 필요하다. 사용수량은 세미방법에 따라 다르나 백미 1톤 당 4～6m^3을 요한다. 세미에 의하여 백미에 부착되어 있는 겨 성분과 백미 중의 수용성 성분이 세미수에 이행하므로 세미 배수의 SS, BOD 등이 높고 수질 오탁방지 때문에 배수처리를 행할 필요가 있다.

주조 원료로서는 담금 배합에 따라 직접 담금에 사용하는 물을 담금 용수라고 한다. 담금 용수는 백미 1톤당 1.3m^3 정도이고 그 수질은 발효 주질에 중대한 영향을 미친다. 이들 외에 양조공장 내에 있어서 사용하는 용기, 기구, 실내・평상면의 세정수, 보일러 용수 등에 사용하는 물을 잡용수라고 한다. 용기, 기구 등의 세정에는 철분이 적은 물이, 보일러 용수는 철분이 바람직하지 않다. 보일러 용수에는 연화제나 알칼리 약제를 사용한다.

에스터(ester)

에스터(ester)는 유기산 또는 무기산과 알코올에서 물을 잃고 생성하는 것과 같은 구조를 가진 화합물로서 아미노산에서도 생성된다. 중성 에스터(ester)는 일반적으로 방향이 있는 휘발성 액체이며 특히 비교적 저위의 지방산과 알코올 에스터는 과실향의 방향이 있고, 청주 중의 에스터(ester)는 미량이기는 하나 향기 성분으로서 중요한 역할을 하고 있다. 청주 중에 함유되는 주된 에스테는 주로 초산 에틸(ethyl acetate), 초산 아이소뷰틸(isobutyl acetate), 낙산에틸(ethyl butyrate), 초산 아이소마밀(isoamyl acetate), 카프론산 에틸(ethyl caproate), 카프릴산 에틸(ethyl caprylate), 카프린산 에틸(ethyl caprate), 라우릴산 에틸(ethyl laurate), 초산 페닐에틸(phenyl ethyl acetate), 유산 에틸(ethyl lactate) 등이다.

에스터레이스(esterase)

에스터(ester) 분해 그리고 합성을 촉매하는 효소의 총칭이다. 지방산과 글리세린의 에스터인 지방을 분해하는 효소를 라이페이스(lipase)라고 한다. 또 기질이 유기성의 인산 에스터의 경우를 포스파테이스(phosphatase)라고 한다.

에이비(AB) 직선

술덧 관리의 한 방법으로서 알코올 분과 보메도의 관계를 나타내는 AB 직선이 있다. 즉 그래프의 종축에 보메도, 횡축에 알코올 분을 취하고 기대치(희망치)의 최고 보메의 A점과 첨가 전의 알코올 분의 기대치 B점을 취하여 AB를 연결하는 직선을 긋고 이 직선을 AB직선이라 한다. AB직선의 좌측 부분에 있는 점에 실측치가 오는 경우는 용해 당화가 늦은 급진 술덧으로 되고, 우측의 경우에는 발효가 늦어지는 것으로 온도의 조정, 가수 등의 처리를 강구할 필요가 있다(그림 5).

여과보조제

그물코의 막힘을 방지하여 여재를 보호할 목적으로 원액을 여과하기 전에 여재의

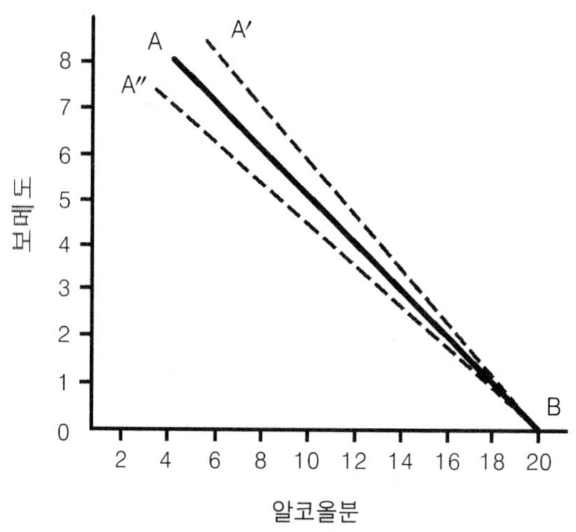

그림 5. 술덧의 AB 직선

표면에 미리 가는 물질을 코팅하는 수가 있다. 이와 같은 목적으로 사용되는 규조토, 펄프 등의 물질을 여과보조제라고 한다. 여과보조제 중 여재의 표면에 코팅하는 경우에는 전장(前裝)보조제라고 하고, 검정앙금의 비저항을 내려 압축성을 감소시키기 위하여 원액에 혼합시키는 보조제를 혼합보조제라고 한다. 여과보조제로는 정제된 다공질 분체로 비표면적이 크고 특히 흡착성이 풍부하고 화학적으로 안정하여 재생이 가능하고 값이 싼 것이 최적이다. 그 효용은 여괴濾塊) 메커니즘, 여괴(濾塊) 형성만이 아니고 특수한 흡착적 친화력에 의하여 미세한 입자를 포집하여 청징효과를 올린다.

여재(濾材)·여포(濾布)

여과 시에 사용되는 다공질의 기재를 여재라고 한다. 여과는 여재의 전후에 압력차를 두어 여재 상에 앙금을 포집하고 청징한 여액을 분리하는 조작이다. 여재에는 보통 여포가 많이 사용되나 여지, 가는 그물코의 스테인리스 스틸, 여러 종류의 막 필터, 다공질의 도기 등도 사용되고 있다. 여재는 여과보조의 프리코트 층의 지지대 역할을 한다. 완전한 여재는 다음의 조건을 갖출 필요가 있다.

① 여액의 통과에 대하여 저항을 나타내지 않을 것,
② 그물코 막힘이 일어나지 않을 것,
③ 완전히 청징한 여액을 얻을 것 등이며, 이들 조건 이외에 내열, 내열성, 내약품성, 내구성 등의 성질을 필요로 하는 경우도 있다.

연속발효법(고정화 효소법)

종래의 병행복발효로 양조된 청주의 연속발효에 대하여는 술덧을 순차로 이동시키는 다조식(多槽式)의 반연속 발효 등이 지금까지 시도되어 왔다. 최근에는 단행복발효 혹은 단행당화발효라 불리는 제조방식으로 양조되는 청주의 발효공정에 고정화효모를 사용하여 연속화 하는 방법이 개발되어 일부에서 실용화되어 있다. 이 방법은 당화용액을 전조(前槽)에서 예비적으로 연속발효를 행하는 것이다. 얻어진 연속발효 청주는 알코올 농도 8～12%의 낮은 알코올 청주이고 그 향미는 종래의 청주와 다른 타입이다. 고정화효모의 연속발효는 다른 나라에서는 맥주양조에 이용되고 있다. 고정화효모의 조정법으로는 알긴산 등 다당류를 사용하는 흡착고정법도 있다.

연속증미

침지, 물 빼기를 한 백미를 연속적으로 증자하는 것을 연속증미라고 한다. 시루를 솥 위에 걸어놓고 찌는 회분식은 백미의 투입에서 증미로 하여 꺼내기까지를 연속적으로 조작할 수 있는 시방으로 되어 있으며, 방법으로는 수형과 횡형이 있다. 수형은 높이 2～3m 통의 상부에서 백미를 투입하여 증기를 밑에서 불러올려 하부에서 증미를 꺼내는 방식이고, 횡형은 스테인리스 스틸 컨베이어 상에 일정 두께로 백미를 실어 터널 내에서 증기를 바람에 불어서 찐 상태로 나오게 하는 방식이다.

연수기(軟水器)

보일러 용수에는 연수를 사용한다. 경수의 경우 칼슘, 마그네슘 등의 성분을 제거하여 사용하면 보일러의 손상은 없다 경수를 연화시키기 위하여 여수제(濾水劑)를 충전한 조(槽 : 통)에 통수하여 연수를 만든다. 이와 같은 장치를 연수기라고 한다. 방법으로는 이온교환수지법, 소다 퍼무티트법 등이 있다.

예취(刈取)·조정(調整)·저장(貯藏)

최근에는 대부분이 바인더 수확에서 콤바인 수확으로 바꾸어져 생 나락 건조가 주체로 되었다. 수확 적기는 콤바인 수확의 경우는 청미 벼 비율이 5～10%일 때도 있다. 바인더의 경우는 후숙(后熟)이 일어나므로 10～15%일 때도 있다. 주조미의 건조는 특히 동할(胴割) 발생을 방지하기 위하여 급격건조는 피하고 매시간 건조율을 0.5% 정도로 억제하고 수분을 14～15%로 끝마무리 한다. 벼 훑기는 품종에 알맞은 롤 간극으로 조정하고 또 품종에 알맞은 그물코를 이용하여 정미(整米)와 설미(屑米)를 분별한다. 저장은 15℃ 이하가 바람직하다. 15℃ 이상의 창고를 저온창고라 하고, 20℃ 이상을 준 저온창고라고 한다. 곰팡이, 곤충 번식은 20℃ 이상에서 급증하므로 상온창고에서는 하절에 훈증할 필요가 있다.

오염(국)

미생물 배양 중에 목적으로 하는 미생물 이외의 것이 발생하는 경우 오염이고, 이 오염미생물(잡균)을 배제하는 노력을 하지 않으면 안 된다. 점질의 국은 고초균이 번식하기 때문이고, 국의 세균 산도가 높은 것은 산 생산균이 다수 번식하기 때문이다. 또 국의 야생 효모에 의한 술덧의 경과도 품질에 악영향을 미친다. 방지책으로는 공장 내 전체의 소독과 청소, 작업원의 의류를 청결하게 하고 작업 전에 손 씻기 장려도 중요하다. 기계제국과 같이 국은 직접 손에 접촉되는 수가 적기 때문에 잡균에 의한 오염이 적은 것으로 알려져 있으나 장치 내의 잡균이 번식하고 또 통기에 의하여 국이 오염되어 술덧의 과산, 부조의 원인으로 되는 수가 있으므로 장치 내의 살균에 충분한 주의를 하지 않으면 안 된다.

완전립(完全粒)·완전미(完全米)

완전립(完全粒)이란 등숙(登熟) 기간 중에 어떤 장해도 받은 바 없이 성숙하고 입형이 일단 정상으로 투명한 알갱이를 말하며, 이 중에는 알맹이 기부가 약간 불투명한 것 또는 형이 현저하게 작은 것도 있다.

요소 비생산성 효모

식품 위생상 좋지 않는 물질로 알려져 있는 카밤산 에틸(carbamic acid ethyl : ECA)은 요소와 에틸알코올에서 생성되는 것으로 알려져 있다. 청주 중에는 보통 20~30ppm 정도의 요소가 함유되어 있다. 요소를 생산하지 않는 효모에서는 ECA는 생성되지 않는다. 또 청주 술덧 중에서의 요소의 생성은 효모의 아르지네이스(arginase) 작용에 의하여 아르지닌(arginine)에 기인하는 것으로 키다모토(北本) 등은 CAO 배지라는 아르지네이스(arginase) 결손 균주를 선택적으로 분리할 수 있는 배지를 개발하여 실용 효모에서 변이처리 하지 않고 요소 비생산성 효모를 분리하고 실지 양조에 있어서도 그 유효성을 확인하였다. 또 요소 생성량이 적은 효모에 대하여는 카나바닌(kanavanin) 내성 균주나 메틸아민(methylamine) 내성 균주 등이 취득되고 있다. 한편 보통의 효모에 의한 요소가 생산된 청주에서도 요소가 분해하는 유레에이스(urease)가 시판되고 있고, 이것을 사용하면 ECA가 생성되지 않고 요소 비생산성 효모의 사용도 같은 효과가 얻어지고 있다.

요취소주(醪取燒酒)

요(醪)를 증류하여 만든 소주이다. 현재 일본에서 만들고 있는 대부분의 소주는 요취(醪取)의 방식으로 제조되고 있다. 이 제품에 살수하여 다시 재 발효시킨 주박을 증류하여 만든 소주를 박취소주(粕取燒酒)라고 한다. 중국을 시초로 한 대륙계의 소주는 요(醪)에 급수를 거의 사용하지 않고 발효시키는 고체발효법이 채택되고 있지만, 태국을 경유하여 오키나와에 도래된 일본의 소주는 요(醪)에 급수를 사용하는 고체발효법의 기술이 개발되었다. 이 발효법에 의하여 원료의 이용률과 소주의 수량은 현저히 향상하였다.

용적중(容積重)

일정 용적에 대한 벼, 현미의 중량을 말한다. 미립의 용적중(容積重)은 보통 Brauer 곡립계로 측정한 1 ℓ 의 환산 중량으로 나타낸다. 벼는 540～570g/ ℓ , 현미는 790～840g/ ℓ 정도이다. 조정을 잘한 쌀일수록 용적중이 무거운 양질미가 된다. 동일 품종이면 이 수치가 클수록 건조, 조정이 양호하여 현미가 충실히 있는 것을 나타낸다. 또 동일 품종에서는 천립중(千粒重)과 높은 상관관계를 나타낸다. 백미의 용적중은 정미비율 70～75%로 최고를 나타낸다.

용해성(溶解性)

술덧 중의 고형물(국과 증미)은 효소작용에 의하여 경시적인 용해로 당분을 용출하나 미질과 증미의 상태에 따라 용해의 난이가 있으며 그 정도를 용해성이라 한다. 증미의 용해성은 품종, 정미비율에 따라 차가 있고 백미 수분의 영향이 크다. 백미 수분이 적은 것이 용해성이 좋고, 증미는 대기 중에 방치하므로 용해성이 저하되고 국은 증미보다 용해성이 나쁘다. 또 술덧의 용해성은 아밀레이스(amylase)와 산성 프로테이스(protease)가 크게 관여한다. 또 온도의 영향도 크다.

우량(강수량)

지표에 내린 비(눈, 서리, 이슬 포함)의 양을 말한다. 내린 비가 지중에 스며들지 않고 증발되지 않는 것으로 그대로 멈추어 있는 높이를 mm로 나타낸다.

우물청소

우물은 항시 적온의 양수(揚水)로 새로운 우물물을 공급하지만 대부분의 양조용

우물은 4～10월 사이는 양수를 휴지한다. 주조기에 들어가서 사용 개시 시에는 정지하고 있는 우물물을 배출함과 동시에 우물 측면, 저부의 청소를 한다. 교반, 고무레질 등을 하면서 수시간 연속 양수하는 작업을 우물청소라고 한다. 또 우물 내로 이동 유입하는 지하수는 양수 휴지 중에 감소되고 투수층의 구멍 막힘이 생긴다. 우물청소는 이 구멍 막힘에 의하여 우물의 노화를 방지하는 효과도 있다.

울투라 세븐(ultra seven) 효모

이 효모는 고온 당화주모, 희석주모, 통기 배양주모의 장점을 따서 2일간의 단시간으로 끝나는 특징을 가진다. 국 1, 물 6의 비율로 담금을 하고 55℃, 6시간 당화 후 약 40℃까지 냉각하여 유산을 첨가하고 다시 25℃까지 냉각한 다음 순수효모, 산성 인산칼륨을 첨가하여 25시에서 통기 배양한다. 18시간에서 40시간째에 사용 가능하다. 효모의 생존율은 80%, 2일간 배양하여 1mℓ 중에 7～8 × 10^8개의 효모수가 얻어진다. 이 효모는 울트라 세븐(ultra sevene)이라는 상품명의 주모 제조기에서 만들어져 간단하고 빠르게 또 경제적으로 효모가 육성된다.

원형정미(原形精米)·편평정미(扁平精米)

현미에 대하여 정미조건을 여러 가지로 바꿔보면 그 정백미의 형상이 색색으로 달라진다. 일반적으로 롤의 회전수를 크게 하고 백비 출구의 저항 압력을 작게 하면 백미는 둥굴게 되고(구상정미, 球狀精米), 회전속도를 작게, 압력을 크게 하면 가늘고 길게 된다(봉상정미, 棒狀精米).

70% 가까이 정미를 할 때는 초기에는 구상정미를 향하여 탈아(脫芽)에 노력하고, 다음에는 봉상정미로 정형을 수정하면서 탈구를 행하면 미립의 원형을 유지할 수가 있다(원형정미, 原形精米). 오히려 원형정미가 최량이라고 하였으나 최근 편평정미(등후정미, 等厚精米)가 새롭게 인정되고 있다.

즉 현미 표층부의 성분 분포가 균일한데 대하여 원형정미는 길이/폭/두께 깎는 방법(표면에서의 거리)이 약간 달라지기 때문에 깎는 방법이 적은 두께 방향으로 유해성분이 남기 쉽다. 편평정미는 정미 초기에 회전수·압력·급곡변(給穀弁)을 크게 하는 것이 원형정미와 다르나 각각의 깎는 방법이 같기 때문에 쓸데없는 유해성분이 깎아져 동일 정미비율에서 원형정미보다 유해성분이 보다 많이 제거된다. 단 정미 초기의 조건이 과혹하기 때문에 탈아(脫芽)는 우수하나 쌀이 깨지기 쉬운 것에 주의를 요한다.

원형지수(原形指數)

정미 후 백미의 입형(粒形)으로서 종래는 원형정미가 좋다고 하여 원형지수가 그 목표로 되어 있었다. 그 수치는 다음 식으로 산출한다.

$$\text{원형지수 LW} = \frac{\text{백미 길이 / 백미 폭}}{\text{현미 길이 / 현미 폭}}$$

$$\text{원형지수 LT} = \frac{\text{백미 길이 / 백미 두께}}{\text{현미 길이 / 현미 투께}}$$

$$\text{원형지수 WT} = \frac{\text{현미 폭 / 백미 두께}}{\text{현미 푹 / 현미 두께}}$$

원형지수가 1에서 상당히 떨어지는 경우는 원형정미에서 이탈되는 것으로 된다.

유기물(과망간산칼륨 소비량)

천연수 중의 유기물은 동식물질의 잔편(殘片), 부패생성물, 미생물 등에 의한 것으로 어떤 양수(良水)에도 다수 함유되어 있으며, 다량으로 함유된 것은 불결의 증거로 유기물 함량은 물 오염 정도의 지표로 된다. 유기물은 1 ℓ 의 물에 함유된 것을 산화하는 데 요하는 과망간산칼륨의 소비량으로 나타낸다. 주조 용수에서는 7ppm 이하, 일본 미야스이(宮水)에서는 1.5～1.0ppm 정도이다. 측정은 검수를 황산 산성으로 과망간산칼륨 용액을 가하여 금망 상에서 가열하여 비등시킨 후 수산을 가하여 탈색한 다음 과망간산칼륨 용액으로 적정하고 미적자색이 소실하지 않는 점을 종점으로 하여 과망간산칼륨 소비량을 산출한다.

유기산(有機酸)

청주 중의 유기산 약 73%가 술덧 중에서 효모에 의하여 생성되어 주모에서 유래되는 산은 약 17%, 나머지 약 10%는 증미와 국에서 유래한다. 청주 중의 유기산은 청주 맛을 구성하는 중요한 성분으로 산미, 지미를 가지며 휘발산은 향의 구성 요소로 되어 있다. 청주 중에 더욱 많은 것은 호박산이고 다음으로 사과산, 유산, 구연산, 초산 등이 있다. 술덧 중에서 생성이 많은 것은 호박산, 사과산, 유산이고 주모에서는 유산, 초산, 호박산의 생성이 많다. 청주를 화입(火入)하므로 호박산과 사과산은 감소되고 유산은 증가된다.

부조주(腐造酒)에서는 초산, 유산이 증가하여 사과산, 구연산이 감소된다. 보산용으로 인정되고 있는 되는 것은 유산, 사과산, 호박산이고 증양주(增釀酒)용 부원료로서 인정되고 있는 것은 유산, 호박산, 구연산, 사과산이다. 청주 중의 산을 분별 정량하는 것은 상당히 어렵기 때문에 일반적으로는 청주를 직접 알칼리로 중화하여 산도를 측정하고 있다. 지시약은 브롬티몰 블루(bromthymol blue : BTB)와 뉴트랄 레드(neutral red : NR)의 혼합지시약을 사용하고 있다. 청주의 10mℓ를 중화하는 데 소요되는 0.1N NaOH용액의 mℓ수를 청주의 산도로 하고 있다.

유레에이스(urease)

요소를 가수분해 하여 암모니아와 이산화탄소로 분해하는 효소이다. 또 청주 중에는 요소와 알코올과의 반응에 의하여 카밤산 에틸(carbamic acid ethyl, ethyl carbamate)이 ppm 단위로 생성되므로 이것을 방지하기 위하여 전 처리로서 산성 유레에이스에서 요소를 분해하는 경우가 있다.

유백립(乳白粒) · 유백미(乳白米)

알맹이 표면이 백색 불투명이고 광택이 있는 쌀을 유백립(乳白粒) · 유백미(乳白米)라고 한다. 유백립은 성숙 초기에 있어서 저온장해 혹은 도복 등에 의하여 녹말공급이 일시적으로 정지되면 이 시기에 녹말이 충실하여야 할 부분이 충실하지 않아 불투명화 조악조건이 회복하면 그 외측에서 녹말이 충실하기 위하여 중심부가 백색 불투명하게 된다. 알갱이의 횡단면을 보는 경우 심백립(心白粒)은 배복선(背腹線)상에 폭이 좁게 불투명부분이 발생하는 데 대하여 유백립(乳白粒)에서는 장해를 받은 시기에 따라 알갱이의 중앙부에 타원형으로 발생하거나 링 모양으로 발생한다. 유백립은 일반적으로 두께가 작고 정미 시에 파쇄하기 쉽다.

유산(乳酸)

유산은 오히려 발효법에 의하여 제조되고 있으나 최근에는 합성법애 의하여 제조되고 있다. 일반적으로 사용되는 양조용 유산은 식품첨가물 규격의 것이고, (재)일본양조협회용 자료규격협의회의 양조용 유산규격에 합격한 것(순도 90～92%, 비중 1.21～1.22)이 사용되고 있다. 유산은 양조물 중의 유기산의 한 성분이 속양계(速釀系)의 주모 그리고 효모 담금에 있어서는 담금 시에 유해균의 억제 목적으로 사용되고 또 증양주(增釀酒)의 조미액 그리고 주모, 술덧, 청주 등의 보산용으로서 사용되고 있다.

유산균

당에서 유산을 생성하는 반응은 생물에 따라 무산소적 에너지 취득의 대표적 반응이기 때문에 유산을 생성하는 미생물은 대단히 많고 이것을 포괄하는 경우는 유산균류라는 말을 사용한다. 보통 유산균의 경우에는 포도당을 발효하여 최종 산물로서 약 50% 이상을 유산으로 변화시킨다. 그램(Gram) 양성의 구균 내지 간균이고 운동성을 가지는 것은 극히 드물다. 당에서 유산만을 생성하는 호모(homo : 정상) 발효형과 유산 이외에 알코올, 초산, 탄산가스, 수소가스를 생성하는 헤테로(hetero : 이상) 발효형이 있다.

육성된 주모계에서 전 다키(煖氣) 기간 중에 생육하여 유산을 생성하는 유산균은 가장 낮은 온도 대에서 생육하는 유산균이고 정상의 주모 중에 증식하는 종류는 극히 한정된 2종류의 유산균이다. 이 두 종류에 한정된 최대의 제어인자는 온도이다. 생원계(生酛系) 주모에서는 질산 환원균은 거의 시기를 같이 하여 구균인 *Leuconostoc msenteroides*가 증식하여 유산을 생성하여 물료의 pH를 강하시킨다. 이어 미산성하에서 생성되는 영양물의 축적에 맞추어 간균인 *Lactobacillus sake*가 증식하여 왕성한 산을 생성하여 주모 중의 잡균을 도태하는 역할을 한다. 이와 같이 청주 제조에 유익한 것 외에 산을 많이 생성하는 원인의 하나인 악성 유산균, 청주의 화락 원인으로 되는 화락균(火落菌)이 포함된다.

유산 집적효모(集積酵母)

주모공정에 있어서 유산에 의하여 잡균의 증식을 억제하고 있으나 이 유산을 부모 중에 증식하는 유산균에 의하여 집적되는 효모를 유산 집적효모라고 한다. 생원(生酛 : 키모토), 산폐주모(山廢酒母 : 야마하이 주모), 수원(水酛 : 미스 모토), 강산성 배양원(强酸性 培養酛)을 들 수 있다.

음양국(吟釀麴)

음양(吟醸) 담금에 사용하는 국으로 60% 이하의 정미비율의 고도 정백미를 사용하여 종국 양을 적게 하여 저온에서 제국을 한 젊은 향기 본위의 돌파정(突破精 : 쓰키하제) 건조형의 국이다. 고도 정백미를 사용하므로 증미 수분이 과다로 되기 쉽고 세미 시의 급수를 한정 흡수에 의하여 극력 억제하여 단단한 증미로 마무리한다. 제국조작도 보통 국보다 저온에서 장시간에 걸쳐 향이 높고 건조 국으로 마무리 한다,

응집침강(凝集沈降)

현탁액 중에 부유하고 있는 고체입자가 응집하여 그 응집입자 그룹이 집적하거나 이동하여 분상상태로 불균일이 생기는 것을 응집침강이라 한다. 단백질과 같이 작은 콜로이드 입자에는 보통의 중력장(重力場)에서의 침강은 거의 일어나지 않는다. 일반적으로 콜로이드 용액에서 하전이 있으면 소량의 전해질을 가하여도 전하를 중화하는 블록을 생성하여 침강한다. 현탁액 중의 부유입자의 응집침강을 촉진시키기 위하여 가하는 물질을 응집제라고 한다. 응집제는 블록 생성에 유리하게 작용하는 pH 범위가 있다.

응집현상(凝集現狀)

효모를 액 중에 현탁 할 때 미세 분산하여 오래 동안 부유하여 서서히 침강하는 효모와 분산하지 않고 다수의 세포가 괴상으로 되어 빨리 기저로 침강하는 효모가 있다. 전자를 진상(塵狀 : 비응집성) 효모라 하고, 후자를 응집효모(凝集酵母)라고 한다. 이와 같이 분산하지 않는 상태를 응집이라 한다. 효모의 응집성은 효모세포의 유전적 성질에 의하여 결정되나 환경의 물리적 혹은 화학적 요인에 의하여 크게 영향을 받는다.

배지 중의 아미노산 결핍이 응집을 유발하거나 pH, 알코올 농도, 금속이온(특히 칼슘이온)의 존재가 응집에 관계하고, 당류 특히 마노스(mannose), 말토스(maltose)의 존재는 응집을 방해한다. 또 유산균에 의한 효모의 응집현상은 거품 없는 효모의 간단한 식별에 이용된다. 효모의 응집성은 상면효모, 하면효모 다 같이 강약이 있다. 또 응집에 따라 효모도 발효액과의 접촉이 제한되므로 응집성이 강한 효모는 발효성이 낮고, 액상효모는 일반적으로 발효능이 높다.

이물(異物)

곡립을 제외한 다른 혼합물을 말한다.

이삭 수(수수, 穗數) · 이삭 길이(수장, 穗長) · 한 이삭의 벼 수

벼 줄기의 선단에 나락이 붙어 있는 부분을 이삭이라 한다. 이삭의 수를 이삭 수, 이삭의 길이를 이삭 길이, 한 이삭에 붙어 있는 나락(벼) 수를 한 이삭의 벼 수라고 한다. 어느 것이나 수량의 예칙을 위하여 또 품종 특성을 알기 위하여 중요한 조사 항목이다.

이온교환수지

이온교환이 되는 이온을 가진 불용성 다공질의 합성수지로 양이온 교환수지와 음이온 교환수지 그리고 양성 교환수지가 있다. 화락균 등으로 산도가 높고 탈산을 요하는 경우에는 탈 산력이 강한 이온교환수지를 사용한다. 수지는 산 알칼리 염류에 따라 부활 재생하여 반복 사용할 수가 있다. 사용법에는 칼럼법 이외에 수지를 청주 중에 투입 교반하여 다음에 분리하는 회분법이 있으나 이 방법은 식품위생법에서 금지되어 있다.

이종곡립(異種穀粒)

해당하는 종류의 현미를 제외한 다른 곡립을 말한다. 예로서 찹쌀에 있어서 멥쌀의 현미는 이종곡립(異種穀粒)이다.

이틀 밤 담그기

보통 침지시간은 다음 날의 증자 전까지가 가장 길지만 미질의 관계 등으로 다음 날의 시루 증자시간이 늦지 않을 때까지 연장하는 수가 있다. 이틀 밤 침지하게 되는 것으로 이틀 밤 담그기라 한다. 미질이 단단하고 흡수되기 어려운 경우에 행해지나 24시간 이상 침지하는 경우에는 12시간마다 물을 갈아 주는 것이 보통이다. 옛날 정미비율이 높은 쌀을 사용할 때 행해진 것으로 현재는 거의 하지 않는다.

인산염

천연수 중의 인산염 함량은 아주 미량이나 드물게는 10～20㎎으로 다량 함유되는 것이 있다. 대부분은 인산칼슘의 형으로 있으나 일부는 인산알칼리로서 존재하는 수가 있다. 인산염류가 청주양조에 필요한 것은 효모의 증식, 발효촉진 작용에 큰 역할을 한다. 정량법은 모리브덴산 암모늄 용액을 사용하여 비색 정량한다.

일반미

주식용으로 사용되는 멥쌀은 주로 괘미(掛米 : 덧밥)로 청주용으로 사용되나 심백미(心白米)로서 주조 호적미라고 호칭하는 것에 대응하여 심백이 나오지 않는 주식용으로도 사용되는 보통의 멥쌀을 일반미라고 부른다.

일본 주도(酒度)

청주의 비중을 표시하기 위하여 설정된 단위로 일본 주도(酒度) = (1 / 비중 - 1) × 1.443의 관계식으로 표시되고 중(重)보메도, 비중(15/4℃), 알코올 용량 %와의 관계는 표 10과 같다.

일본 주도(酒度)는 15℃의 청주에 일본 주도계(비중계)를 띄워서 측정한다. 15℃에서 4℃의 순수 물과 같은 무게(비중 1의 것)의 것 일본 주도(酒度)는 (±)0으로 되고 이것보다 가벼운 것은 정의 값, 무거운 것은 부의 값으로 된다. 따라서 15℃의 순수 물의 일본 주도(酒度)는 (±)0이 아니고 (+)1.26으로 된다.

청주의 감미는 당분에서 유래하여 당 함량이 많으면 비중이 크게 되어 일본 주도는 (-)측으로 기운다. 또 청주의 신미는 알코올에서 유래된 것으로 알코올 함량이 많은 청주는 (+)측으로 기울고 따라서 단것은 (-)측, 신것은 (+)측으로 기울므로 일본 주도는 청주의 감미, 신미를 알기 위한 지표로서 일반적으로 사용하고 있다. 단 감신(甘辛)은 관능에 의한 판단이고 일본 주도는 비중에 대응하는 값이므로 반드시 일치하지 않는다.

포도당은 직접 감미를 느끼나 다른 당은 일본 주도 표시에 영향을 주는 정도만큼 감미를 느끼지 않는다. 또 청주에 함유되는 양에 따라 감신(甘辛)의 느끼는 방법이 달라 있다. 산이 많으면 시게 느끼고, 적으면 달게 느낀다.

입구통

압착 여과 후 나오는 신주(新酒)를 담는 통을 입구통이라 한다. 신주는 약간 백탁되어 있으므로 이 입구통에서 앙금을 침전시키기 때문에 입구통은 냉암소에 둔다. 제성주(製成酒) 수량을 파악하기 위하여 이루어지는 검정도 이 통에 담은 상태에서 검사를 받는다. 현재는 통을 사용하지 않고 있으며, 여과 후 청주를 담는 탱크를 지금도 입구통이라 부르고 있다.

표 10. 각종 비중 표시도 대조표

일본주도	무게 보메도	밀도 15/4℃	비중 15/15℃	알코올 %
(+) 30	—	0.9796	0.9805	15.6
(+) 29	—	0.9803	0.9812	15.0
(+) 28	—	0.9810	0.9818	14.4
(+) 27	—	0.9816	0.9825	13.7
(+) 26	—	0.9823	0.9832	13.1
(+) 25	—	0.9830	0.9838	12.5
(+) 24	—	0.9836	0.9845	11.9
(+) 23	—	0.9843	0.9852	11.3
(+) 22	—	0.9850	0.9858	10.7
(+) 21	—	0.9857	0.9865	10.2
(+) 20	—	0.9863	0.9872	9.6
(+) 19	—	0.9870	0.9879	9.0
(+) 18	—	0.9877	0.9885	8.4
(+) 17	—	0.9884	0.9892	7.9
(+) 16	—	0.9890	0.9899	7.3
(+) 15	—	0.9897	0.9906	6.8
(+) 14	—	0.9904	0.9913	6.3
(+) 13	—	0.9911	0.9919	5.7
(+) 12	—	0.9918	0.9926	5.2
(+) 11	—	0.9924	0.9933	4.7
(+) 10	—	0.9931	0.9940	4.2
(+) 9	—	0.9938	0.9947	3.7
(+) 8	—	0.9945	0.9954	3.2
(+) 7	—	0.9952	0.9960	2.7
(+) 6	—	0.9959	0.9967	2.2
(+) 5	—	0.9965	0.9974	1.7
(+) 4	—	0.9972	0.9981	1.3
(+) 3	—	0.9979	0.9988	0.8
(+) 2	—	0.9986	0.9995	0.3
(+) 1.26	—	0.999126	1.000000	0.0
(+) 1	—-	0.9993	1.0002	—

(계속)

일본주도	무게 보메도	밀도 15/4℃	비중 15/15℃	알코올 %
(+) 0	0.0	1.000000	1.000874	—
(—) 0	0.0	1.000000	1.000874	—
(—) 1	0.1	1.0007	1.0016	—
(—) 2	0.2	1.0014	1.0023	—
(—) 3	0.3	1.0021	1.0030	—
(—) 4	0.4	1.0028	1.0037	—
(—) 5	0.5	1.0035	1.0044	—
(—) 6	0.6	1.0042	1.0051	—
(—) 7	0.7	1.0049	1.0058	—
(—) 8	0.8	1.0056	1.0065	—
(—) 9	0.9	1.0063	1.0072	—
(—) 10	1.0	1.0070	1.0079	—
(—) 11	1.1	1.0077	1.0086	—
(—) 12	1.2	1.0084	1.0093	—
(—) 13	1.3	1.0091	1.0100	—
(—) 14	1.4	1.0098	1.0107	—
(—) 15	1.5	1.0105	1.0114	—
(—) 16	1.6	1.0112	1.0121	—
(—) 17	1.7	1.0119	1.0128	—
(—) 18	1.8	1.0126	1.0135	—
(—) 19	1.9	1.0133	1.0142	—
(—) 20	2.0	1.0141	1.0149	—
(—) 21	2.1	1.0148	1.0157	—
(—) 22	2.2	1.0155	1.0164	—
(—) 23	2.3	1.0162	1.0171	—
(—) 24	2.4	1.0169	1.0178	—
(—) 25	2.5	1.0176	1.0185	—
(—) 26	2.6	1.0183	1.0192	—
(—) 27	2.7	1.0191	1.0200	—
(—) 28	2.8	1.0198	1.0207	—

(계속)

일본주도	무게 보메도	밀도 15/4℃	비중 15/15℃	알코올 %
(—) 29	2.9	1.0205	1.0214	—
(—) 30	3.0	1.0212	1.0221	—
(—) 31	3.1	1.0220	1.0229	—
(—) 32	3.2	1.0227	1.0236	—
(—) 33	3.3	1.0234	1.0243	—
(—) 34	3.4	1.0241	1.0250	—
(—) 35	3.5	1.0248	1.0257	—
(—) 36	3.6	1.0256	1.0265	—
(—) 37	3.7	1.0263	1.0272	—
(—) 38	3.8	1.0270	1.0279	—
(—) 39	3.9	1.0278	1.0287	—
(—) 40	4.0	1.0285	1.0294	—

주) 이 표는 일본주도를 기본으로 작성되었다.

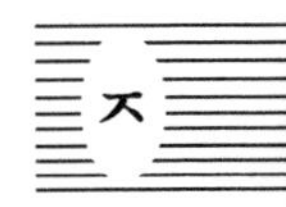

자기소화

세포조직이 죽었을 때 그 중에 함유되는 효소에 의하여 무균상태에 있어서도 그 세포조직이 분해하는 것을 자기소화 또는 자기분해라고 한다. 술덧의 급격한 온도 변화(급상승) 또는 알코올 첨가에 의하여 알코올 농도가 급히 높아지는 등의 환경조건의 변화에 따라 술덧 중의 효모가 사멸되면 효모 균체내의 효소 활성화에 따라 균체 자신이 소화되어 아미노산이 증가한다.

자동제어

최근 주조장에서 기능노동자 부족의 해소나 높은 생산성의 추구를 목적으로 하여 공정의 자동화, 기계화가 시도되고 나아가 컴퓨터 관리가 도입되고 있다.

(1) 온도제어 : 온도센서로 제조된 술덧 품온과 지시조절 또는 컴퓨터에 설정한 목표 온도와의 편차에서 냉각수의 통수량 또는 통수시간을 제어하고 온도 조절 기술로서 제어방식에는 단순한 비례 제어에서 분석을 판단에 도입한 고도의 것까지 있다.

(2) 온라인 계측 시스템 : 술덧의 발효 관리에 필요한 화학 물리량을 자동적이고 또한 연속적으로 계측하여 컴퓨터에 입력하는 시스템이다. 술덧의 여액을 연속적으로 채취하는 장치로 일본주도의 밀도센서, 알코올의 튜빙 센서법을 사용한 적외선 가스분석 또한 고정화 효소센서 등으로 구성되어 있다.

(3) 파지 엑스퍼터 시스템 : 두시(杜氏)나 장인이라는 숙련 기능자의 경험이나 육감에 의한 고도의 발효 관리기술을 기계제어로 달성하기 위하여 개발되었다. 컴퓨터용 애플리케이션 프로그램이다.

(4) 파지제어 : 술덧의 발효상태 등을 수치로 나타낼 때 기능성이 높은 수치는 있어도 확정된 수치는 아니다. 이와 같이 애매한 것을 능숙하게 수치화하여 다루는 것이 파지의 이론으로 인간의 사고(인식, 판단, 추론, 직감)에 가까운 형이다. 파지제어에 의하여 0인가 ×인가의 극히 기계적 판단 밖에 할 수 없는 컴

퓨터에 비기계적으로 고도의 애매한 판단을 해보려는 것이다.

(5) 엑스파트 시스템 : 전문가의 경험 측면에서 얻어진 지식으로 구축된 인공기능의 하나이다. 컴퓨터를 이용하여 전문가의 작업을 지원하거나 노하우를 가지지 않는 비전문가의 경험을 제공하는 데 사용된다.

자정작용

오염된 물은 공기 중의 산소나 수중의 미생물 작용으로 자연히 깨끗한 물로 된다. 오염의 정도가 클수록 자정작용으로 회복은 되지 않는다. 자연의 환경 하에서 오염물질이 감소되는 것을 자정작용이라고 한다.

작황지수

작황지수는(당년 수량/평년 수량) × 100으로 구해진 작병(作柄)을 나타낸다. 평년 수량은 기상, 피해 정도 등을 평년 중간치로 보고 재배기술의 진보, 작부의 변동을 가감하여 과거의 실수량의 추세를 기본으로 산출한다. 수확 전에 발표된 예상수량은 쌀의 작병(作柄)을 딱 들어맞게 파악하기 위하여 전국 330개 곳에 있는 일본 농수산성의 통계정보출장소가 3만 개 지역의 논을 추출하여 초장(草丈), 줄기 수 등의 측정치를 가지고 산출한다. 작황지수 106 이상은 양(良), 105∼102는 약간 양, 102∼99는 보통 양, 98∼95는 약간 불량, 94∼91은 불량, 90 이하는 현저히 불량으로 한다.

장려 품종

주요 일본 농산물(벼, 맥, 대두)의 안정적인 생산을 확보하기 위하여 지역의 조건에 알맞은 품종을 재배하는 것이 기본이다. 따라서 새로이 육성된 품종은 각 지역에 있어서 기상·토양조건에 대한 적응성, 병충해나 기상피해에 대한 저항성, 생산물 품질의 양부 등 그 품종의 특성을 충분히 음미할 필요가 있다. 이 때문에 주요 농산물 종자법에 있어서 도(都), 도(道), 현(縣)에 대하여 육성된 품종이 자기 현(縣)에 알맞고 보급할 품종인지를 시험 판정하는 것이 의무화 되어 그 결과 우량으로 인정되는 것을 장려 품종으로 결정하고 그 종자를 생산, 보급을 하도록 한다. 1995년도 일본 장려 품종명은 도(都), 도(道), 부(府), 현(縣)별로 수백 종이 있다.

재래법[국개법(麴蓋法), 개국법(蓋麴法)]

상자국법, 기계제국법이 이루어지기 까지는 청주용 국은 국개(麴蓋)를 사용하는 재래법으로 만들었다. 재래법은 제국공정의 전반은 국미를 마루(床) 위에서 재우기를 한 다음 종균을 접종하여 퇴적하고, 후반은 약 1.5kg씩을 국개에 담아 수시간마다 작업을 하는데 많은 인력 조작으로 제국하는 방법이다. 국개의 사용 매수는 재우기 양의 100kg당 270~300개이다.

이 방법은 미질과 증미의 경연에 따라 각 작업마다에 경과를 조절할 수 있기 때문에 목표로 하는 국의 품질로 이끌기 쉽다. 일본 주조조합중앙회의 청주 표시에 관한 자주 기준에 의하면 「수조(手造)의 청주」 표시를 하기 위하여 국개법 또는 상자국법으로 제국하는 것이 필요하였다. 이 방법은 현재 음양국(吟釀麴)을 제조하는 데 사용되는 경우가 많다. 재래법에 의한 주모 국, 괘국(掛麴)의 일본 나다(灘)에 있어서 표준 경과의 일례를 나타내면 그림 6과 같다.

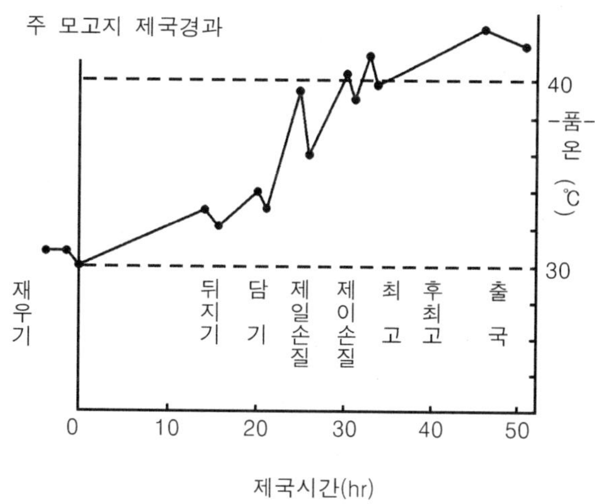

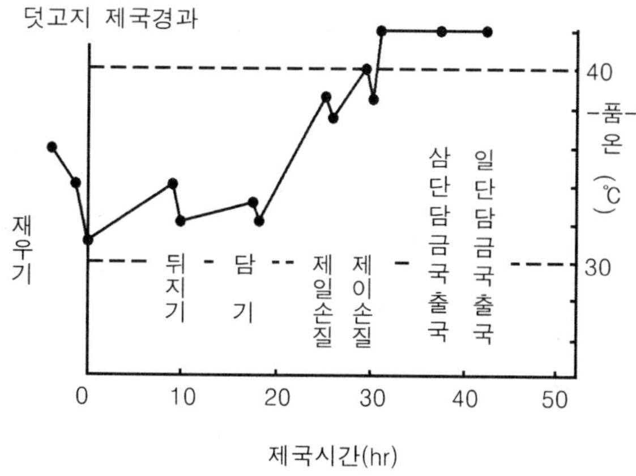

그림 6. 재래법에 있어서 제국경과(국개법, 개국법)

재우기

제국하기 위하여 냉각된 증미를 국실의 상[床(마루) : 기계제국의 경우는 상(床) 또는 제국기]에 운반하여 33~36℃의 온도에서 쌓아 올리는 작업이다. 증미는 온도가 균일하기 어려우므로 재우기 후 몇 곳에 검온을 하여 예정 온도보다 높은가 낮은가를 확인한다. 예정 온도보다 높은 때는 쌓아 올린 증미를 마대 등으로 보온하거나 증미의 고저로 온도조절을 하고 종균 접종 시 예정 온도로 이끈다.

적미(赤米)·자흑미(紫黑米)·향미(香米)

자흑미(紫黑米)에 대한 기록은 없으나 적미(赤米), 향미(香米)는 원래 야생적인 쌀로 고대부터 일본 전국 각지에 배재되고 있는 보통 벼에 교잡하여 육성한 것이다. 적미, 자흑미는 식미가 나쁘고 백미에 혼입되면 볼품이 나빠지므로 메이지 중기(1890년) 이후에 논에서 재배되다가 현재는 제신(祭神)용으로 쓰시마, 슈시마(種子島) 등에서 약간 재배되고 있다. 적미의 색소는 catechin, catechol, tannin, 그리고 flova-none이고 자색 미의 색소 anthocyanin이며 취반(炊飯)하면 이들 과피(果皮)의 색소 때문에 팥밥처럼 붉게 된다.

향미(香米)는 세계 여러 나라에서 옛날부터 널리 재배되어 왔으나 일본에서는 옛날부터 고치현(高知縣), 미야기현(宮城縣) 등의 아주 일부에서 재배되고 있다. 취반 시에는 보통의 멥쌀에 수 % 섞어서 밥을 지으면 사향 혹은 향기로운 향이 발생하여 풍미가 발생한다. 최근 부활의 징조가 있어 미야카오리, 키타카오리, 하기리노카오리 등의 품종이 육성되어 있다.

적반(赤飯)

기온이 높은 경우 침지를 종료하여 물 빼기를 한 백미에 세균(*Pseudomonas*속 세균)이 번식하여 증자 후에 적갈색으로 착색되는 경우가 있는데 이를 적반(赤飯)이라 한다. 적반은 전반적으로 붉게 되는 경우와 세미기의 그물에 부착한 미립이 붉게 되어 혼입하는 경우가 있다. 이 색소는 증미에 흡착되므로 술에는 이행되지 않고 약간 이행할 뿐이다. 온난 시에 물 빼는 시간을 오래 하지 않고 침지 시의 수온을 15℃ 이하로 하여 침지수를 미산성으로 하므로 방지할 수 있으나 기본적으로는 세미기, 침지 탱크 등을 철저하게 세정해야 한다.

적색 색소 생산효모

Adenine 생합성 경로상의 *ade* 1 또는 *ade* 2 유전자를 결손하고 있기 때문에 세포

내의 액포(液胞)에 적색 색소를 축적한 효모이다. 오우라(大內) 등은 청주효모에 변이처리를 행하여 분리된 영양 요구성 변이균주 중에서 아데닌(adenine)을 요구하고 붉은 색소를 생산하는 균주를 선택하므로 실용적으로 적색 색소 생산효모의 육종에 성공하였다. 「분홍색 혼탁주」의 개발이 적색 색소를 이용하여 행하고 있다. 본 효모를 청주양조에 이용한 경우 술덧 중의 adenine 함량이 율속으로 되어 증식과 발효가 제한되기 때문에 야생 청주효모 등의 침입을 받기 쉬운 것으로 알려져 있다. 니시다니(西谷) 등은 본 효모에 K_1 killer 형질을 도입한 효모를 육성하고 있다.

적색효모

야생효모로 주모의 우타세(打瀨 : 타뢰) 중에 보이는 수가 있다. *Rhodotorula* Harrison이 대표적으로 세포는 구형, 난형, 신장형으로 고체배제의 콜로니는 습 광택, 활면, 점조성이 강하고 세포 내의 카로티노이드 색소를 형성하여 콜로니의 발색에는 적색, 담홍색. 적 등색, 황 회색, 담황 회색 등이 있다. 배지 중에 다당류를 집적하는 성질이 있으나 당류를 발효하지 않는다.

정균(靜菌)

일반적으로 여러 종의 약제 작용에 의하여 또 환경조건의 변화에 의하여 미생물의 활동 또는 번식이 억제되는 현상을 정균이라 한다. 균의 사멸과 의미는 달라 정균상태가 장시간 계속되면 사멸도 일어날 수가 있으나 미생물에 직접적으로 작용하여 사멸에 이르는 살균과 구별하여 사용한다.

정립(整粒)

피해립(被害粒), 사미(死米), 미숙립(未熟粒), 이종곡립(異種穀粒) 그리고 이물을 제외한 입형(粒形), 입장(粒長)의 완전한 미립(米粒)을 말한다. 통칭 건전립(健全粒) 또는 완전립(完全粒)이라고도 한다.

정미공장(精米工場)·위탁 정미공장(精米工場)

일본 주조용 백미는 취반용 백미와 달라 고도 백미를 요하기 때문에 전용 정미기에서 정미되고 있다. 이 때문에 주조회사에서는 종래부터 각기 정미공장을 소유하고 있다. 정미기의 형식, 대수 그리고 작업 인원수 등은 처리할 가마니 수에 대응하여 결정된다. 그 외에 현미탱크, 백미 탱크, 쌀용 선별기, 백미용 선별기, 연미기, 백미계량기, 집진기 등이 채용되고 있다. 최근에는 ① 담금 단위의 증대에 의한 자가 정미의 능력 부족, ② 정미공 부족, ③ 정미 코스트 저감 등의 이유로 위탁정미가 수급자 사이에서 신뢰되는 형으로 진행되고 있다. 위탁정미공장에서는 최신의 대형 정미기나 컴퓨터 정미기 등 부대설비도 완비하여 효율적인 정미를 행하고 있다. 또 백미의 출하형태도 주조가의 요망에 따라 개개 포대에서 프레 콘, 낱알 수송 등이 폭넓게 채용되고 있다.

정미 교졸(巧拙)의 판정법(신 MG염색법)

정미는 현미에서 주조에 있어서 유해한 성분을 감소시키는 것이나 정미의 교졸(巧拙 : 잘함과 못함)에 따라 그 감소 정도가 다르다. 그 교졸(잘함과 못함)은 육안으로 싹, 홈의 제거 정도를 관찰하므로 판정되지만 싹, 홈의 약간의 흔적에도 염색되므로 판정하기 쉬운 것이 신 MG염색법이다. 염색액은 메틸렌 블루(methylene blue)와 에오신(eosine)의 알코올 용액을 사용하는데 쌀의 외피, 배아, 구(홈), 호분층은 메틸렌 블루(methylene blue)로 푸르게 물들고, 배유부는 에오신(eosine)으로 핑크로 물들므로 쉽게 판정된다.

정미기

일본 주조미용의 정미기는 고도 정백을 필요로 하는 관계로 연삭식 정미기가 사용된다. 연삭식 정미기에는 횡형 연삭식과 수형 연삭식이 있으며, 주조미용으로는 주로 후자 쪽이 사용된다.

(1) 횡형 연삭식 정미기) : 주로 밥쌀 도정용으로 사용되는 것으로 카보란담의 연삭지석(硏削砥石)이 횡축으로 끼워져 회전할 수 있게 되어 있고 그 주위를 타발(打拔) 철판이 둘러싸여 있다. 현미는 나사 롤에 의하여 조입되어 타발 철판과 지석(砥石)의 사이를 운동하면서 도정되어 반대 측에서 배출될 수 있게 하였다. 정미 초기의 쌀 알갱이의 표층부 그리고 배부(背部)의 삭제에 알맞고 주미용으로서 정미공정의 일번기로서 채용하는 경우가 많다.

(2) 수형 연삭식 정미기 : 주미용으로서 사용되고 있는 정미기로 구조는 쌀 탱크, 도정부, 겨 제거장치 그리고 승강기로 되어 있고, 도정부는 종축 회전의 카보란담 연삭지구(硏削砥石 : 금강 롤)와 그 주위를 둘러싸는 주철제 원통으로 구성되어 있다. 배출구에는 분동 저항장치를 가지며 이것에 따라 배출구의 쌀 배출량을 조정하여 기내의 압력을 가감할 수 있게 된다. 정미기의 형식은 롤의 지름 크기에 따라 나누어져 20, 22, 26인치 등의 것이 있다. 현재는 22～26인치의 대형의 것이 보급되고 있다.

(3) 고도 백정미기 : 음양주(吟釀酒) 등의 고급 술을 만들기 위하여 저미비율 60% 이하의 고정 백미가 비교적 용이하게 할 수 있는 정미기이다. 특징으로는 ① 롤의 메쉬를 가능하게 하여 쇄미 발생을 방지하고, ② 롤의 형상(지름, 높이)을 바꾸어 표면적을 크게 하는 것으로 정미시간을 단축시킨다. ③ 인버터 롤의 회전수를 변화시키므로 쇄미 발생을 방지하고, ④ 컴퓨터 제어에 의하여 무인 운전 가능 등을 들 수 있다. 이것으로 보통 50% 정미로 2주야, 40%로 3주야를 요한다.

(4) 컴퓨터 정미기 : 주야 장시간을 요하는 고도 정미기의 출현으로 컴퓨터 제어에 의한 무인 정비가 고안되어 미리부터 정미의 진행에 따라 백미 공급량, 저항, 회전수 등을 자유 세트로 두면 백미 탱크에 설치된 로트 셀로서 백미를 계량하므로 정미의 진행도를 산출하여 운전조건을 자동적으로 변경하여 제어할 수 있게 되어 있다. 또 백미 공급량과 배출량을 제어하므로 정백실의 백미량을 최적으로 유지하고 정미효율을 높이고 있다,

정미(精米) 부산물

정미공정에 있어서 도정 감소(도감)의 진행에 따라 겨를 주체로 한 부산물이 다량으로 발생한다. 초기의 것을 황강(荒糠)이라 한다. 도감 10% 정도까지의 것을 적강(赤糠 : 붉은 겨), 25% 정도까지의 것을 중강(中糠), 25% 정도까지의 것을 백강(白糠 : 백색 겨), 그 이후에 생기는 것을 특 백강(白糠)이라 한다. 배아는 도정 초기의 것에서 체로 선별된다. 또 겨를 체로 선별할 때에 작은 쌀 알갱이(싸라기), 또는 쇄미(碎米)가 선별된다. 소미(小米 : 싸라기)는 품질 면에서 상, 하로 대별되고 상품은 백미에 혼합되어 담금 시에 사용되는 경우가 있다. 작은 알갱이 쌀, 백강, 특 백강은 다른 식품산업의 원료로서 이용되고 있다. 적강은 사료 미강유 원료 등에 사용된다.

정미비율(精米比率)

일반적으로 채용되고 있는 정미비율이란 중량 정비비율의 것으로 정미 전의 현미 중량에 대한 정미 후의 백미 중량의 비율로 나타낸다. 이것에 대하여 일본 나다(灘)에서 처음으로 알갱이 단위에서 정미 전후의 중량비로 나타낸 것을 진정 정미비율, 그 차를 무효 정미비율로서 관리하는 방식을 취하고 있다.

$$\text{중량 정미비율} = \frac{\text{끝난 백미 중량}}{\text{투입 현미 중량}}$$

$$\text{진정 정미비율} = \frac{\text{백미 1,000립 중량}}{\text{현미 1,000리 중량}}$$

(단 완전립 1,000립의 중량)

무효 정미중량 =(지정 정미비율 - 중량 정미비율)%

중량 정미비율 중에는 미립의 마모에 의한 중량감 이외에 부스러기 알맹이의 쇄미화, 겨화에 의한 중량감, 무리한 정미에 의한 미립 자체의 쇄미화, 쌀겨화에 의한 중량감 등 정미 목적 이외 손실을 포함한다. 무효 정미비율은 이들의 손살을 관리하는 데에 의의가 있다. 또 정미조건이 갖추어져 있는 경우 무효 정미비율은 곧 부스러기 알맹이의 함유율과 상관하고 쌀의 양부를 판정하는 하나의 인자로 된다.

정미 손실(損失)·정미 결감(缺減)

정미 시 투입된 현미 중량에 대하여 정미 후의 백미, 쇄미, 겨 등의 부산물 중량의 합이 반듯이 일치하지 않는다. 그 차를 정미 결감(缺減)이라 한다. 결감비율은 다음 식으로 산출된다.

$$\text{정미 결감비율} = \frac{\text{현미 중량} - (\text{백미} + \text{쇄미} + \text{겨 등의 부산물})\ \text{중량}}{\text{현미 중량}} \times 100$$

정미 결감의 원인은 백미나 쇄미, 겨 등의 비산에 의한 손실 외에 정미중의 쌀의 승온에 의한 수분 발산이 주체이다. 정미 손실이란 정미 결감의 것을 의미하나 정미 기술의 미숙으로 쇄미 화가 심하여 중량 정미비율에 대하여 실질 정미비율이 떨어지는 경우(무효 정미비율이 높은 경우)도 정미 손실의 원인이 된다.

정밀 여과

막 여과의 세공의 지름이 0.2～3㎛ 범위의 여과를 말한다. 혈구나 일반 세균이 제거되기 때문에 담금 용수, 할수(割水)의 여과나 생주의 여과 등에 사용된다.

정미의 목적

양조용 백미는 취반용 백미에 비하여 상당히 고도로 정미된다. 그 이유는 현미 표층부에 많이 함유되는 조단백질, 조지방, 회분 등 주조에 있어서 유해한 성분을 가능한 한 감소시키는 것이다. 보통 70% 전후까지 정미하나 이것으로 현미에 비하여 조단백질은 약 70%, 조지방 약 5%, 회분은 약 15%로 된다.

제균(除菌)

액체나 기체 중의 미생물을 여과나 원심, 침전 전기집진 등으로 제거하는 것을 제균(除菌)이라 한다. 청주공장의 경우 밀폐탱크의 검척구(檢尺口) 안전기 중에 PVA (polvinyl alcohol) 필름 등을 넣거나 개방탱크 뚜껑의 틈을 종이로 발라두는 곳은 공기 중의 화락균(火落菌)이 저장탱크에 유입되는 것을 방지하기 위한 것이고 청주의 여과에 막 여과기를 사용한 예도 있다. 이 경우 구멍 크기는 0.45㎍ 이하의 것을 사용하면 화락균을 완전히 제거할 수 있다. 기타 공기 제균에 글라스 울 충전 층, PVA 필터 등을 사용하는 공장도 있다. 이들의 제균 효율은(포집효율)은 99.99%에서 99.99999% 이상에 달하는 것도 있다고 한다.

제산(除酸)·보산(補酸)

청주 중에는 많은 유기산이 함유되어 있고 향미와의 관련이 깊다. 유기산 조성에 따라서 주질이 다르나 일반적으로 청주 중의 산량이 많으면 남성적으로 여겨지고 있는 확고한 타입의 술로 되어 주질은 시게 느껴지고, 또 산량이 적을 때는 여성적인 어른스러운 타입의 술로 되어 달게 느껴진다. 따라서 목표로 하는 타입의 청주로 하기 위하여 제조공정 중의 산 생산량에 대하여 충분한 관리를 행할 필요가 있다.

제산(除酸)·보산(補酸)은 오히려 주질을 해치는 경우가 많으므로 보통은 회피하고 있으나 목표에서 특히 떨어진 경우에는 제산·보산을 하여 적당한 산량을 조정하는 수도 있다. 제산제·보산제에 대하여는 주세법에서 첨가되는 약품명이 제정되어 있다. 제산제로서는 침강성 탄산칼슘, 탄산 수소나트륨, 암모니아수 등이 사용되고, 보산제는 호박산, 유산 그리고 사과산의 사용에 한정되어 있다.

제1 손질

제국 공정 중 담기 후 6～8시간 경과 후 품온이 34～36℃로 되었을 때 이 국개(麴蓋) 중의 물량을 교반하여 국개(麴蓋)를 뒤바꾸는 작업을 제1 손질이라 한다. 손질의 내용은 국개 내의 물량을 손으로 잘 섞어 중앙에 모아 쌓고 중앙에는 팬 곳을 만들어 공개(空蓋)를 덮어 쌓아 올려 천으로 덮는다. 이는 수분을 발산시켜 산소 공급을 꾀함과 동시에 품온을 떨어뜨려 이후의 품온 상승을 억제하기 위함이다. 작업은 품온, 상모(狀貌 : 파정상태)에 따라 가감하고 일반적으로 품온이 지나치게 내려가지 않게 할 필요에 따라 제1 손질 후 2~3시간에 같은 작업을 행하는 때가 있는데 이것을 2회 제1 손질이라 한다.

제2 손질

제1 손질 후 5~7시간 경과하여 품온이 37~40℃로 될 때 국을 손으로 섞어서 통기냉각한 후 구상 또는 넓게 편 후 주위보다 높은 작은 판형으로 한다. 온도조절은 넓게 펴거나 두껍게 쌓는다,

젤라틴

동물의 뼈나 섬유조직에 있는 단백질 콜라겐을 물과 함께 자비하여 얻은 단백질로 불순물을 함유한 것을 아교라고 한다. 이것을 정제한 것이 젤라틴으로 분자량 10,000~10,000, 글리신(glycine : 25.5%), 프롤린(proline : 19.9%), 하이드록실프롤린(hydroxyproline : 14.1%)과 소량의 타이로신(tyrosine), 메싸이오닌(methionine)을 함유한다. 식품, 의약품(지혈제 캡슐재료) 배지, 사진 감광 박 등에 사용된다. 청주에서는 앙금질 시에 감 떫은 성분과 병용하여 사용된다.

조기 재배 · 보통기 재배 · 만기 재배

벼의 재배시기의 조만(早晩)에 따라 조기 재배, 보통기 재배, 만기 재배로 나눈다. 각각의 파종기, 전식기(前植期), 수확기를 표 11에 나타내었다.

조생종(早生種) · 중생종(中生種) · 만생종(晩生種)

벼는 출수의 조만(早晩)에 따라 조생종, 중생종, 만생종으로 나누어진다. 조생종에 특히 빠른 것을 극조생종으로 하거나 중생종을 다시 조·중·만으로 나누는 경우도 있다. 지역에 따라 기상조건이 달라 묘 심기시기도 변하므로 구분방법도 다소 다르다.

표 11. 벼의 재배시기

	파종기	전식기	수확기
조기 재배	3원 중순	4월 하순	8월 중하순
보통기 재배	4월 상순	월 중순	9월 하순~10월
만기 재배	6월 중하순	7월 하순~8월 상순	11월

조숙(調熟)

착즙한 청주의 향미가 젊고 거친 신주가 저장됨에 따라 성분 변화를 동반하면서 향미, 색이 조회하여 마시기 쉬운 품질로 되는 현상을 조숙(調熟)이라 한다. 조숙의 정도를 숙도라고 한다. 조숙과 성분 변화의 관계는 아직 불명한 점이 많으나 화입 전에 잔존 효소반응, 화입 후의 산화반응, 에스터화, 카르보닐반응 등이 관여하여 이들의 반응에는 열, 산소 등의 물리적 여러 요인이 크게 영향하는 것으로 알려져 있다. 조숙과 관계하고 있는 착색물질은 멜라노이딘(melanoidin)이라 하고, 아미노카보닐(aminocarbonyl) 반응에 의하여 생성되는 것으로 생각한다.

기타 청주 중의 성분 변화로서는 효소반응에 의한 글루코스(glucose), 아미노산의 증가, 화입 이후의 에틸알코올(ethyl alcohol), 아이소뷰틸 알코올(isobutyl alcohol), 아이소아밀 알코올(isoamyl alcohol) 등의 산화에 의한 aldehyde류로 변화 등이 있다. 그리고 황함유 아미노산의 산화에 의한 머캅탄(mercaptan) 그리고 그 산화에 의한 다이설파이드(disulfide)의 생성, 아미노산류의 착색반응에 의한 감소 그리고 다른 물질의 분해에 의한 증가, 아미노산의 탈탄산, 탈아미노 작용에 의한 휘발성 아민(amine) 그리고 암모니아(ammmonia)의 증가, 효모 유래의 S-adenosylmethionine의 5'-methyladenosine에의 변화, 호박산 monoethyl, 사과산 monoethyl 생성 등이 밝혀져 이들 향미의 변화에 미묘하게 관계하고 있는 것으로 생각한다.

물성의 변화로서 증류주의 저장에 의하여 인정되는 알코올 분자와 물 분자와의 분자 회합과의 형성이 순한 향미를 주는 사실에서 청주의 경우도 이 종의 물성 변화가 향미에 영향하는 가능성도 생각된다. 청주 숙도를 정확하게 나타내는 방법은 불명으로 관능에 의지하는 현상이나 관능숙도와의 상관성에 있어서 흡광비 = $[OD^{430}{}_{10} \times OD^{270}{}_{10} / [OD^{320}{}_{10} \times pH]$로 판단하는 방법, 산화환원전위의 측정, 3-데옥시글루코손[3-deoxyglucosone(아미노카보닐(aminocarbonyl) 반응의 중간체. 저장에 의하여 어느 농도까지 직선적으로 증가한다]의 측정 등으로 숙도를 추정 혹은 예측하는 방법이다.

숙성은 조숙과 동의어로 사용되고 있으나 다른 식품과의 관련에서 미생물반응의 관여는 원료의 직접적 변화를 동반하는 술덧 고정을 포함하는 경우를 숙성이라고 한다. 조숙은 숙도를 화입시기, 탄소 사용방법, 화입방법, 저장온도 등으로 조절하는 것을 말하는 경우도 있다.

조위(潮位)

조수의 간만에 따라 해수는 조류로 된다. 해면은 약 반일을 주기로 하는 승강운동을 한다. 이 해수면의 높이를 조위(潮位)라고 한다.

조합(調合)

생산된 청주의 향미는 저장 용기별로 각각 미묘하게 다르므로 이것을 적당하게 혼화하므로 품질 향상과 제품의 균일화를 꾀할 수가 있다. 이 혼합조작을 조합이라 한다.

종국(種麴)

종국은 조(粗) 백미의 증미에 목회를 섞어 품온, 실온, 습도를 조정하면서 황국균을 배양하여 충분히 포자가 착생될 때까지 번식시킨 뒤에 건조시킨 것으로 국 제조시의 종으로서 사용한다. 양조업계에서는 이를 종국이라 한다. 최근에는 종국 제조는 무균적으로 행하게 되었으나 보통은 그림 7과 같은 제조공정으로 만들고 있다.

출국 후 그대로의 형상에서 수분을 5%정도까지 건조시킨 입상의 제품을 입상종국(粒狀種麴)이라 한다. 사용 시에 체로 포자를 분리하고 증미에 산포한다. 입상종국의 포자만을 모은 것을 분상종국(粉狀種麴)이라 한다. 분상종국을 사용하는 경우 살균한 녹말이나 알파(α)-전분 등으로 증량하여 증미에 산포한다. 현재에는 제국량의 증가, 산포기 등의 개량과 더불어 대부분이 분상종국으로 되어 있다. 국균은 증식속도, 효소 생산능력, 대사산물의 양 등과 형태적 여러 성질에 등에 따라 단일의 균주로 분리되고 있는데 그 단일 균주를 단균(單菌)이라 한다. 따라서 각 단균은 각각 고유의 특성을 가지고 있다.

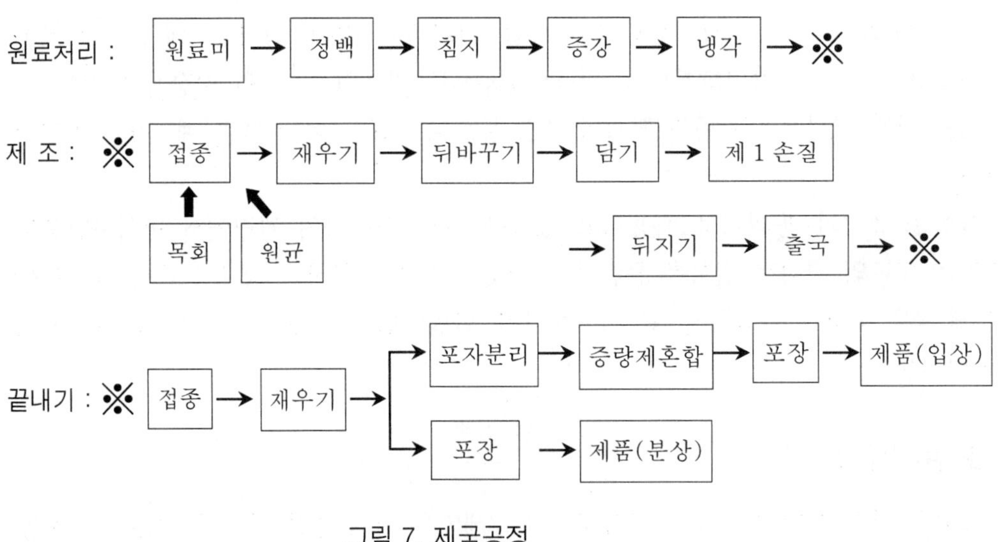

그림 7. 제국공정

주조용의 종국에는 수십 종류의 균주가 사용되고 있으나 단균으로 국으로서의 요구(효소생산, 관능 등)를 만족시키는 균주는 없다. 그래서 수종의 단균을 혼합하여 종국으로서 사용하고 있다. 이것을 복균(複菌)이라 한다. 분류학상 근연종의 혼합배양의 경우 증식속도가 같으면 여러 성질의 변화는 혼합비에 의한다. 혼합배양에 의하여 국의 역가가 증대하는 수가 많다.

주모[酒母 : 모토(酛 : 원)]

술덧 발효의 목적인 알코올의 생성을 영위하는 효모균의 육성을 행하는 물료를 주모(酒母)라고 한다. 우리말로는 술밑이라고 국어사전에 실려 있다. 또한 밑술이라고도 한다. 돌아가신 김호식 선생님의 『발효공업』에는 술밑이라고 하였다. 주질의 양부는 주모의 양부와 깊은 관계가 있으므로 옛날부터 주모제조는 주조의 기본으로 생각되어 주모 중에 우량 효모를 순수하게 증가시키는 것이 중요시 되어 왔다. 잡균의 오염을 방지하고 나아가서 효모만을 증식시키는 것으로는 유산균이 중요한 역할을 하고 있으나 이 유산균을 효모육성 전기에 유산균을 증식시키므로 생성하는 생원계(生酛系) 주모와 최초부터 유산을 첨가하는 속양계(速醸系) 주모가 있다. 이외에 고온으로 물료를 무균상태로 한 후에 효모를 첨가하는 고온당화 주모가 있다.

주모국(酒母麴)

주모 담금에 사용하는 국을 말한다. 효소역가가 강한 국균 균주를 사용하고 괘국(掛麴)보다 제국시간을 오래 한 노국(老麴)이 필요하다. 주모의 담금에서 보통 30% 전후의 국 비율이다.

주모미(酒母米)·원미(酛米 : 모토마이)·국미(麴米)·괘미(掛米)

주조용 원료 백미는 그 용도에 따라 원미(酛米 : 주모 미), 국미(麴米), 괘미(掛米 : 덧밥, 덧쌀)로 나눈다. 원미(酛米)는 원[酛 : 모토, 주모(酒母)]용에 사용되는 쌀로 전량의 약 7%에 당한다. 원미는 야마다 니시키(山田錦)를 중심으로 한 대립 심백미(心白米)로 정미비율도 70% 이하의 경우가 많다. 원미의 경우 약 30%는 국미(麴米), 약 70%가 괘미이다. 국미는 국용에 사용하는 쌀로 일반미보다 심백미 쪽이 국균의 하제코미(破精込)도 좋고 조작도 쉬우므로 일본 나다(灘)에서는 심백미가 좋다고 한다. 국미는 전량의 20~23%에 상당하다. 괘미(掛米)란 증자 후 방랭하여 직접 술덧으로 담금을 하는 쌀로 전량의 약 70%를 차지하고 일반미를 주체로 하여 사용하나, 미질의 차는 술덧의 경과 그리고 주질에도 관계가 깊고 주조가의 방침에 따라 사용법에 다소 차이가 있다.

주박(酒粕)

청주 술덧을 압착하여 청주를 분리할 때 나는 고형물을 주박(酒粕)이라 한다. 미용해 미립, 미국, 효모 그리고 청주 성분을 함유하고 있으며 영양가치가 높은 것이다. 주박의 성분은 표 12와 같다.

주박은 그대로 구어서 먹거나 감주, 박즙 등 식용으로 제공된다. 또 김치류의 부원료, 합성청주의 향미액 원료 그리고 간장 원료, 식초원료로도 이용된다. 주박제거에 의하여 꺼낸 박이 판상은 판형 박이라 하고, 모양이 허무런진 것을 분상 박이라 한다. 판상 박(板狀粕)과 분상 박(粉狀粕)의 성분은 차이가 있으나 판상 박이 가격도 높다. 가정용의 식용에는 일반적으로 판형 박이 사용되고, 분상 박은 침재류의 부원료용, 공업 원료용에 제공된다.

표 12. 주박의 성분

에너지		212 kcal 887KJ
수 분		54.3g
단백질		14.9g
지 질		1.5g
탄수화물	당 질	17.9
	섬 유	2.9g
회 분		0.5g
무기질	칼 슘	8mg
	인	8mg
	철	0.8mg
	나트륨	5mg
	칼 륨	28mg
바이타민	비타민B_1	0.03mg
	비타민B_2	0.26mg
	Niacin	2.0mg
에틸알코올		8.0 중량 %

주박 첨가 · 주박 여과

증양주(增釀酒)와 같이 박량이 적은 술덧을 압착 여과하면 앙금이 많고 박이 떨어지기 어려우므로 술덧에 주박을 투입 혼합하여 압착 여과하는 방법을 취하는 수가 있다. 또 앙금주의 압착 여과에도 마찬가지로 주박을 첨가하여 행하는 수가 있다. 이와 같이 술덧 또는 청주에 주박을 첨가하는 것을 주박 첨가라고 한다. 박을 첨가하여 압착 여과를 하는 조작을 주박 여과라고 한다. 주박 여과는 화락된 청주의 향미 교정의 수단으로서 행하는 수도 있고 신선한 주박을 첨가하여 압착 여과하므로 이취를 제거하거나 주중의 향미가 청주로 이행하는 데 효과가 있다.

주조미(酒造米)

주조에 제공하는 쌀을 주조미라고 하며, 심백(心白)을 발현하는 백미(양조용 현미)와 주식용과 같은 일반미도 이 중에 포함된다. 주조용에 알맞은 쌀로서 대립 심백미가 옛날부터 사용되어온 관계로 '주조미'라고 칭하는 쌀은 보통의 경우 심백 발현 품종을 의미한다.

주조용수(酒造用水)

양조에는 다량의 양질 용수를 필요로 하고 그 사용목적에 따라 수질, 수량의 필요 기준이 있다. 또 사용목적에 따라 다음과 같은 각 명칭으로 구분한다.

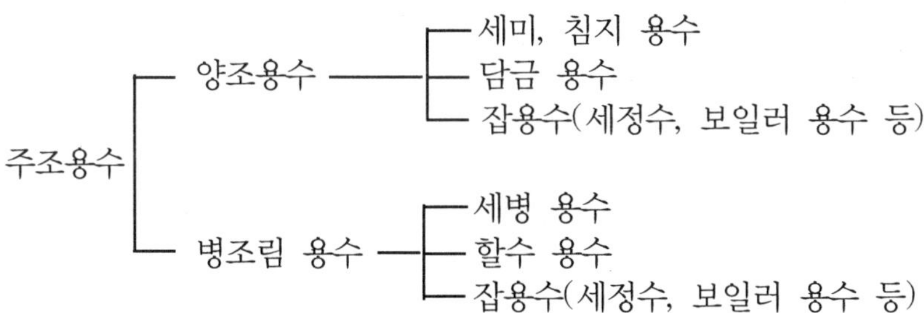

주조용 원료미 전국 통일 분석

그 해의 원료미의 주조 적성을 적합하고 확실하게 파악하여 이것을 주조기술에 연결시키는 것을 목적으로 하여 일본 전국의 주조미 연구그룹이 모여 전국 주조미연구회가 발족 1976년부터 통일된 분석법으로 분석이 이루어지게 되었다. 분석항목, 분석방법은 많은 연구 성과로 결정되어 그 중 분석항목은 현미의 천립중, 수분, 흡수성, 소화성, 조단백질, 칼륨 등이다.

1994년부터 기준 정미비율이 75%에서 70%로 변경되고 또 새로운 백미의 쇄미율이 분석항목으로 가해졌다. 통일된 분석의 실시에 따라 전국 원료미의 주조 적성을 동일 수준에서 평가하는 것이 가능하게 되고 또 분석을 매년 계속하므로 개개의 품종에 대하여 보다 명쾌하게 평가할 수 있게 되었다.

주조용 현미

일본 농산물검사법에서는 일반 주식용의 수도 멥쌀 현미와 구별하여 주조용으로 제공하는 심백(心白)을 발현하는 대립종, 중립종을 양조용 현미로 칭하고 일반의 수도 멥쌀과 구별하여 검사하고 있다. 용적중, 정립비, 수분, 피해립, 사미(死米)의 이물 혼입비 등의 규격은 농산물 검사기준에 따라 상등에서 3등으로 가격 차이를 두고 있다. 양조에 사용되는 주조미는 심백만이 아니고 주식용으로 같은 소립종도 사용되나 일본 농산물검사법에서는 각 부 현마다 농산물검사법에서 정해진 심백 발현 품종의 특상~3등에 해당하는 것을 양조용 현미라 한다.

주조 호적미(酒造好適米)

옛날부터 심백(心白)을 발현하는 대립종이 주조미로서 좋다고 하였다. 주식용으로 제공되는 일반 멥쌀을 보통 일반미라고 하고, 심백을 발현하는 대립종을 주조 호적미(통칭 호적미) 또는 심백미라고 하며 양조용 현미로서의 검사를 받는다.

줄기 길이(간장, 稈長) · 초장(草丈 : 최고의 길이)

벼의 줄기를 간(稈)이라 하고, 줄기의 길이(지표면에서 수수의 끝까지)를 간장(稈長)이라 한다. 지면에서 식물체를 늘이는 경우의 최장 길이를 초장(草丈)이라 한다. 옛날 주조 미(대립 종)는 간장(稈長)이 길어서 도복하기 쉬웠으므로 품종 개량을 가하여 줄기를 짧게 하여 도복되기 어려운 품종으로 바꾸게 하였다. 일반적으로 대립종은 소립 종보다 줄기가 길고 대립 종에는 100cm 전후, 소립 종은 75~80cm이나 최근의 대립 종의 효고(兵庫) 유메니시키(夢錦)은 약 89cm이다.

증기살균

고압증기나 상압증기의 습열(濕熱)에 의하여 균체 단백질을 변성시켜 유해균의 생활력을 빼앗아가는 것을 말한다. 습열에 의한 살균은 건열에 비하여 효율이 좋다. 통조림이나 포장식품의 살균에 고압증기가 널리 이용되고 있다. 청주공장에서는 주모 배양장치나 제국장치 등에 대하여 증기살균을 하고 있는 예를 볼 수 있다.

증미 수송

이전에는 방랭한 증미를 천으로 싸서 인력으로 담금 탱크 중에 운반하여 넣었으나 현재는 일부를 제외하고 벨트 컴프레서(주로 4단용 증미, 국용 증미에 사용) 혹은 대형 컴프레서에 의한 풍압을 이용하는 루트 플로와(주로 4인치의 호스 사용) 그리고 풍량을 이용한 터보 플로와(5~6인치의 호스 사용) 등을 사용하여 증미 수송을 행하고 있다.

증미 흡수율

증미 흡수율은 다음 식으로 나타낸다.

$$\text{증미 흡수율} = \frac{\text{증미 중량} - \text{백미 중량}}{\text{백미 중량}} \times 100$$

보통 증자 후의 중량을 소량씩 계량하여 증미의 총 중량을 구하고 백미 중량과의 차를 백미 중량으로 나누어 증미 흡수율을 산출한다. 증미 흡수율은 증미의 경연, 용해성 등의 목적이 된다.

증양주(增釀酒) · 삼배 증양주(三倍增釀酒)

제2차 세계대전 후 청주용미가 극단으로 부족하기 때문에 1949년에 증양주[增釀酒 : 삼배 증양주를 약하여 삼증주(三增酒)]의 제조법이 실용화 되었다. 이것은 백미 1톤당 2,400 ℓ(알코올분 30%로 환산한 수량)의 조미 알코올을 술덧 말기에 첨가 압착 여과하여 제조하는 방법으로 쌀만으로 생산하며 알코올 양의 약 2배에 상당하는 조미액을 첨가하는 것이 되고 수량이 약 3배로 되기 때문에 이 이름이 붙었다.

조미액에 사용되는 물품은 알코올, 포도당, 물엿, 유산, 호박산, 글루탐산나트륨, 구연산, 사과산으로 한정되어 있고, 합계 중량(알코올은 95%로 환산한다)이 원료미의 중량을 넘어서는 안 된다. 또 현재에는 삼배 증양(增釀)에 사용할 수 있는 원료 백미의 수량은 주세법의 승인 기준에 따라 사용하는 총 백미 수량의 23% 범위 내로 되어 있으나 전국적으로 점감 경향이다. 삼배 증양주는 단독으로 공장에서 생산되는 것은 없고 보통 알코올 첨가 주와 조합하여 출하하고 있다.

증자(蒸煮)

쌀을 찌는 것을 찌기 혹은 증강이라 한다. 증미를 단지 찐다고도 한다. 녹말을 알파(α)화 함과 동시에 단백질도 변성을 일으키고 지질은 휘산되어 국균의 증식을 좋게 하여 효소에 의한 소화성을 증가한다. 또 쌀의 살균도 겸하고 있다. 증자 시작의 시기는 찬 백미에 증기가 닿아 가온되면 동시에 미립 표면에 증기가 응축하여 미립 내부로 응축수가 침투하면서 증미가 가열되어 간다. 증자에 따라 백미 중량의 약 10%의 수분이 흡수된다.

증자시간이란 증기가 관통하고 나서 증강이 종료될 때까지의 시간을 말하고 녹말의 알파(α)화를 생각하는 경우는 15분이 좋다고 하나 보통 솥에서 40~60분, 연속 증미기에서 20~35분 정도의 것이 많다. 증자의 목적은 녹말의 알파(α)화만 아니므로 증자시간을 더욱 길게 한다는 생각으로 하고 있다. 솥의 경우 증자의 증기량은 1.8kℓ 들이 솥에서 매분 6~7 ℓ, 즉 1시간에 약 400 ℓ, 2.5kℓ 들이 솥에서 매분 8 ℓ 전후로 비등을 개시하면서 증강 종료까지 약 2시간 걸리므로 1.5톤의 백미를 증자하는 데는 600~800kℓ의 증기가 필요하게 된다. 최근 연속 증미기의 경우는 증기를 효율 좋게 사용하기 위하여 1.5톤의 백미를 증자하는 데 300~400kℓ의 증기량이 필요하다.

지메이스(zymase)

당류를 발효시켜 에틸알코올과 이산화탄소를 생성하는 복합효소계의 명칭이다. 1897년 Buchner는 효모균의 균체를 마쇄, 압착한 액즙이 자당을 발효하는 것을 발견하고 이 발효의 원인이 되는 물질 즉 효소를 지메이스(zymase)라고 명명하였다.

지하수위(地下水位)

물은 지중을 삼투(滲透)하여 불삼수층 까지 달하게 되면 그 곳에서 체류하여 중력에 따라 이동을 시작하게 된다. 이것이 중력수(重力水) 소위 지하수이다. 지하수는 외력이 작용하면 유동되는 물이므로 지하수면과 유동되는 물과 되지 않는 물(흡착수, 부착수, 모관수)과의 경계에 있다(그림 8 참조).

대수층(帶水層) 중의 지하수가 자유 수면을 가지는 경우 이것을 불압수(不壓水) 또는 자유수(自由水)라고 한다. 대수층이 삼투층으로 덮어져 있어 압력을 가지지 않는 경우의 지하수를 피압수(被壓水)라고 한다. 자유수의 경우는 우물 수면이 지하수면을 나타내고, 피압수(被壓水)의 경우는 우물 수면이 압력으로 갈라져 지하수면에서 밀어 올린다. 지하수위란 지표면보다 지하수면까지의 거리를 말하나 넓은 지역에서는 지면에 요철이 있고 정수(우물물)의 경우 우물 틀에도 고저가 있기 때문에 동일 기준으로 통일된 값을 나타낼 필요가 있다.

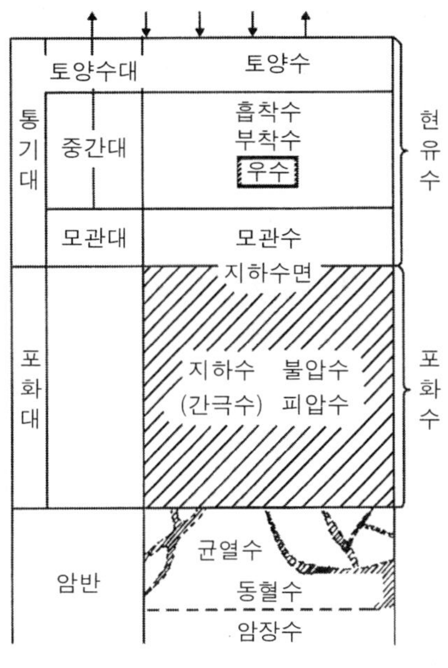

그림 8. 지하수위

질산(窒酸) · 아질산(亞窒酸)

물에 함유되는 질산은 염류의 형으로 존재하여 수중의 함유량은 NO_3^-의 ppm으로 나타낸다. 생원계(生酛系) 주모 육성에 있어서는 질산 환원균이 생육하여 그 작용으로 주모 중의 질산염이 환원되어 아질산이 생성된다. 이것이 주모의 육성을 억제하므로 그 사이에 유산균을 번식시키려는 조작을 한다. 이 때문에 생원계 주모육성에는 물의 성분으로는 질산염이 중요하다. 일본 미야스이(宮水)의 질산량은 20～30ppm 정도이다. 그러나 다량의 질산 존재는 아질산·암모니아 공히 동물성 질소화합물에 유래하는 것이 많다. 하수 등에서의 오염의 의심이 생기므로 바람직하지 않다. 질산은 블라닌법·aniline법 등에 의하여 비색정량을 하지만 단지 정성분석으로 끝내고 착색 반응의 정도에 따라서 소량, 극미량, 미량, 흔적, 검출되지 않음 등의 표현을 사용하는 경우도 있다.

질산 환원균

질산 환원작용을 가지는 세균의 총칭으로 주모·일본 미야스이(宮水)에서 분리되는 것은 간균으로 장단이 있고 질산염을 환원하여 아질산을 생성한다. 이 성질을 이용하여 생원계(生酛系) 주모의 앞 단계에 있어서 아질산을 생성시켜 효모의 발육을 억제시켜 그 사이에 우유 균을 번식시킨다. 유산균이 생성한 유산에 의하여 환원균은 사멸되고 여기에서 처음으로 청주주모가 증식하게 된다.

찐 것 꺼내기

증미를 시루에서 꺼내는 작업을 증미 꺼내기라고 한다. 보통 가마니 또는 포제에 큰 장화를 신고 스테인리스 스틸제의 주걱으로 증미를 꺼내어 밥통에 넣어서 방랭장까지 운반하거나 직접 방랭기에 투입한다,

착색(着色)

청주의 착색물질은 네 가지 형으로 대별할 수가 있다.

첫째는 원료에서 유래되는 플라빈(flavin)계 색소로 원료 백미 중에도 미량으로 존재하나 주로 국균이나 효모에 의하여 생산된다. 여기에는 riboflavin, flavin mono-nucleotide 그리고 이들의 분해물인 lumiflavin, lumichrome 등이 있다. 이들이 착색의 6~12%를 차지하고 있다.

둘째는 철분의 혼입으로 생기는 ferrichrysin이다. 국균이 생산하는 deferrichrysin에 철이 결합한 적갈색의 색소로 다른 착색과 달라 활성탄에 의하여 쉽게 흡착이 제거되지 않는다. 이외에도 ferrichrome류가 4종류 존재하는 것으로 추정되고, 철과 결합하므로 착색물질로 되어 착색의 10~25%로 관여한다.

셋째는 저장 중에 생기는 착색이다, 이것은 숙성현상의 하나이고 처장 중의 당류, 함질소 화합물인 아미노카비놀(aminocarbinol) 반응에 의하여 산화 중합으로 생기는 melanoidin과 당의 캐러멜화에 의하여 생기는 색이 함유되나 80% 이상이 포도당이 관여하지 않는 다른 물질이라고 추정한다. 또 tyrosine, phenol계 화합물 등이 관여하는 효소적인 갈변물질의 존재도 예상되지만 아직 불명한 점이 많다. 이 착색은 저장일수의 경과와 더불어 증가하나 특히 화입 후의 온도 강하의 지연의 경우 저장온도가 높은 경우에 현저하다. 15℃의 저장에서는 아주 약간이지만, 30℃에서는 30일로 원래 착색의 2배 이상에 달한다. 또 주질에 따라서도 그 착색의 정도가 다르고 아미노산 펩타이드(peptide) 등의 질소화합물이 많고 pH가 높다. 산량이 많은 술은 그 증가가 크고 철, 구리, 망간이온은 촉진적으로 작용한다고 한다.

넷째는 일광에 의한 착색으로 320~380nm의 파장 광에 크게 작용하고 투명 병에 넣은 청주에 직사일광을 쬐이면 겨우 3시간 정도의 사이에 원래 착색의 2~5배에 달한다. 이 반응계로서는 3개의 계가 추정되고 있다.

A는 타이로신(tyrosine), 트립토판(tryptophan) 등의 아미노산이 광산화에 의하여 적갈색의 색소로 되는 반응으로 키눌렌산(kynurenic acid) 또는 플라빈(flavin) 등의 광증감제의 존재가 필수이다. B는 A에 데페리크리신(deferrichrysin)이 가해지는 반

응으로 촉매로서 망간이 필요하고 옥시산, 케토산이 촉진적으로 작용하고 A, B에 대하여는 어느 종의 페놀(phenol)이 저해적으로 작용하고, C는 효모가 생산하는 인돌아세트산(indoleacetic acid)이나 국산을 생산하는 프로카테크산(protocatechuic acid) 등의 산화되기 쉬운 물질이 산화되어 색소로 되는 반응으로 이들의 반응은 언제나 산소를 필요로 한다. 또 일광 착색에는 탁도의 증가, 특이취 발생을 한다. 이에 구리 혼입의 경우에는 환원상태에서 갈변되어 산화상태에서는 무색으로 되는 이상색도 있다.

착색도를 수치로 나타내는 데는 증류수를 기준으로 하여 10～50nm의 셀, 파장 420～430nm을 사용하여 투과율 또는 흡광도를 광도계에서 측정하여 30mm에 있어서 투과율(T%) 90%, 흡광도 $OD^{430}_{30} = 0.05$ 등으로 표시한다. 일반 시판 청주에서는 30mm의 셀을 사용하여 투과율 90～95% 범위의 것이 많다.

착색립(着色粒)

입면의 전부 또는 일부가 착색된 알갱이 그리고 적미를 말한다. 단 도정에 의하여 제거된 것 또는 정미 후의 품질 그리고 정미 비율에 크게 영향을 미치지 않는 정도의 것은 제외한다.

천립중(千粒重)

정립(整粒) 1,000개의 합계 중량으로 그 값이 큰 것은 입형이 크고 알갱이의 충실도도 높다. 일반적으로 심백미는 천립중이 크다. 천립중의 측정은 입수를 헤아리는 데 시간이 걸리고 그 사이에 수분 변동의 염려가 있으므로 최초의 시료 20～30g을 정평 후 입수를 헤아려 산출한다.

철

수중의 철의 존재 상태는 아주 복잡하여 정확하게 파악하기가 상당히 어렵다. 제일철 이온은 공기에 접촉되면 산화되어 제이철 이온으로 되고, 제이철 이온은 일반적으로 중성의 수중에는 수산화제이철로 되어 불용성으로 된다. 따라서 하천수나 얕은 우물물과 같이 공기에서 산소가 잘 공급되는 상태에 있고 또한 중성의 물에는 점토입자가 함유되는 이외의 철은 일단 산화물로서 현탁되고 있는 것으로 생각된다. 천연수 중에는 1～3ppm의 철을 함유하는 수가 많다. 드물게는 100ppm 이상 함유하는 경우도 있다.

철을 함유하는 물을 양조용수로서 사용하면 청주를 착색시킬 뿐만 아니라 향미를 나쁘게 하므로 양조용수에는 철은 금물이다. 0.02ppm 이상의 물은 양조용수로서는 부적당하므로 용수 중의 철을 제거하기 위하여 여러 가지 교정법이 이루어지고 있다. 일본 미야스이(宮水)는 자연 그대로도 철 함량은 불검출이거나 0.01ppm 이하로 아주 우수한 양조용수이다. 철의 분석에 있어서는 수중의 철의 형태는 아주 변하기 쉬우므로 채수 후 빨리 분석에 제공하지 않으면 안 된다. 분석법에는 원자 흡수법, 여러 종의 흡광광도법이 있으나 시료의 전처리나 방법에 따라 그 정량치의 내용이 다르므로 목적에 따라 적당한 방법을 선택하지 않으면 안 된다. 비색분석에는 로단칼리법, 올도-페난트롤린(o-phenanthroline)법, 알파, 알파-마이피리질(α, α'-dipyrizyl)법 등이 있다.

청주용 효소제

청주용 효소제 대별하여 원료처리 제조공정 그리고 청징용으로 나눈다. 원료의 처리에는 셀룰레이스(cellulase)나 라이페이스(lipase)가 사용되어 흡수율의 증가 원료이용률의 향상, 박의 이타(裏打) 방지, 효소에 의한 화학적 정백이나 지방산의 불포화도를 바꾸어 향기를 개선하는 등에 사용되고 있다. 제조공정에서는 주모나 술덧의 사단용에 사용되는 전자는 국의 대체 혹은 당화의 보강, 사단에서는 증미의 액화 혹은 당화에 사용된다.

이들 효소제는 녹말 분해효소가 주체이고 효소의 조성도 알파-아밀레이스(α-amylase)만의 것, 알파-아밀레이스(α-amylase)에 글루코아밀레이스(glucoamylase)를 함유하는 것이나 다른 효소를 함유하는 것도 있고 또 사용목적에 따라 균주를 바꾸거나 수종류의 효소제를 혼합하는 것이 있다. 청징용 효소제는 국세청에 의하여 사용되는 주류의 종류와 혼합되는 효소제가 지정되고 있다.

청징작용(清澄作用)

현탁액의 부유물질이나 콜로이드 입자 등을 제거하고 소정의 청징도를 나타내는 액이 얻어지게 하는 작용을 청징작용(清澄作用)이라 한다. 부유물에 대하여는 흡착제의 응용, 한외여과 등이 사용되나 일반적으로 콜로이드 입자의 하전에 반대부호를 갖는 전해질 등으로 되는 응집제가 이 작용을 가지므로 널리 사용되고 있다.

추락(秋落)·추청(秋晴)

일반의 주조공장에서는 신주는 대체로 4월 중에 화입도 끝나고 기온의 상승과 더불어 숙성된다. 화입시기가 늦어져 저장조건의 불량 등의 원인에 의하여 가을이 되어 맛이 싫증이 나거나 과숙이 지나치는 경우가 있다. 이와 같은 것을 추락(秋落)이라 한다. 이외 신주로 아미노산이 많은 술, pH가 높은 술이나 숙성이 빨라 추락되기 쉽고 연수로 담금을 한 담려주(淡麗酒)도 추락되기 쉽다고 한다. 역으로 가을이 되어 향미가 정비된 맛도 순하게 되어 주질이 향상되는 것을 후상(秋上)이라 하거나 추청(秋晴)이라 한다. 경수, 클로르가 많은 물로 담금을 하여 건전 발효를 한 술은 신주시에 다소 풍미가 있는 술이라도 추상이 된다고 한다.

추수(追水)

술덧의 담금 배합에서 급수를 하고(농후 담금), 또는 기타의 원인으로 술덧 중의 당 농도가 높은 경우(농후 술덧)는 효모가 진한 당의 압박을 받아 발효가 둔하게 된다. 이와 같은 경우에 술덧에 물을 가하면 당 농도나 알코올 농도가 희석되어 발효가 촉진된다. 3단 담금(유첨)이후 술덧에 첨가하는 급수를 추수(追水, 물 4단)라 한다.

출국(出麴)

제국완료 후의 국을 꺼내는 작업을 말한다. 재래법에서는 5~7개의 국개(麴蓋)의 국을 천을 열어 국실의 밖으로 운반하고 저온의 장소에 널게 펴서 식히고 국균의 번식을 정지시키는 작업이다. 재래의 개국법에서 국이 국개에 붙어서 떨어지기 어려운 상태를 '엉켜 붙기'라고 하며 이를 헤쳐서 낸다. 기계제국 기법에서는 사람의 손을 사용하지 않고 컨베이어나 에아슈터를 사용하여 출국을 한다. 공냉식의 스톡장치에 일시 재우고 그 후 사용하는 수도 있다.

출국(出麴) 비율

출국 비율은 다음의 식으로 구한다.

$$\text{출국 비율} = \frac{(\text{출국 중량}) - (\text{백미 중량})}{\text{백미 중량}} \times 100$$

출국 즉시 사용 · 출국 1일 카라시(枯)

국은 출국 후 건조하고 한랭하면서 청결한 방에 펴고서 충분히 냉각하고 나서 담금에 사용한다. 이 조작을 카라시(枯)라고 한다. 또한 출국 하는 당일 담금에 사용하는 것을 출국 즉시 사용이라 하고, 출국 다음날 사용하는 경우를 1일 카라시(출국 1일 카라시)라고 한다.

출수[出穗 : 출수기(出穗期)] · 개화(開花)

벼의 나락이 나오는 것을 출수(出穗)라고 하고, 전체의 40~50%가 출수한 시기를 출수기(出穗期)라고 한다. 벼는 출수한 날에 개화하여 수정이 이루어진다. 출수기는 품종에 따라 다르는데 조생종은 출수가 빠르고, 만생종은 출수가 늦다. 예를 들면 효고현(兵庫縣)의 코시히카리의 출수기는 7월 30일경이고, 야마타 니시키(山田錦)의 출수기는 8월 28일이다.

침전(沈澱) 정지 효소제

단백질 분해력을 가진 효소제이라면 액체로 혼탁의 침전 정지작용을 가진다. 이와 같은 작용을 가진 효소를 침전정지 효소제라고 한다. 이들 중에 강한 것은 타카-디아스테이스(Taka-diastase), 흑국 프로테이스(protease), 푸른곰팡이 산성 프로테이스(protease), 펩신(pepsin), 스피테이스(spitase) F 등이 있다. 국균에서 효소제를 제조하여[클라신(Clain) S] 실용화 하고 있다.

침지(浸漬)

백미를 물에 담가서 흡수시키는 것을 침지(浸漬)라고 한다. 침지 중 흡수량은 쌀의 종류, 백미의 수분, 정미비율, 침지수의 수질, 수온 등에 따라 변하나 흡수량의 다소는 보통 침지시간으로 조정한다. 침지 적온은 10~15℃라고 하나 저온침지에서는 흡수량이 증가하는 경향이 있다. 음양주(吟釀酒)용의 고도 정백의 백미 경우는 흡수가 과잉으로 되므로 분단위의 침지를 행하나 보통 백미에서는 몇 시간 단위의 침지를 한다. 침지 중의 흡수량은 보통 25~32%이다. 침지수는 철, 망간 등의 금속염이 함유되는 경우에는 백미에 흡수되어 술덧 경과 중에 용출하여 제성주(製成酒)에 착색함과 동시에 주질을 해친다.

침지법(浸漬法)

일반적으로 정미비율이 높은 고도 정백미를 사용하여 좋은 술을 얻는 목적으로 각종 침지법이 고안되어 있다.

① 염산 침지법 : 세미한 쌀을 0.05% 염산용액을 넣은 침지 통에 넣고 3~5시간 침지한 후 염산용액을 제거하고 2~3회 수세한 다음 다시 물 침지를 행한다. 정미비율이 높은(정미비율 90%) 경질미에 사용되었으나 현재는 거의 행하지 않고 있다.

② 유수 침지법 : 백미를 침지한 탱크의 상부에서 물을 넣고 하부의 배수구에서 물을 흘러내리는 경우와 하부에서 주입하여 상부에서 유출시키는 방법이 있는데 후자가 보통의 괘류(掛流)이다.

③ Lipase 침지법 : 백미 1톤당 25～30g의 라이페이스(lipase)를 침지수에 첨가하여 상법대로 침지한다. 쌀의 지방산 글레세라이드(glyceride)가 침지과정에서 유리 지방산으로 되고 증자과정에서 휘발하거나 분해하여 그 양이 감소되나 감소 패턴은 포화지방산보다 불포화지방산이 크므로 증미 중의 지방산의 포화도가 높게 된다. 그 결과 정미비율을 낮게 하면 같은 효과가 나와 향이 좋은 술이 기대된다.

카보닐(carbonyl) 화합물

일반적으로 카보닐 화합물은 산화되면 산으로 되고, 환원되면 알코올로 되는 물질로 보통 피르브산(pyruviuc acid)에서 생성되지만 아미노산이 탈아미노, 탈탄산이 되는 경로가 있고 알코올이 산화되는 경로도 있다. 고주(古酒)로 되면 휘발성 카보닐 화합물이 증가한다. 아미노카보닐(aminocarbonyl) 반응에서 생성되는 3-데옥시굴루코손(3-deoxyglucosone)이 착색 그리고 과열 취에 관여하고 있다는 아세트알데히드는 태국미주 중에, 아세토인(acetoin)은 이상(비정상) 술덧에, 아세토인(acetoin), 다이아세틸(diacetyl)은 화락주에 많고, 카보닐(carbonyl) 화합물은 청주로서는 좋아하지 않는 성분이다. 그 술덧 중에서의 피르브산(pyruvic acid)의 소장과 알데히드의 생성에 대한 관계가 연구되어 있어 특히 술덧 말기에서의 술덧의 유도에 관심이 기대된다.

카탈레이스(catalase)

과산화수소를 물과 산소로 분해하는 효소로 본 효소활성의 유무는 미생물의 분해에 제공된다.

칼 륨

칼륨은 효모나 구균의 증식, 발효에 있어서는 불가결의 성분으로 양조용수로서는 인산과 더불어 중요시 되는 성분이다. 일반적으로 염광(炎光) 광도법, 원자 흡수법을 사용하여 정량한다. 이 경우 공존하는 간섭물질(나트륨, 리튬, 바리움, 유리산, 인산염, 붕산, 수산, 실리카, 포도당 등)에 따라 정 또는 부의 오차를 일으키기 수 있으므로 주의를 요한다. 일반 물에 비하여 일본 미야스이(宮水)는 칼륨이 많다.

칼지-9(Karg-9) 효모

요소를 생산하지 않는 거품 있는 9호 효모를 말한다. K는 협회(Kyokai), arg는

argininase결손 균주의 뜻이다.

콜로니(colony : 집락, 集落)

영양균사 또는 출아균사가 한천평판배양 등으로 발육할 때 주위로 향하여 균사가 균등하게 신장하므로 거의 원형의 콜로니가 된다. 콜로니는 균사에 따라 특이적으로 차이가 인정되는 수가 있으므로 일정시간 배양 후의 직경, 형상, 색, 뒷면 주름의 유무 등을 관찰하여 분류의 지표로 한다. 또 국, 술덧, 물, 공기 중의 미생물 분리와 계수(計數)에 이용되고 그 확대되는 관찰로서 미생물의 생육 최적온도의 판정이나 영양요구의 결정 등에도 이용되고 있다.

콜로이드 결합

콜로이드 입자는 표면에 음양이온 어느 것인가를 흡착하거나 또 콜로이드 입자를 구성하는 물질 자체가 전리되거나 하여 전하를 갖는 경우가 많으나 모든 입자가 동일 부호로 대전하고 있다. 동종의 하전을 갖는 두 종류의 콜로이드 용액을 혼합하여도 일반적으로 침전은 일어나지 않으나 서로 이종의 하전을 가진 콜로이드 용액을 섞을 때에 양자가 결합하여 하전을 잃기 때문에 불안정하게 되어 침전을 일으킨다. 이와 같이 콜로이드 입자가 갖는 전기적 성질에 의한 결합을 콜로이드 결합이라 한다. 이것을 이용한 것이 응집제이다.

클로르(염소이온)

염소(Cl^-)는 식염, 알칼리금속 또는 알칼리토금속의 염화물로서 해수 중이나 암염 중에 존재하고 유리상태로는 존재하지 않는다. 클로르의 함량은 물에 따라 다르고 각종 물에 대하여서는 사계절을 통하여 대체로 일정하다. 일시적으로 클로르가 급증하는 경우는 해수, 오수의 혼입이 생각된다. 클로르 이온은 국에서의 효소 용출을 돕고 효소작용을 촉진하는 작용이 있으므로 담금 용수에 염화나트륨 형태로 발효조성제로서 첨가하는 수가 있다. 보통 수중의 염소(Cl^-) 함유량은 ppm으로 나타내고 주조용수로서는 그 함유량이 50~80ppm이 적당하다고 한다. 분석법으로서는 일반적으로 질산은에 의한 적정법이 채용되고 있다. 클로르가 미량인 경우에는 사이오시안제이수은[mercury(Ⅱ) thiocyanate]과 황산제이철암모늄[ammonium iron(Ⅱ) sulfate]에 의한 비색법이 우수하여 검수의 클로르의 농도에 따라 측정법을 선택하여 이용하는 것이 좋다.

킬러(killer) 내성효모

야생효모가 생산하는 killer toxin에 대하여 내성을 가지는 효모를 말한다. 이마무라(今村) 등은 killer toxin을 함유하는 국 추출액 배지를 사용하여 청주효모에서 내성균주의 분리를 행하여 거품 없는 효모 협회 701호에서 내성을 나타내는 한 균주를 분리하였다. 내성균주는 콜로니의 형상이나 기포에의 흡착성, 생육온도의 특성 등 친 균주와 마찬가지였다.

킬러(killer) 효모

고분자 단백질로 된 killer toxin을 균체 외로 분비하여 다른 효모를 사멸시키는 효모를 킬러(killer) 효모라고 한다. 이 killer성은 주로 세포질에 존재하는 killer plasmid에 의하여 지배되고 있다. 킬러 효모 자신은 자기의 독소에 대하여 면역이 있으며, 죽어지는 효모를 감수성 효모라 하고, 죽이려 하여도 죽지 않는 효모를 중성효모라고 한다. 협회 효모는 협회 11호 효모를 제외하고 킬러 감수성이다. 감수성 균주는 증식기에 가장 죽기 쉽고, 정상기에 들어가면 죽기 어렵게 된다.

원료가 살균되면 발효가 개방계에서 진행하는 청주술덧의 경우 야생 킬러 효모나 야생 감수성 효모에 의하여 오염되는 수가 있으나 그 술덧은 발효경과나 상모[狀貌 : 파정(破精)의 상태], 향기의 변조를 일으키는 것으로 알고 있다. 야생효모를 도태시켜 건전한 효모만으로 발효를 행하기 위하여 유용 청주효모와 킬러 효모와의 세포 융합법이나 반복되풀이 교배법 등의 육종기술에 의하여 킬러형을 가진 유용 킬러 청주효모가 육성되어 있다.

ㅌ

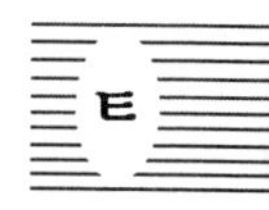

타닌(tannin)

식물계에 널리 분포하고 수용액은 수렴성이 강하고 껍질을 무두질하는 성질을 가진 물질의 총칭으로 단일한 것은 아니다. 쉽게 단백질과 결합하는 성질을 가지며 이 때문에 청주의 혼탁 원인으로 되고 있는 미소한 단백질과 결합하여 침강시켜 청주의 청징도를 개량하는 데 사용한다.

타이로시네이스(tyrosinase)

모노페놀 모노옥시게네이스(monophenol monooxygenase)와 동의어이다. 모노페놀(monophenol)류를 오르토-다이히드로(ortho-dihydro) 화합물로 산화하고, 또 오르토-퀴논(ortho-quinone)류로 산화하는 2단계의 산화를 촉매하는 효소인 구리단백질이다. 주조에서는 국의 갈색현상에 관여한다.

탄산염(탄산염)

대기 중에 탄산가스(CO_2)는 약 0.031% 함유되어 있고 물에 녹거나 방출되거나 한다. 수중의 탄산물질은 분자상 탄산가스 CO_2, 탄산분자 H_2CO_3, 중탄산이온 HCO_3^-, 탄산이온 CO_3^{-2}의 네 가지 다른 형으로 존재하고 있고, 이들은 서로 관련하여 서로 옮겨가며 변하기도 한다. 수중의 CO_2는 암석(岩石) 토양과 반응하여 중탄산이온으로 되고 탄석 토양의 탄산염은 녹아서 CO_2와 반응하여 중탄산이온을 생성한다. 대기에서 녹아 들어온 탄산가스는 탄산으로 되고 토양의 구성물질인 여러 종의 무기질 성분과 반응하여 물에 용해한다. 구체적인 예로서는 장석과 칼사이트의 용해침전반응을 나타낸다.

$$2NaAlSi_3O_5(\text{고체}) + 2CO_2 + 11H_2O$$
$$\rightarrow 2Na + 2HCO_3^- + 4H_4SiO_4 + Al_2SiO_5(OH)_4(\text{고체})$$

칼사이트($CaCO_3$)에 대하여는

$$CaCO_3(\text{고체}) + CO_2 + H_2O \rightarrow Ca^{+2} + 2HCO_3$$

이와 같은 반응은 물의 pH나 화학조성을 조절하는 중요한 작용을 가짐과 동시에 수중의 탄산물질은 물의 실용적 이용가치를 논하는 위해서 중요한 의미를 갖는다.

탄소여과(炭素濾過)

청주에 활성탄을 혼입 후 여과하는 것을 탄소여과라 한다. 탄소를 여과층으로 한 여과이나 탄소가 미분말인 경우에는 규조토 등의 여과보조제를 병용하는 수가 있다. 활성탄의 작용은 색소성분의 흡착력이 더욱 현저하여 다른 맛이나 향도 흡착되므로 탄소 여과한 술은 색이 없고 담백한 풍미로 된다. 활성탄소의 사용량은 500～2,000g/kℓ 정도가 보통이다.

탄수화물(당류)

청주 중에 존재하는 탄수화물 소위 당류는 포도당(glucose), 맥아당(maltose), 아이소말토스(isomaltose), 사케비오스(sakebiose), 고지비오스(ko jibiose), 파노스(panose), 아이소말토트리오스(isomaltotriose) 이 외에 올리고당, 미량의 아리비노스(arabinose), 자일로스(xlylose), 갈락토스(galactose) 등이 있다. 주체는 글루코스(glucose)이다. 증미 중의 녹말이 국 중의 아밀레이스(amylase)에 의하여 분해되어 말토스(maltose), 글루코스가 생성되지만 이들 일부는 역으로 균이나 효모의 트랜스글루코사이데이스(transglucosidase)의 작용으로 아이소말토스(isomaltos), 사케비오스(sakebiose), 고지비오스(ko jibiose), 파노스(panose) 등의 비발효성 당으로 된다.

탈아(脫芽)·탈구(脫溝)

정미의 요점은 우선 탈아(脫芽), 탈구(脫溝)에 있다. 배부를 제거하는 것을 탈아라 하고, 피층부를 미립의 전 표면에서 평등하게 깎아내므로 미립 측면의 구부를 깎아내는 것을 탈구라고 한다. 탈아는 정미 초기에 행한다. 탈아조건으로는 거칠고 연한 롤을 사용하여 압력을 걸지 않고 고속 회전하여 정미하는 구상(球狀) 정미법과 압력을 걸어 고속회전으로 정미하는 편평(偏平) 정미법 등이 있다. 탈아는 후자 쪽이 우수하다고 하나 쇄미가 발생되기 쉽다. 탈구는 가늘고 단단한 롤을 사용하여 압력을 걸어서 저속회전으로 정미하는 것이 좋다. 탈구조건은 쌀 알갱이끼리의 마찰에 의한 위 몸통 깎아내기를 하여 입형을 원형에 가깝게 수정시키는 것이다. 탈아, 탈구의 정도는 정미기 기술의 양부 판정의 중요한 목표가 된다.

탐수기(探水器)

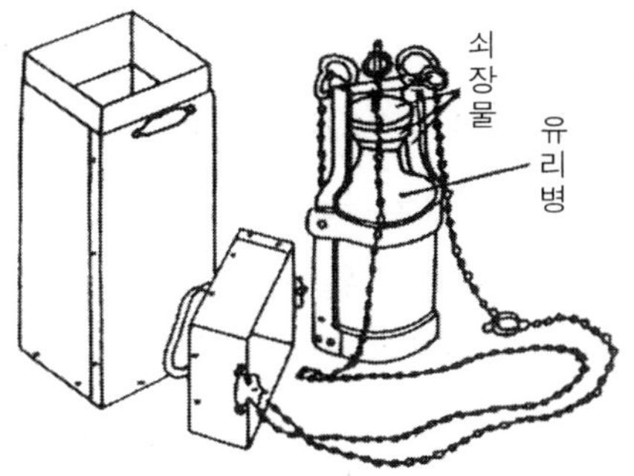

하이드로 채수기(세균시험용)

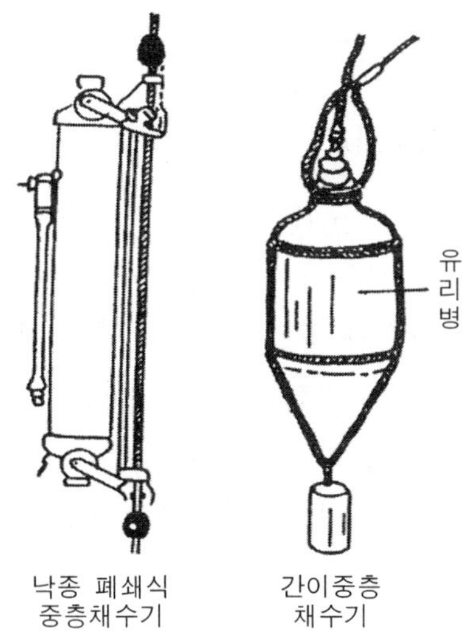

낙종 폐쇄식
중층채수기

간이중층
채수기

그림 9. 각종 채수기

측온(測溫)이나 물의 화학적 분석 등을 위한 검수를 자유로운 장소에 채수할 수 있게 연구한 기구로 그림 9와 같이 하이드로 채수기, 낙종(落錘) 폐쇄식(閉鎖式) 중층채수기(中層採水器), 간이중층 채수병(採水甁) 등이 있다.

투수층(透水層)

지층의 모래자갈층과 같이 입자 간에 공극(空隙)이 많은 층은 물을 함유할 수 있고 또 물이 유동된다. 이와 같은 층을 투수층이라 한다. 지하수로 채워져 있는 투수층을 대수층(帶水層)이라 한다. 지표에 더욱 가까운 곳에 대수하는 지하수를 표층

지하수라고 한다. 지하수는 마찰이 큰 지중을 흐르기 때문에 그 유속을 지배하는 것은 수위 차와 토양과의 마찰이다.

트랜스글루코사이데이스(transglucosidase)

맥아당(maltose)이나 글루코올리고(glucooligo)당을 가수분해하는 알파-글루코사이데이스(α-glucosidase)의 일종이나 유리된 포도당(glucose) 분자를 다른 당으로 전달하는 작용이 있으므로 이것에 착목하여 트랜스글루코사이데이스(transglucosidase)라고 부른다. 예를 들면 맥아당(maltose)에 작용하여 포도당을 생성하거나 이 포도당 단편을 다른 포도당으로 전달하여 파노스(panose)를 생성한다. 청주제조에 있어서는 이와 같이 아이소말토스(isomaltose), 고지비오스(kojibiose), 파노스(panose)라는 비발효성 아이소말토올리고(isomaltooligo)당 등의 생성에 관여한다.

티시에이(TCA) 사이클(cycle)

해당과정에서 생성되는 피르브산(pyruvic acid)은 혐기적(무산소적) 조건하에서는 유산으로 환원되지만 호기적(산소적) 조건하에서는 복잡한 산화적 탈탄산반응을 받아 actyl CoA에서 다시 탄산가스와 물로 분해한다. 이 반응계를 TCA cycle 또는 Krebs cycle이라 한다. 이와 같은 호기적(산소적) 산화에 의하여 아주 다량의 자유에너지가 유리되어 이 반응은 ATP의 화학결합 에너지로 얻어진다. 세균, 효모, 곰팡이 등의 미생물뿐만 아니라 일반 생물에 널리 분포하고 있는 것이 증명되어 에너지 공급원으로서도 중요하다. 이 사이클 중에서 여러 종의 아미노산이 생성된다,

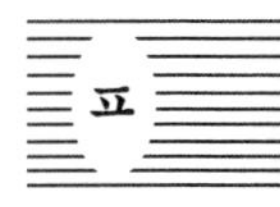

ㅍ

파스퇴르(Pasteur) 효과

혐기(무산소성)상태에서 발효를 영위하는 효모에 산소를 공급하면 발효가 억제되어 당의 소비량이 감소함과 동시에 호흡이 촉진된다. 이 형상을 파스퇴르 효과라고 한다. 일반적으로 발효와 호흡의 양 대사기능을 갖춘 효모와 같은 통성 혐기성(통성 무산소성) 균에 공통으로 보이는 현상이다.

파정(破精 : 하제)

국에 있어서 국균의 번식상태를 표현하는 용어이다. 증미에 종균을 접종한 국균포자가 발아 번식하여 균사가 희게 보이는 상태를 파정(破精 : 하제)이라 하고, 이 넓혀진 정도를 파정회(破精廻)라고 한다. 또 미립 중심부로 향하여 균사가 침입하여 가는 정도를 파정입(破精込)이라 한다. 그리고 균사의 증식 불충분으로 증미 그대로의 상태로 단단해져 가는 것을 파정락(破精落)이라 한다. 파정의 정도와 상태는 제국의 관리지표, 국의 품질 적부를 의미한다.

국의 표면 전체에 파정이 휘돌고 있으나 파정입이 얕은 국을 도파정(塗破精)이라 하고, 파정이 휘돌고 있고 파정입(破精込)이 깊은 것을 총파정(總破精)이라 한다. 도파정(塗破精)은 표면에 습기가 많고 내부의 단단한 증미나 거친 백미에서 생기기 쉽고, 총파정은 증미의 경연이 알맞고 도파정(塗破精)이 전체로 파정입(破精込)으로 된 국이다. 도파정 국은 단백질 분해물의 집적이 많은데 효소역가는 약하다. 총파정 국은 단백질, 녹말 분해물의 집적은 약간 많으나 효소역가는 강하고 일반적으로 주모국으로 사용한다.

돌파정(突破精)은 증미 표면에 반점모양으로 파정하고 파정이 안 된 부분도 남아 있으나 파정이 증미의 중심으로 향하여 들어가고 있는 파정이다. 일반적으로 약간 젊은 향기의 국이 좋은 국으로 국 자신의 분해물의 집적은 적고 효소역가는 괘국(掛麴)에 적합하다. 또 국균의 균사가 증미의 중심부까지 파정입이 되고 미립이 효소로 분해하여 연해지고, 누르면 간단히 으깨지는 상태를 바보파정이라 한다. 증미의 수분이 많을 때에 되기 쉽고 효소역가는 도리어 약하고 맛이 지나쳐 술로서는 좋지 않다.

바보파정이 더 과도하게 지나치면 쉽게 허물어지는 것을 반국(飯麴)이라 한다,

팽 창

국을 손으로 쥐었을 때 부푼 모양으로 느껴지는 탄력이 있을 때 팽(膨 : 하레)이라고 한다. 또 국을 입안에서 씹을 때의 감촉이 연하게 느껴질 때도 팽(膨, 하레)이라 한다.

펩타이드(peptide)

펩타이드는 알파-아미노산(α-amino acid)끼리 아미노기의 수소원자와 카복실기의 수산기가 탈수되어 결합한 화합물로 아미노산의 수에 따라 다이(di), 트라이(tri). 테트라(tetra)로 부르고, 총괄하여 폴리펩타이드((polypeptide)라고 한다. 쌀 단백질이 미생물 특히 미국 단백질 분해효소에 의해 분해되어 생성되나 이 계는 저급 펩타이드(peptide)의 생성이고 폴리펩톤 등은 쌀 단백질 이외에 효소 단백질이 기질로 되는 수도 있다. 펩타이드(peptide)는 특별흔 맛을 내는 것은 아니고 청주의 진한 맛, 팽(膨)에 관계하고 청주의 완충능을 부여하는 성분이다.

포도당(葡萄糖)

녹말을 산 또는 당화효소를 사용하여 적당한 조건에서 가수분해하면 최종적으로 그 구성단위인 포도당으로 까지 분해한다. 이 원리에 따라 포도당이 제조되고 있다. 일본의 포도당공업은 1960년부터 효소당화법을 전면적으로 채용하고 있다. 청주업계에 있어서는 그 개개의 목적으로 하는 주질에 따라 또한 증양주(增釀酒)용 조미액의 제조 조작 면에서 각종 포도당을 선택하여 사용한다.

① 고형 포도당 : 파쇄상의 것으로 수분 15% 정도, 당화율 80~84% 정도이다.

② 액상 포도당 : 수분 25~40%, 당화율 60~97%로 여러 가지로 분류되고 있고, 탱크롤리에 의하여 운반되고 있다.

③ 함수결정 포도당 : 수분 8~10%, 당화율 99% 이상이다.

④ 무소결정 포도당 : 수분 0.5% 이하. 당화율 99% 이상이다. 이 외에 고형의 포도당을 분말화한 것으로 수분 10% 이하, 당화율 97% 이상의 것이 있으며 정제포도당이라 부르고 있다. 기타 성분에 대하여는 당류 규격 내의 것이 사용되고 있다.

포스포리레이스(phosphorylase)

녹말, 글리코겐의 가인산분해(가수분해의 물 대신으로 산이 들어간다)를 촉매하는 효소로 해당발효에 중요한 역할을 한다.

포자[胞子 : 분생자(分生子)]

곰팡이류의 번식에는 주로 포자(또는 분생자)에 의하여 이루어진다. *Aspergillus*속에 속하는 국균은 완전세대를 가지지 않기 때문에 유성포자는 만들지 못하고 일반적으로 포자라고 하는 것은 분생자이다. 포자는 적당한 환경에 따라서 발아하여 균사를 신장시켜 결국 균사체를 형성한다.

황국균의 포자 직경은 2～8㎛ 정도의 구형으로 표면에 소 돌기를 가지는 것과 없는 것이 있고, 주조용 *Aspergillus oryzae*는 소 돌기가 없고 표면은 거칠다. 그 초박편을 전자현미경으로 관찰하면 외측은 두꺼운 포자 외벽이고, 그 내측의 엷은 세포막으로 싸여진 세포질에는 핵, mitochondria, 기타 다당질, chitin질 등의 함량이 많다. 외벽에는 이 외에 특수한 물질이 함유되어 있다. 세포질에는 당, 황산 ester, 폴리인산 등이 함유되어 포자 발아의 세포내 기질로서 중요한 역할을 하고 있다.

폭기법(曝氣法)

액체를 공기와 접촉시키는 것을 폭기(曝氣) 또는 기폭(氣曝)이라 한다. 제철, 폐수의 생물처리 등에 사용된다. 폭기법에 의한 제철은 용수에 공기를 불어넣어 용해되어 있는 철분을 제거하는 방법으로 수산화제일철은 공기 중에서 산소에 의하여 난용성의 수산화제이철로 변하여 석출되므로 여과하여 제철된다. 또 중탄산제일철도 기폭에 의하여 탄산가스가 감소되어 수산화제일철로 변하고 그리고 수산화제이철로 되어 석출된다. 기폭은 수온이 낮을 때, 규산이 많을 때, 부식질의 양이 많을 때 제철효과는 낮다. 보통 기폭, 모래여과와 접속하여 제철한다.

품종 고유의 색

양조용 현미의 검사 규격은 특히 품종 고유의 색을 가질 것을 규정하고 있다. 품종 고유의 색이란 매년 식량사무소에서 검사되는 검사 표준품이 이 조건을 구현하고 있는 것으로 해석되고 있고 이 표준품과 대비하고 있다.

프로테이스(protease)

단백질, peptide에 작용하여 펩타이드(peptide) 결합의 가수분해를 촉매하는 효소로서 단백질 분해효소와 동의어이다. 단백질의 펩타이드 사슬을 비교적 임의로 분해하여 여러 종류의 폴리펩타이드(polypeptide)를 생성하는 프로테이스[protease : 프로테인네이스(proteinase)라고도 한다]와 단백질 그리고 폴리펩타이드(polypeptide)의 말단에서 아미노산 단위로 분해하는 펩타이데이스(peptidase)로 대별한다. 또 효소의 활성 중심의 구조와 작용최적 pH에 따라 다시 분류할 수 있다. 식품공업에 있어서 아밀레이스(amylase)와 더불어 중요한 역할을 하고 있는 효소이다. 프로테이스(protease)의 측정은 일정시간 카세인(casein)과 반응시킨 후 생성된 가용성 질소를 페놀(phenol) 시약과의 정색반응으로 정량한다. 보통 타이로신(tyrosine) 단위로 표시한다.

피르브산(pyruvic acid)

분자식 CH_3-CO-COOH, 초산 같은 자극취가 있는 액체의 산으로 효모에 의한 알코올 발효 시에 중간체이고 알코올 발효와 TCA cycle 도입의 분기점에 있다. 피르브산은 청주 술덧 중에는 일반적으로 초기에 증가하고 후반에 감소된다. 또 어느 특정 술덧에는 알코올 첨가에 의하여 급격하게 감소되고 목향(나무향)같은 냄새가 발생하는 경우도 있다. 청주 중의 피르브산 함량은 일반적으로 적고, 향미성분으로서의 중요성은 적으나 술덧 중에서의 피르브산의 거동은 효모의 활성과 생사에 관계가 있고 술덧에 따라 종종의 소장 양상을 나타내므로 술덧 경과의 내용을 판단하는 데 중요한 산이다. 알코올 내성효모를 사용하면 피르브산이 많은 술이 얻어지기 쉽고, 피르브산이 많은 술은 늙었다고 한다.

피에이치(pH)

수소이온(hydrogen ion)의 머리글자 H와 수식의 p(비)를 합한 말로 수소이온 농도를 나타내는 부호이다. 0에서 14까지의 범위로 나타내고 7.0은 중성, 그 이하는 산성, 그 이상은 알칼리성을 나타낸다. 측정에는 pH 시험지 또는 pH 미터를 사용한다. 보통의 담수는 pH가 7부근이고, 이와 같이 물의 pH에 영향을 미치는 것으로는 물의 통과로 오는 지질의 상태(암석토양의 화학조성 등)나 토양중의 탄산가스의 용해 정도 등이 있다. 특히 후자의 경우 지표수(하천수 등)와 같이 탄산가스가 그다지 영향하지 않는 물은 알칼리 쪽으로 기울고, 지하수(우물물 등)와 같이 탄산가스를 많이 함유하는 물은 산성 쪽으로 기운다.

그러므로 수질 분석 시에 채취한 시료의 pH 측정은 신속하게 함과 동시에 탄산가스의 출입에 의하여 좌우되지 않는 pH로 하여 깨끗한 대기에서 충분히 통기한 때에 나타내는 pH를 측정하여 두는 것도 필요하다. 이 pH를 RpH라고 하며 지질의 영향을 잘 반영하고 함유 성분을 추정하는 데 도움이 된다. 일반적으로 pH < RpH이고, 일본 미야스이(宮水)에서는 pH가 6.8～6.9, RpH가 7.2～7.4 정도의 범위이다.

피테이스(phytase)

포스파테이스(phosphatase)의 일종으로 피틴(phytin)을 분해하여 이노시톨(inositol)을 생성하는 반응을 촉매하는 효소이다. 동물, 식물, 곰팡이 등에 존재하나 특히 쌀, 보리 등에 피틴(phytin)을 다량으로 함유하는 물에 많다.

피해립(被害粒)

손상을 받은 알갱이 즉 발아립(發芽粒), 병해립(病害粒), 싹튼 립, 충해립(蟲害粒), 동할립(胴割粒), 기형립(奇形粒), 갈색립(褐色粒) 그리고 쇄립(碎粒) 등을 말한다. 단 양조용 현미에 있어서 동할립을 제외하고 손상 경미로 정미의 품질 그리고 정미 비율에 영향을 미치지 않는 정도의 것은 피해립으로 보지 않는다.

ㅎ

한외여과(限外濾過)

보통의 여과에서는 여과분리하기 어려운 미소한 콜로이드 입자를 분산매에서 여별을 하는 방법이다. 막 필터의 세공 지름이 0.2μm보다 가는 범위를 말한다. 일반적으로 사용하고 있는 것은 폴리에터설폰제의 홀로 파이버형으로 역 세척으로 되풀이하여 재사용이 가능한 것이다. 분획 분자량 30,000 정도에서 단백질 등의 고분자 물질을 분리할 수 있으므로 생주의 효소를 제거하여 생으로 묵히지 않는 술로 할 수 있어 생주처리에 이용되고 있다.

한정흡수(限定吸水)

수분이 낮은 백미[일반적으로는 음양미(吟釀米)])를 장시간 물에 담가 두면 흡수과다가 되므로 시간을 정해 침지를 행하여 흡수를 조절하는 것을 한정흡수(限定吸水)라고 한다. 요점은 백미 흡수 후의 중량을 어떻게 정확한 목표에 가까이 하는가이다. 쌀을 물에서 건져 올린 후 쌀 표면에 부착하고 있는 물 그리고 쌀 사이의 물이 쌀 내부로 균일하게 같은 시간에 흡수되게 하지 않으면 안 된다. 이 때문에 일단 대량의 쌀을 처리하면 흡수에 무리가 생기므로 소량씩 침지할 필요가 있다. 또 물 빼기용 대형 원심분리기를 사용하는 방법도 있다.

해당작용(解糖作用)

당 분자가 무산소적으로 효소분해를 받아 에너지를 발생하는 반응으로 알코올 발효에서는 최종 생성물은 알코올과 탄산가스이고, 동물에서는 유산을 생성한다.

해수성(海水性)

물의 주된 용출 성분의 기원이 해수에 유래되는 것을 해수성이라 하고 Na^{+}, Mg^{+2} 그리고 Cl^{-}이 다른 이온에 비하여 다량으로 용존하고 있는 물이다. 이것에 대하여 그 주된 용존 성분의 기원이 육구(陸丘)의 암석 그리고 토양 등의 풍화 성분에서 유래되는 물을 육수성(陸水性)이라 하고 Ca^{2+}, HCO_3^- 등의 이온이 다른 이온에 비하여 많이 함유되어 있다.

향기성분 고생산(高生産) 효모

1980년대에 들어와 기호의 다양화와 고급화 시대를 맞이하여 청주 분야에서는 음양주로 대표되는 고급주가 비약적으로 늘어났다. 음양 향으로서의 초산 에스터(acetic acid ester)류와 카프론산 에틸(caproic acid ethyl, ethyl caproate) 생성의 메카니즘의 해명 연구에 맞물려 이들 성분의 고생산 균주와 특징이 있는 향기성분을 많이 생산하는 효모의 육성이 이루어 졌다.

아미노산 생합성 조절에 관한 변이균주에서의 육성 예로서 토다(芦田) 등에 의한 루신(leucine)의 analogue 내성 균주에서 isoamyl alcohol을 많이 생산하는 균주의 취득과 그리고 후쿠다(福田) 등에 의한 분기쇄 아미노산 analogue 내성 균주에서 isobutyl acohol, isoamyl alcohol을 많이 생산하는 균주의 분리 그리고 아키타(秋田), 후쿠다(福田)에 의한 phenylalanine analogue인 ortho・meta 및 para-fluorophenyl-alanine 내성 균주에서 β-phenethyl-alcohol, β-phenethyl acetate를 많이 생산하는 균주 분리 등의 성과가 보고되고 있다. 또 아미노산 취입에 관한 변이균주에서 육종 예로는 아키타(秋田) 등에 의한 arginine의 analogue인 엘-카나바닌(L-canavanine) 내성균주에서 isoamyl alcohol, 초산 isoamyl(isoamyl acetate)의 증가가 인정되는 균주의 취득 예가 있다.

한편 사과와 같은 향기를 갖는 음양 향의 주요 에스테(ester)인 카프론산 에틸(ethyl caproate)를 많이 생산하는 균주에 대하여는 이치카와(市川) 등에 의한 협회 9호 효모를 변이처리 후 지방산 합성효소의 특이적 제해제인 세루나틴(serunatin) 내성 균주에서 육성되고 있다. 또 에스터(ester) 분해에 관계하는 에스터레이스(ester-ase)를 적게 생산하는 변이균주의 육종이나 알코올 아세틸 트랜스퍼레이스(alcohol acetyl transferase)의 멀티코피(multicopy) 도입에 의한 초산 아이소아밀알코올(isoamyl alcohol acetate)을 많이 생산하는 균주의 취득도 이루어지고 있다.

헤테로카리온[heterokaryon : 이핵체(異核体)]

곰팡이의 대부분은 생육 중에 균사 세포벽이 마주치면 균사끼리의 융합이 일어나는 수가 있는데 이것을 물합(勿合)이라 한다. 이렇게 되면 핵이 한쪽의 세포에서 다른 쪽으로 이동하여 2종류의 핵을 갖는 새로운 세포가 되는 수가 있다. 이 세포를 heterokaryon이라 하는데 양 어버이 균주의 중간 성질을 나타내고 유전적으로도 불안정하다. 따라서 분생자(分生子)가 착생할 때는 대부분의 분생자는 양 어버이 형으로 되돌아가 일부가 heterokaryon의 분자 중에 남는다. 이 중에서 십만 개~천만 개 중 한 개 정도의 근소한 빈도로 heterokaryon의 분자 중 다른 핵(이배체)끼리 융합하여 헤테로 이배체(이질의 다른 핵이 한 쌍씩 되어 있는 것)의 핵(이배체)으로 되어 안정화 되는 것이 있다.

이 핵이 융합하는 빈도는 heterokaryon의 분생자에 자외선을 조사함으로써 높일 수 있다. 그리고 아주 드물게는 이배체의 핵이 일배체로 되돌아가는 것이 있다. 이 때 유전자의 재조합이 일어나서 재조합체(양친에 나타나지 않는 새로운 유전자의 조합의 개체)가 출현되는 수가 있다. 그런데 특수한 반수체제를 사용하면 이배체를 일배체로 하는 빈도를 높일 수가 있다. 이상과 같이 국균에는 자웅의 양 성기를 사용하는 유성생식의 생활환은 없으나 일배체 → eterokaryon → 헤테로이배체 → 일배체(재조합체)의 생활환이 있고, 이배체 혹은 유전자 재조합이체가 된다. 이것을 준유성생식(파라섹스)라고 한다.

현미(玄米)·백미(白米)

나락을 탈곡하여 외영(外穎), 내영(內穎)등을 이탈한 벼의 종자를 현미라고 한다. 현미를 정미하여 곡피 그리고 배아를 제거한 것을 백미라고 한다. 주식에 제공되는 백미는 곡피 그리고 배아를 제거한 것으로 총 중량의 7~10%를 겨로서 떨어뜨린다. 주조용의 백미는 겨층은 물론이고 배아 외측부의 단백질이나 지방분이 많은 부분을 제거하기 위하여 총 중량의 28~60% 정도[음양주(吟醸酒)용에는 40~60% 정도]를 벗겨서 떨어뜨리므로 희게 되고 작아진다. 농산물 검사에서는 현미를 수도 멥쌀현미, 수도 찹쌀현미, 육도 멥쌀현미, 육도 찹쌀현미, 양조용 현미로 나누어 검사하고 있다.

현미 포장

현미의 포장에 대하여는 농산물검사법에 따라 포장 종류, 중량의 무게가 규정되어 여기에 부수하여 장부 매입가격이 정해져 있다. 이 외에 자유 유통미에 대하여는 flexible container 들이로서 6000~1,200kg의 중량의 것, 낱알 취급 등 별도의 취급이 있다. Flexible container, 낱알 취급 공히 포장과 수송에 대하여는 노력을 경감하고 시간을 단축하는 것이 많다. 취급비용을 싸게 할 수 있다.

현미 형태

현미의 종단면은 그림 10과 같다. 배면과 복면을 연결하는 선을 배복선(背腹線)이

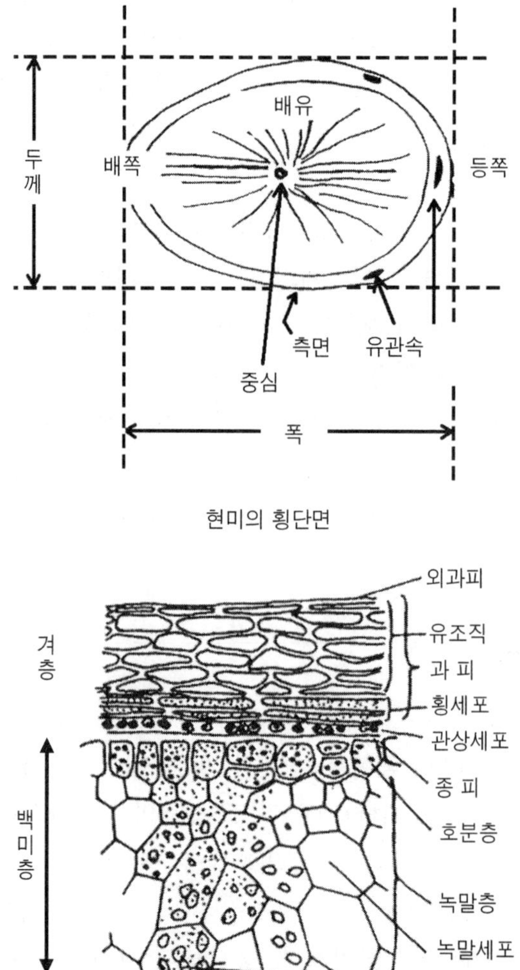

현미의 횡단면

현미의 횡단면 구조

그림 10. 현미의 횡단면

라 하는데 그 선상에 중심이 있고, 배유세포는 중심에 방사상으로 늘어서 있다. 중심은 알맹이의 중앙부(腹側)에 있다. 현미의 정부와 기부의 거리를 길이, 배면과 복면과의 거리를 폭, 양 측면 간의 거리를 두께라고 한다.

현미의 단면은 그림과 같이 더욱 외측에 한 세포층의 표피가 있고, 그 아래에 6~7개 세포층의 유세포조직이 있다. 이 조직은 중과피(中果皮)에 상당한 것으로 완숙미에서의 세포는 반쯤 붕괴하여 해면상으로 되어 있다. 이 중과피의 더 내부의 한 세포만은 세포벽이 비후하여 붕괴되지 않고 정연하게 배열하고 있는데 이것을 횡세포라고 한다. 횡세포 아래의 내과피(內果皮)에 상당하는 세포는 자방의 발달에 따라 오직 종 방향으로 신장하지만 횡 방향으로는 분열증식이나 신장도 하지 않기 때문에 각 세포가 떨어질 수가 없다.

횡단면에서 보면 윤절의 관이 간격을 두고 늘어서 있는 것 같이 보이므로 이것을 관상조직이라 한다. 횡단세포와 관상세포가 십자로 조합하여 과피(果皮)의 선유조직을 만들고 있다. 과피는 복면(腹面)과 배면(背面) 그리고 측면 등이 의지하여 합계 4개의 유관속(維管束)이 있다. 배면의 유관속이 더욱 두껍고 이것이 배유에의 저장질의 수송용 통로로 되어 있다. 다른 3개의 유관속은 가늘고, 이것은 등숙(登熟)에 따라 과피(果皮)의 발달 때문에 영양 수분을 공급하는 파이프이다.

종피(種皮)는 자방 내의 배주(胚珠)의 주피(珠皮)에서 발달한 것으로 완숙 미에서는 각 세포조직은 붕괴하여 한결같이 막상조직으로 되어 있다. 종피의 밑에 얇은 외배유가 있고 종피와 유착되어 있기 때문에 양자를 구별하기 어려우므로 함께 하여 종피(種皮)라고 부른다. 배유(胚乳)는 외 표면에 호분층이 있고, 내부는 녹말 저장세포의 유조직이 있으며 내부일수록 대형 세포로 되어 있다. 호분층은 측면에는 1층, 복면에는 1~2층, 배면의 통로조직 부분에서는 4~6층으로 되어 있다.

호분층의 세포는 소형의 이방형으로 단백질성의 호분립, 효소, 지방 등을 축적하고 녹말은 축적하지 않는다. 호분 층은 발아 시에 녹말을 용해하는 알파-아밀레이스(α-amylase) 등의 효소를 생성하고 발아에 따라 중요한 조직으로 된다. 배는 현미의 기부 복면에 존재하며 발아하여 벼의 신체를 형성하는 기본으로서 배아라고 한다. 배가 현미 중에 차지하는 중량 비율은 2~3%이고, 크기는 보통 장경 1.8~2.1mm이다. 1.9mm 전후의 것이 더 많다. 배가 배유 내로 깊게 매입되어 있는 것과 얇게 붙어 있는 것이 있다. 도정 시 배의 이탈 난이와 관계가 있으며 고미나 조기 재배 미는 배가 이탈되기 쉽다고 한다.

혐기성 발효(무산소성 발효) · 산화발효(산소성 발효)

발효에는 산소를 필요하지 않는 혐기성(무산소성) 발효와 산소를 필요로 하는 산화발효(산소성 발효)가 있다. 효모에 의한 알코올 발효나 혐기성(무산소성) 유산균에 의한 유산발효는 전자의 예이고, 구연산, 푸마르산, 클루콘산 발효 등은 후자의 예이다. 산화발효란 호흡과 혐기적 발효의 중간 즉 유기화합물이 분자상 산소에 의하여 불완전 산화를 받는 반응이다. 이 산화발효는 곰팡이에 의하여 기질과 현저히 구조를 달리하는 화합물 즉 구연산, 푸말산, 수산을 만드는 이차 산화발효와 기질의 직접 산화(탈수소)만이 관여하는 글루콘산 발효나 소보스(sorbose) 발효와 같이 일차 산화발효로 나눈다. 청주효모는 술덧 중에서 혐기적(무산소적) 발효를 행하고 호기적(산소적) 조건에서는 산화발효를 한다. 이와 같이 외부의 환경에 따라 혐기적(무산소적), 호기적(산소적) 발효의 교체를 행하는 것을 통성혐기성 발효라고 한다.

협회효모 영포

일본양조협회가 창시된 1906년에 협회효모는 순수 배양한 청주효모로서 제조가 시작되어 영포가 되었다. 여기에는 1904년에 양조시험소가 창립되어 속양원법(速醸酛法)이 확립되었으므로 순수 청주효모의 영포가 필요하게 된 배경이다.

최초의 영포방법은 주모 한 개 모토(酛 : 모토)에 첨가하는 효모의 소요량을 병조림하여 영포하였다. 1916년까지는 갑종 청주 주모 효모(병조림)로서 영포하였으나 1917년 이후는 제1호에서 제6호까지 종별번호를 가하여 각종 효모가 공급되고, 1940년에는 제6호 효모만이 영포되다가 그 후 제7호・제8호・제9호・제10호・제11호・제12호・제13호・제 14호・제15호・Karg-9호 효모가 차차로 현재에 이르기까지 앰플(1968년 이후)로 영포되어 협회 앰플 효모라고 부르고 있다. 이것은 배양 종료 직후의 효모를 제균한 수도수로 2회 세정하여 제균 수에 현탁하여 무균적으로 앰플 한 개당 10mℓ씩 봉입한 것으로 효모 농도는 2×109/mℓ이다. 거품이 없는 효모에 대하여는 사용을 희망하는 주조업자와 협회가 사용규주에 대한 계약을 맞고 협회 601호・701호・901호・ 1001호의 네 종류기 영포하고 있다.

협회 1호 효모(酵母)

1906년에 타카하시(高橋)에 의하여 사구라(櫻) 정종의 주모에서 분리된 것이 협회 1호 효모이다. 형태는 큰 타원형의 세포가 많고 드물게는 변형된 길고 가는 세포도 있다. 덱스트린(dextrin), 마노스(mannose), 갈락토스(galactose) 그리고 유당을 발효한다. 양조적인 특징으로는 성질은 강건, 향기는 평범하나 고온에 적합하여 발효 경과는 순조롭다. 요점은 보통형의 청주효모라는 것이다. 1916년에 시용된 이후 1935년까지 일본 양조협회에서 갑종(甲種)의 병조림 청주효모로서 영포되었다.

협회 2호 효모(酵母)

협회 2호 효모는 메이지(明治) 말기 경((1911년)에 월계관(月桂冠)의 신주에서 분리되었다. 형태는 소형이나 아주 원형의 세포이다. 현미경하에서 한번 보면 다른 효모와 구별할 수가 있다. 생리적으로도 다른 협회 효모와 현저히 다르고 염색율이 높다. 양조적인 특징으로는 처음은 발효가 완만한 것 같이 보이나 후에는 발효가 왕성하고 저온에 알맞으며 또 거품이 가볍고 향기가 우량하다. 1917년부터 1939년까지 영포되었다.

협회 5호 효모(酵母)

히로시마(廣島)의 카모쓰루(加戊鶴)의 주모로서 신주에서 온화하고 1935년경에 분리되었다. 형태는 장 타원의 세포가 많고 다른 효모와 구별할 수 있다. 양조용의 특징은 발효능력이 왕성하고 거품이 아주 점조하다. 향기가 특히 우량하여 과실 같은 방향을 내는 수가 많다. 중온, 저온에 알맞다. 1925년부터 1936년까지 영포되었다.

협회 6호 효모(酵母)

협회 6호 효모는 아키다현(秋田縣)의 아라마사(新政) 주조(酒造)에서 1935년경에 고아나 (小穴)에 의하여 분리되었다. 순한 향을 발생하고 용부(湧付 : 와키쓰키) 전후에 있어서 과실 같은 향을 방출하고 발효능력도 왕성할 뿐만 아니라 제성주의 방향을 주어 지미를 낸다. 세포의 크기는 5.0～7.7㎛ × 3.6～4.6㎛으로 형태는 난원형이다. TTC 염색은 적색으로 pan-tothenic acid의 요구성은 플라스이며, 거대 콜로니는 중앙이 오목하고 가늘고 방사상의 주름이 있다. 6호 효모는 당의 소비기 좋고 상면효모적인(호흡능이 강하고 발효능력은 비교적 약하고 피막형성이 강하다) 성질을 많이 갖추고 있다. 1935년부터 일본 양조협회에서 영포되고 있다.

협회 7호 효모(酵母)

협회 7호 효모는 1945년에 야마다(山田) 등에 의하여 나가노현(長野縣)의 미야자키(宮崎)양조(주)에서 분리되어 마스미(眞澄) 효모로 알려졌다. 협회 6호 효모와 아주 유사하고 세포의 크기는 4.9～7.9㎛ × 3.8～5.5㎛로 난원형의 구상을 띠고 TTC 염색은 적색이다. 거대 콜로니는 중앙이 오목하고 거친 방사상의 주름이 있다. 당 소비는 협회 6호 효모보다 떨어지고 향기는 화려하고 음양향이 높다. 협회 7호 효모는 하면효모적인(호흡능이 비교적 약하고 발효능이 강하며 피막 형성능이 약간 약하다) 성질을 갖추고 있다.

현재 가장 많이 사용되고 있는 청주효모이다. 현재의 협회 7호 효모의 특성은 무기질소원 배지에서 35℃에 배양한 것은 판토텐산(pantothenic acid)을 필수로 요구하고 베타-알라닌(β-alanine)에 의하여 대체되지 않는다. 다른 청주효모와 마찬가지 조건에서 판토텐산(pantothenic acid)을 요구하여도 베타-알라닌(β-alanine)으로 대체된다. 그런데 협회 7호 효모도 25℃ 이하의 배양에 있어서는 베타-알라닌(β-alanine)

배지에서 증식이 가능하다. 이 성질을 이용하여 다른 청주효모(주로 협회 6호 효모), 협회 7호 효모를 식별하는 것이 가능하여 청주공장에서 협회 7호 효모의 순도를 측정할 수 있다.

협회 8호 효모(酵母)

협회 8호 효모는 쓰카하라(塚原)에 의하여 1960년에 협회 6호 효모의 변이균주에서 분리되었다. 협회 6호 효모보다 발효가 순한 형의 효모로 좋은 향을 방출한다. 세포의 크기는 5.0～7.5㎛ × 3.4～6.1㎛로 TTC 염색으로 진한 도색을 띠고 거대 콜로니는 표면 평활로 방사상 주름이 거의 없다. 1968년부터 영포는 정지되었다.

협회 9호 효모(酵母)

1953년경에 野白에 의하여 구마모토현(態本縣) 주조연구소의 술덧에서 분리된 구마모토(態本) 효모로 1968년부터 협회 9호 효모로서 일본양조협회에서 영포되어 현재에 이르고 있다. 음양(吟釀) 제조에 알맞다. 세포의 크기는 5.4～7.5㎛ × 4.6～5.0㎛이며, 형상은 난원형이다. TTC 염색은 적색이고 거대 콜로니는 중앙에 오목하고 깊으며 치밀한 방사상의 주름이 있다. 양조상의 특징은 저온에서 잘 발효하는 효모이고 낙포(落泡) 이후도 발효능력이 강하다. 거품은 가볍고 더욱이 낮다. 지(地)가 되는 것도 빠르므로 전급단기형(前急短期型) 술덧으로 되기 쉽고, 제정주(製成酒)는 산도도 적고 향기도 높다.

협회 10호 효모(酵母)

1952년 오가와가 도후쿠(東北) 6현의 양조장 술덧에서 분리된 효모 중 특히 성질이 우수한 것을 1958년경부터 이바리기현(茨城縣) 식품시험장과 메이리(明利)주류 주식회사에서 제조 판매하였으나 1977년부터 협회 10호 효모로서 영포되어 현재에 이르고 있다. 본 효모의 성질은 지금까지 사용해온 협회 효모보다 산 생산이 적고 음양향(吟釀香)도 높은 것이 특징이다. 술덧의 경과는 저온 장기형(長期型)이 바람직하고 급수는 충분히 하는 것이 좋다.

협회 11호 효모(酵母)

1975년경 하라(原)씨가 협회 7호 효모에서 분리한 알코올 내성이 강한 효모이다. 1978년경부터 영포되었다. TTC 염색에서, 베타-알라닌(β-alanine) 배지에서의 생육성 이외에 일반적인 성질은 거의 협회 7호 효모와 변하지 않으나 술덧의 말기에 있어서 알코올 첨가 후의 효모의 사멸율이 낮다. 제성주는 일반적으로 아미노산도가 적고 색이 희박하며 저장 중에 착색이 적다는 특색이 있다. 그러나 산의 생성은 약간 높은 경향이 보인다(특히 피르브산과 사과산). 또 양조 시에는 이 효모가 killer 내성을 가진 것으로 야생 killer 효모에 오염될 위험이 적다는 우수한 특성을 가진다.

협회 12호 효모(酵母)

1966년경에 미야기현(宮城縣)의 우라가스미(浦霞) 양조장에서 분리된 효모로 방향이 높은 음양주 지향의 효모이다.

협회 13호 효모(酵母)

1981년경, 하라(原) 씨가 협회 10호 효모와 협회 9호 효모의 교배 균주에서 분리하였다. 발효경과는 협회 9호 효모에 유사하고 저온 단기 또는 저온 중기형 술덧에 알맞다.

협회 14호 효모(酵母)

카네자와(金澤) 국세국 관내에서 사용된 카네자와(金澤) 효모 군에서 음양향(吟釀香) 생성능이 높은 균주로서 선택된 효모이다. 1995년 주조년도로부터 일본양조협회에서 전국적으로 영포되었다. 성질은 협회 9호 효모와 유사하나 증식능력, 산 생산성, 향기 생성능력에 있어서는 차이가 난다. 특성으로는 산이 적고 저온 중기형의 술덧의 경과를 취하는 것을 알 수 있다. 고도 정백으로 저온경과를 취하는 음양주(吟釀酒), 순미주 등의 특정 명칭 주 제조에 알맞은 효모이다.

협회 15호 효모(酵母)

아키다현(秋田縣) 양조시험장이 육성한 음양용 효모 아카다류(秋田流)·꽃 효모(花酵母 : AK-1)가 1996년도부터 협회 16호 효모로서 전국으로 영포되었다. TTC 염색법은 적색, 베타-알라닌(β-alanine) 배지에서 35℃에서 증식하지 않는다. 또 말토스(maltose)의 발효성, 자화성이 강하고 알파-에틸글루코사이드(α-ethylglusoside)의 자화성이 약한 것과 카프론산 ethyl(ethyl caproate)의 생산성이 높은 성질을 가지고 있는 것으로 협회 7호 효모의 자연돌연변이 균주로 생각되고 있다. 거품이 없는 성질이고 유기산 생성이 적은 것 등이 특징이다. 저온 장기형의 발효에 적합하다고 한다.

형질(形質)

피부의 후박(厚薄), 충실도, 질의 경연(硬軟), 알갱이 정립(整粒), 입형, 광택 그리고 살결, 심백(心白) 그리고 복백(腹白)의 정도를 말한다.

호화(糊化 : α화)·노화(老化 : β화)

녹발에 물을 가하여 가열하면 특히 녹말 단위는 물을 함유하고 팽윤하여 점차로 늘어나면서 넓어지려고 하고 이어서 붕괴하여 호상으로 된다. 이와 같은 일련의 변화를 호화라고 한다. 생 녹발은 규칙적인 결정 구조를 가진 베타(β)-녹말로 호화한 것은 결정이 붕괴되어 알파(α)-화라고 한다. 녹말은 알파(α)화 하므로 효소에 의한 소화가 받게 쉽게 된다. 알파(α)-화한 녹말을 저온에 두면 다시 결정구조가 되돌아가 베타(β)-화로 된다. 이 현상을 녹말의 노화라고 한다.

주조 용어에서 증미의 노화란 알파(α)-화한 증미를 방치하므로 증미가 경화하여 소화성이 저하되는 것을 말한다. 증미의 노화와 증미 녹말의 노화란 반드시 일치하지 않고 증미를 방랭 방치하므로 조직이 경화하여 증미의 소화성이 저하되는 원인으로 된다. 증미를 방치하므로 소화성이 저하되는 정도를 노화라고 한다. 노화도는 다음 식으로 산출한다.

$$\text{노화도} = \frac{\text{증자 직후의 소화성} - \text{방치 후의 소화성}}{\text{증자 직후의 소화성}} \times 100$$

증미의 경우 흡수성이 좋을수록 소화성은 좋으나 노화도는 크다. 쌀 녹말을 단독으로 호화, 팽윤시킬 때는 용적이 약 60배로 된다고 하나 주미를 증자하는 경우는 흡수 팽윤과 더불어 알맹이라는 제약 하에서 이루어지므로 용적의 팽창은 적다. 주조용으로 사용되는 증미는 최종의 용해잔사를 적게 할 필요가 있으나 효모의 증식, 발효에 필요한 당분을 이들에 필요한 분만큼 알맞게 조절하면서 제공될 수 있게 조절하면서 제공되게 증미를 알맞게 노화시켜 사용하는 여러 가지 방법이 있다.

호흡형 효모(酵母)

효모는 호흡형 또는 발효형식의 어느 당 대사경로에 따라 생활 에너지의 획득이 가능하고 배지 중에 충분한 통기를 행하여 산소를 충분히 제공하여 배양하면 산소 호흡형이 왕성한 호흡형 효모로 된다. 산소 호흡의 강약은 호흡능력(QO_2)으로 나타내고 포도당을 기질로 한 건조 균체 1mg에 상당하는 균체가 60분간에 호흡하는 산소량을 mm^3(㎕)로 나타내는 값을 사용한다. 청주양조에 효모 담금으로서 사용하는 통기 배양한 효모는 주모 중에서 증시한 효모에 비하여 NAD, CoA 함유량이 많고 호흡능력도 현저히 많다.

그러나 이 호흡형 효모는 술덧 초기에 현저히 증식을 나타내나 그 후 빨리 발효형 효모로 변화하는 것으로 생각된다. 주모 혹은 술덧과 같이 산소의 결핍상태 하에서 효모는 호흡능이 작고 알코올 발효능력이 큰 발효형 효모로 된다. 발효능력의 강약은 발효능력(QCO_2)으로 나타내고 호흡능력과 마찬가지로 발생하는 탄산가스 양을 mm^3(㎕)로 나타낸 값을 사용한다.

화락(火落)

청주의 변패현상을 말하며, 청주에 화락균이라 함은 특수한 유산균이 번식하는 청주는 백탁(白濁)하여 일반적으로 산의 생성 특이 냄새(화락취, 火落臭) 발생을 동반하여 음용으로 할 수 없게 되나 균의 종류에 따라 이들의 정도는 다르다. 산은 생성하나 향의 변화가 적은 경우라든가 산의 생성은 적으나 향기의 변화가 심한 경우 등 여러 가지 양상을 나타낸다. 이와 같은 청주의 변패현상을 화락(火落)이라 하고, 이와 같은 현상이 나타나는 것을 불(火)이 온다고 한다.

화락균(火落菌)

대다수의 시판 술은 알코올분이 15% 정도로 이와 같은 알코올 농도 중에서는 일반 세균은 생육할 수 없다. 그러나 화락균(火落菌)은 알코올 내성이 강하고 청주 중에서 쉽게 증식할 수 있는 특수한 유산균으로 그 생육 최적온도는 28～30℃이다. 화락균은 발효형식에 따라 헤테로(hetero)형과 호모(homo)형으로 나눈다. 그리고 생육시의 메발론산(mevalonic acid)의 요고성의 유무에 따라 진성 화락균과 화락성 유산균으로 분류되고 있으나 그 후 호모(homo)형 진성 화락균 중에 메발론산(mevalonic acid) 비요구의 균주가 발견되었다.

현재는 화락성 유산균 생육 최적 pH는 중성 부근이고 알코올에 의하여 생육촉진효과가 없는 것, 진성 화락균은 pH 5.5 사이의 배지에서 생유하지 않고 알코올에 의한 생육 촉진효과가 인정된다. 또 호모(homo)형은 글루코스(glucose), 마노스(mannose)에 대하여, 헤테로(hetero)형은 글루코스(glucose), 프럭토스(fructose)에 대하여 강한 자화성을 나타나는 것이 특징으로 되고 있다. 알코올 내성의 순위는 ① 호모형 진성 화락균, ② 헤테로형 진성 화락균, ③ 화락성 유산균이다.

화락균의 검사법

(1) 백탁 청주 : 이미 백탁(白濁)되어 있는 청주가 화락에 의한 것인가 백탁(흰 앙금)에 의한 것인가를 판별하는 것은 현미경 관찰에 의하거나 가열에 의해서도 판별할 수가 있다. 즉 가열에 의하여 투명하게 되는 경우는 백탁(흰 앙금)이다.

(2) 화락예지법 : 투명한 청주가 장래 화락될 것인가 아닌가를 조기에 발견하는 것은 다음과 같은 방법이 있다. 더욱 간단한 방법은 청주에 가수하여 알코올 농도를 10～15%로 하여 정치하고 화락 향이나 백탁의 발생을 본다. 또 소량의 청주를 시험관이나 LB 카운터(10㎖ 들이의 직방체의 플라스틱제 용기) 등을 사용하여 화락배지에 배양한다. 혹은 100～300㎖의 청주를 막 여과기로 흡인 여과하여 이 집균된 필터를 화락균 배지에 배양한다. 이 방법이 더욱더 검출감도가 높은 것이다.

이외에 청주에 간편 등의 화락 촉진물질을 가하여 백탁의 발생을 보는 방법이나 막 필터 상에 집균하여 오일을 적하하여 검경하는 방법 혹은 청주에 가성소다를 가하여 pH를 올리고 백탁시켜 원심분리한 침전물을 포집하여 유산을 1～2방울 가하여 투명한 것을 검경하는 방법 등이 있다.

화락(火落) 내성

청주의 화락에 대한 내성으로 화락 내성이 좋은 술과 화락이 어려운 술을 말한다. 술에 따라 화락균이 요구하는 미량 성분(비타민 B_2, 메발론산(mevalonic acid), 함질소화합물 등) 함량이 차가 생기는 것으로 생각한다.

화락성 방지물질

청주 방부제로서 이전에는 살리실산(salicylic acid)만이 사용을 인정하였으나 인체에 대한 악영향으로 현재로는 사용이 금지되어 있다. 화락균의 생육을 저지하는 물질로는 지금까지 여러 종의 항균제나 항생물질 등의 화락성 방지효과가 조사되어 왔으나 실용화에 이르지는 못하였다. 비교적 효과가 있었다고 하는 물질로서는 파라-옥시벤조산(p-oxybenzoic acid), 라우릴산황산나트륨(sodium lauryl sulfate), 메티실린(methicillin), 미카마이신(mikamycin), aspergillic acid 등이 있다.

최근 화락균이 유산균의 일종이라는 사실에서 유산균이 생산하는 항생물질 박테리오신(bacteriocin)이 주목되고 있다. 박테리오신(bacteriocin)은 유연 균에 대하여는 효력을 갖는 펩타이드 혹은 단백질이다. 여러 유산균 유래 박테리오신(bacteriocin)은

열 안정성을 나타내고 펩신(pepsin)이나 트립신(trypsin)같은 프로테이스(protease)로 분해하기 때문에 가열된 술 충전에 의한 분해가 없고 제품화 후의 보존기간도 항균효과의 지속이 기대되고 체내에 취입된 박테리오신(bacteriocin)은 소화기계 효소에 의하여 분해하므로 인체에 미치는 영향은 없다고 생각한다. 박테리오신(bacterocin)은 용균을 동반하지 않는 살균작용에 의하여 항균효과를 나타내기 때문에 용균에 의한 화락균 균체 성분의 누출이 없고 주질의 변화 없이 화락균 생육억제 효과가 기대된다.

화입(火入 : 살균)

청주를 가열하여 미생물을 살균함과 동시에 청주 중에 잔존하는 효소를 파괴하고 숙도 향미 등의 조절을 꾀하여 청주의 보존성을 높이기 위하여 행하는 조작이다. 보통 압착 여과한 신주를 62～68℃로 가열하여 저장탱크에 보내 밀폐 저장한다. 이 조작은 파스퇴르가 포도주의 보존성을 높이기 위하여 발견한 소위 저온살균법과 동일한 것으로 일본에서는 그보다 300년 전 1560년경에 이 방법이 행해지고 있었다. 화입 시에 소비된 증기의 총 열량에 대한 술이 흡수한 총 열량의 비를 %로 나타내는 값을 열효율이라 한다. 판형 히터나 사관에 의한 열효율은 좋으며 사관 69.7%, 판형 히터 92%의 수치가 보고되고 있다.

환 기

국실의 공기온도, 습도, 산소량을 조절하기 위하여 천장, 환기 팬 등을 조작하여 공기를 넣는 것을 말한다. 외기를 도입할 때는 팬히터 등으로 온풍을 보내게 한다.

활성탄(活性炭)

활성탄은 원료에서 분류하면 식물탄(톱밥, 목재, 야자박 등)과 동물탄(골탄, 혈탄 등)으로 나눌 수가 있으나 청주에 사용하는 것은 일반적으로 식물탄이다. 활성탄은 여러 물질을 흡착하기 때문에 주류의 탈색, 향미 조정 등 청주제성 그리고 주질의 교정에 사용된다. 원료를 탄화하여 검정 분말은 거의 순수한 탄소 그대로는 흡착력이 약하므로 이것을 부활시켜 다공질의 흡착력이 큰 활성탄으로 한다.

부활법에는 가스에 의한 것과 약품에 의한 것의 두 가지 있다. 가스 부활법의 대표적인 것은 수증기법이고, 약품 부활법의 대표적인 것은 염화아연법이다. 어느 부활법의 경우도 세정에 의하여 불순물을 제거한 탄소를 건조시키고 나서 분쇄한다. 분쇄로 될 때까지가 분말 활성탄이고, 분말에 이르기까지의 입상으로 마무리 한 것이나 일단 분말한 것에 조립제를 가하여 적당한 크기로 조립한 것이 입상 활성탄이다. 활성탄은 그 원료의 차이만이 아니고 형상의 차이에 따라 탈색 탈취 등 성능에 큰 차가 생기게 된다. 주조용의 활성탄에는 ① 색이 되돌아오는 것을 방지하기 위하여 중금속류 특히 철의 함량이 적을 것, ② 탈색력이 강할 것. ③ 침강성, 여과성이 좋을 것, ④ 탄취가 옮겨지지 않을 것 등이 요구된다.

황국균

황국균(*Asprgillus oryzae* 그룹)은 국균의 대표적 종균으로 일본에서는 청주, 된장(味噌), 간장(醬油), 미린(味醂) 등의 제조에 종균으로서 옛날부터 사용되고 있는 중요한 곰팡이다. 균총(콜로니)은 초기에는 배색이나 포자(분생자)가 생기면 황색에서 황록색으로 되고, 오래 되면 갈색을 띤다. *Aspergullis oryzae, Asp. tamari, Asp. sojae* 등이 여기에 속한다.

황산염

황산염은 황산이온(SO_4^{-2})으로 나타내고 해수 중에 2660ppm 함유되어 있다. 일본의 하천 수에는 평균적으로 약 15ppm 전후 함유된다고 한다. 그 기원은 명확하지 않으나 풍송염(風送塩), 암석・토양에서의 용출, 해수의 영향 등이 추측되고 그 양을 관측하는 것은 지하수의 동향을 아는 데 중요하다.

황화수소 취(臭)

용부(湧付 : 와키쓰키) 이후의 주모나 술덧의 고포(高泡) 시 혹은 알코올 첨가 후에 황화수소 냄새의 발생 메카니즘은 밝혀져 있지 않으나 이 냄새에는 불쾌하여 싫어한다. 효모가 급격하게 증식되어 품온이 상승할 때 발생되기 쉽고, 이 경우의 황화수소는 언젠가 소실되므로 걱정할 필요는 없다. 변질 술덧에서 황화수소가 발생할 때는 간단히 소실되지 않는다.

효모(酵母)

술덧 담금에 있어서 다량의 효모와 적량의 유산이 존재하면 반드시 주모의 형을 필요하지 않다는 사실에서 초첨(初添, 1단 담금) 시에 주모 대신 별도로 배양한 효모(액상, 니상, 고형)와 유산을 첨가하는 담금법을 효소 담금이라 한다. 보통 담금 총미 1톤당 40~60g의 압착효모를 급수 100ℓ당 300~500㎖의 유산을 가하여 첨가담금을 하여(담금 온도 14~16℃), 이후는 주모 사용의 경우와 마찬가지로 담금을 한다. 때에 따라서는 2일용(踊 : 오도리)을 하는 수도 있다. 이 방법에 의하면 주모제조가 필요 없으므로 양조기간의 단축과 성력화가 되고 또 주질도 주모 사용의 것과 큰 차가 없으므로 최근에 많이 채용되고 있다.

효모검사

주모, 배양효모, 고형효모, 술덧 등의 품질관리에 효모의 검사는 유력한 수단이다. 효모의 검사법으로서는 보통 다음과 같은 방법이 사용된다.

(1) 효모 순도 : 배양하려고 접종한 효모가 다른 종류의 효모에 오염됨이 없이 어느 정도 순수하게 증식하였는가를 총 효모 수에 대한 배양을 목적으로 한 효모 수의 백분율로 나타낸 것이다. 최근 청주양조에는 협회 6호 효모 혹은 협회 7호 효모가 사용되는 수가 많고 TTC 염색법에 따라 쉽게 야생 효모와의 식별이 가능하다. 그리고 7호 효모 검출배지(β-alanine 배지)를 사용하므로 효모의 순도 측정은 용이하다.

(2) 효모수 : 효모의 증식한계는 일정의 조건하에서 거의 불변이기 때문에 효모 수의 측정은 주모 그리고 술덧 관리에는 대단히 중요하다. 효모 수는 혈구 계산기를 사용하여 계수한다. 생원계(生酛系) 주모의 10일째에서 1～4 × 104/mℓ, 팽(膨 : 후쿠레) 시에서 1～2 × 107, 용부(湧付 : 와키쓰키) 시에서 1 × 108/mℓ이다. 속양계(速釀系) 생원계(生酛系)보다 전체 경과를 통하여 약간 많고, 숙성 시에는 1.6～2.0 × 108/mℓ이다. 생존 효모 수의 측정은 혈구 계산기 배양법이 있다.

(3) 메틸렌 블루(methylene blue) 염색 : 효모의 죽은 세포를 조사하는 데는 메틸렌 블루(methylene blue) 염색을 한다. Wehmer에 의하면 0.5% 메틸렌 블루(methylene blue)용액은 효모의 죽은 세포를 인디고 블루(indigo blue) 염색한다고 한다. 메틸렌 블루(methylene blue) 염색율은 총 세포 수에 대하여 염색한 세포 수의 백분율로 나타낸다. 종래에는 이것을 효모의 사멸율이라 하였다. 주모 혹은 술덧의 효모 사멸을 조사하는 데는 수도수로 희석하고 묽은 알칼리 용액으로 미산성으로 될 때까지 중화하여 1/10000～1/5000 메틸렌 블루(methylene blue) 용액으로 염색한다.

(4) TTC 염색 : 나가이(永井) 등의 연구에 의하면 호흡결손 세포의 검사에 사용되는 시험법이었으나 청주효모의 순도의 판정에 이용되고 있다. 1% 글루코스(glucose)를 함유한 펩톤 효모 엑기스 한천배지(TTC 하층배지) 상에 200～200개의 공시 효모세포를 도포 배양하여 콜로니가 직경 2mℓ 정도로 생육할 때

TTC(2,3,5-trithenyl tetrazolium chloride 약어)를 1mℓ 중 1mg 함유 1.5% 한천배지(TTC 상층배지)를 중층하고 30℃에서 3시간 후에 콜로니의 염색 정도를 검사한다. 청주효모는 심홍색으로 호흡능 결손효모는 백색으로, 야생효모는 거의 대부분 도색 내지 백색으로 염색된다.

(5) 고형 효모시험 : 주모 생략 담금에 사용되는 효모는 주모와 달리 세포오염에 대한 방어력이 없기 때문에 수송 혹은 저장 중에 세균이 증식될 가능성이 있고 또 효모의 생균수, 증식능 일수의 경과와 더불어 저하됨으로 사용 시에는 세균산도, 세균수, 산 생산균 검사, 메틸렌 블루(methylene blue) 염색율, 생균수, TTC 염색 등에 대하여 검사할 필요가 있다.

(6) β-alanine법 : 협회 7호 효모와 다른 청주효모(주로 협회 효모)를 식별하는 방법으로 현재의 협회 7호 효모의 특성인 무기질소원 배지에서 35℃의 배양에서 판토텐산(pantothenic acid)을 필수로 요구한다. 베타-알라닌(β-alanine)에 의하여 대체되지 않고 25℃ 이상의 배지에서는 베타-알라닌(β-alanine)으로 대체된 배지에서도 증식이 가능하다는 성질을 이용한 것이다. 현재 협회 7호 효모는 주조장에서 사용빈도가 아주 높으므로 TTC 염색법과 조합하여 행하는 협회 7호 효모의 순도검사는 비교적 간단한 방법이며 양조관리에 대단히 유효한 수단이다.

효소제 담금

최근 각종 효소제의 개발이 진보됨에 따라 국의 대체로서 사용하게 되었다. 일본 국세청 통달에 따르면 원료 중량의 1,000분의 1 이하의 효소제를 사용하는 것이 인정되고 있고 실제로는 삼단 담금 국의 일부 또는 전부의 대체로서 사용하는 이외에 각 단계의 국의 보강, 사단 담금의 당화 등에도 이용되고 있다. 일반적으로 효소제 담금의 청주는 아미노산이 적고 색도 묽은 것이 특징이다. 양조과정 중의 국의 역할에 대하여는 효소 공급원 이외에 효모에 대한 영양물질 보조원 그리고 정미성분으로서 중요하지만 반면 여러 가지 문제점도 있으므로 국의 대체로서 효소이용의 연구가 진행되고 있다.

효소제제(酵素製劑)

공업용, 의약용 등에 사용되고 있는 효소로 아밀레이스(amylase), 프로테이스(protease) 등 미생물 기원의 가수분해 효소가 주이다. 주조에서는 아밀레이스(amylase)계의 효소제가 국의 대체, 효소역가 보강, 감주 사단 담금의 대용으로서 액화, 당화에 사용되고 있으나 미국과 병용하는 경우도 있어 효소제의 사용 총량은 원료 중량의 1000분의 1 이하로 제한되고 있다. 여러 종의 미생물 기원의 효소를 단독 혹은 조합한 효소제로서 시판되고 있다.

흑색주박(黑色酒粕)

박의 표면에 검정 혹은 갈색의 반점이 나타나는 것을 흑색 박이라 한다. 흑색 박은 박이 공기에 접촉되어 수일 후에 나타나고 막의 상품가치가 저하되므로 싫어한다. 흑색 박의 발생은 알코올 첨가 전의 술덧을 여과하여 잔사를 수일 방치하므로 미리 알 수 있다. 흑색 박의 발생원인은 국균이 생산하는 신화효소 때문에 제국조건과 관계가 깊은 국균 종에 의하여 갈색 되기 쉬운 것과 갈색 되기 어려운 것이 있다. 이것을 방지하기 위하여 갈색성이 작은 종균을 선정하고 산소공급이 적은 제국법이 바람직하다(갈변성 국 참조).

흑식립(黑蝕粒)・흑식미(黑蝕米)

벼의 성숙기간 중 벌레나 선충의 피해를 받아 흑색 또는 갈색으로 착색된 알갱이를 말한다. 벌레의 경우는 반점이 생기고, 선충의 경우는 쐐기형의 점으로 남아 어느 것이나 피해가 심하며, 정미 시 쇄미로 되거나 경미한 것은 백미에 점으로 남는다.

흡수비율

백미를 물에 담글 때 흡수속도를 보는 하나의 지표로 효소에 의한 피소화성과 높은 상관관계를 나타내고 흡수율과 마찬가지 주미로서의 적부를 측정하는 중요한 인자로 되어 있다. 그 측정은 백미를 일정 조건에서 물에 침지하여 거의 흡수작용이 종료되는 시점과 그 사이의 중위 점의 흡수율을 구하여 그 비를 흡수율 비로 한다. 주미 연구회에서는 흡수시간은 20분과 120분을 채용하고 흡수율 비(23분/120분)로 표시한다. 흡수속도가 빠를수록 값은 1에 가깝게 된다. 10분의 흡수율은 흡수량을 나타낸다. 일반적으로 심백미(心白米)는 흡수속도가 빠르고 흡수비율은 크다.

흡수율

백미를 물에 침지 할 때 흡수하는 수분중량을 공시(供試) 백미중량으로 나눈 값(%로 표시)을 흡수율이라 한다. 백미의 흡수율은 효소에 의한 증미의 피소화성과 높은 상관관계를 나타내고, 흡수율이 높은 쌀일수록 잘 용해하는 경향이므로 주미로서의 적부를 예측하는 중요한 지표가 된다. 측정은 백미를 일정조건에서 침지, 물 빼기 하여 증가 중량에서 구하여 산출한다. 흡수율은 백미 수분, 심백(心白)의 유무, 단백질 함량 등에 따라 차가 생기나 일반적으로 심백미, 단백질 함량이 적은 쌀은 흡수율이 높다. 또 백미 수분과는 고도로 역 상관 관계하여 백미 수분이 적을수록 흡수율은 높아진다.

백미 수분이 1% 증가하면 흡수율이 약 3% 감소한다고 한다. 주미연구회에서는 백미 10g을 정평하여 미리 중량을 측정한 침지관에 취하고 25℃의 물 60～100㎖에 침지하고 15℃에서 20분간 그리고 120분간 방치 후 침지관을 원심분리기를 사용하여 회전수 3,000rpm 정도, 회전시간 3～5분 정도로 되는 조건에서 원심분리 후 곧 바로 정치하여 20분간 침지 후의 흡수율(흡수속도), 120분 침지 후의 흡수율(최대 흡수량)을 각각 구한다.

흡착수지(吸着樹脂)

용액의 정제 탈색에 사용하는 수지를 말한다. 청주 중의 철 이온이 혼입하면 페리크리신(ferrichrysin)의 생성에 의한 적갈색의 착색현상이 일어난다. 이것의 탈철법(脫鐵法)으로 폴리페놀(polyphenol)계 수지가 흡착수지로서 사용되고 탈철, 탈색이 행해진다. 흡착수지는 청주의 통액량을 수지량에 대하여 100배 전후로 하여 연속 여과방식의 장치에 충전 사용한다. 통액속도 SV는 4～10(1시간당 수지량의 4～10배)을 표준으로 하고 있으나 흡착효율을 좋게 하기 위해서는 SV를 작게 하고 그리고 탈철율(脫鐵率), 잔존 철 농도에 의하여 SV를 바꾸는 것도 필요하다. 처리 주에 특이 냄새는 없으며, 잡미가 제거되고 호박산이 흡착 제거되어 화락균의 생육도 방지된다.

제 3 부

특허청 전통주

1. 일반 단양주(單釀酒)의 제조

주원료 : 멥쌀, 찹쌀, 누룩

부원료 : 밀가루, 엿기름 등

제조법 : 일단 담금에 의한 곡주의 제조방법으로 멥쌀, 찹쌀 등을 흰무리 떡, 고두밥(지에밥) 또는 물송편 형태로 찌거나 죽을 쑤어 누룩과 함께 잘 혼합하여 술을 빚는다. 누룩을 넣을 때 엿기름, 밀가루 등을 첨가하기도 한다.

[실시 예]

〈예 1〉 동동주(부의주)

원 료 : 찹쌀

제조법 : 고두밥, 누룩, 엿기름에 물을 섞어 빚은 다음 더운 곳에 두어 숙성시킨다. 품온이 너무 높아지지 않게 유지하여 5일이 지나면 술이 맑게 익고, 15일이 경과하면 술덧이 잠잠해지고 쌀알이 동동 뜬다.

〈예 2〉 이화주

원 료 : 멥쌀

제조법 : 물에 불린 멥쌀을 가루 내어 덩이로 만들어 독에 넣고 솔잎을 켜켜이 놓아 숙성시킨 다음 햇볕에 바싹 말려 가루로 내고, 멥쌀을 가루 내어 만든 구멍떡을 쪄서 누룩가루와 혼합하여 빚는다.

〈예 3〉 합 주

원 료 : 멥쌀

제조법 : 멥쌀 지에밥에 누룩을 섞어 빚어서 더운 곳에 두었다가 7일이 지나면 물을 더해가며 헝겊으로 걸러 쓴다.

2. 속성 단양주(單釀酒)의 제조

주원료 : 멥쌀, 찹쌀, 누룩, 탁주

부원료 : 밀가루 등

제조법 : 일단 담금에 의한 속성주의 제법으로 찹쌀로 지에밥을 짓고 식혀서 이미 숙성된 탁주와 누룩을 혼합하여 술을 빚는 방법으로 밀가루 등을 넣기도 한다.

[실시 예]

〈예 1〉 급청주

원 료 : 탁부, 찹쌀

제조법 : 좋은 탁주 한 말을 끓여 찬물 한 종이로 거른 후 찹쌀로 지은 지에밥과 밀가루, 누룩을 탁주와 섞어서 빚는다.

〈예 2〉 시급주

원 료 : 탁주, 밀가루

제조법 : 탁주를 찬물에 걸러 항아리에 넣고 무르게 찐 찹쌀로 지은 지에밥과 밀가루, 누룩가루를 섞어 3일 정도 숙성시킨다.

3. 일반 이양주(二釀酒)의 제조

주원료 : 멥쌀, 찹쌀, 누룩
부원료 : 밀가루, 엿기름 등

제조법 : 이단 담금에 의한 곡주의 제조법으로 멥쌀, 찹쌀 등을 흰 무리떡, 고두밥(지에밥) 또는 물송편 형태로 찌거나 죽을 쑤어 누룩과 함께 잘 혼합하여 술밑을 만들고 다시 멥쌀 또는 찹쌀 덧밥과 누룩을 이차 담금 하여 술을 빚는다. 술밑을 만들 때 엿기름, 밀가루 등을 첨가하기도 한다.

[실시 예]

〈예 1〉 백하주

원 료 : 멥쌀

제조법 : 멥쌀을 가루 내어 끓인 물을 가하여 식힌 다음 누룩가루와 술밑을 섞어 3일째 되는 날 끓인 물을 가하여 식힌 다음 멥쌀과 누룩기루를 섞어 숙성시킨다.

〈예 2〉 회산춘

원 료 : 멥쌀, 찹쌀

제조법 : 멥쌀을 씻어서 물에 담갔다가 가루 내어 떡을 쪄서 식힌 다음 끓인 물을 차게 식혀 누룩가루를 풀어 떡과 같이 빚어 넣어 술밑을 만들고, 술밑이 다 괴면 찹쌀로 지은 지에밥을 쪄 술밑과 같이 버무려 넣는다.

〈예 3〉 하향주

원 료 : 찹쌀, 밀가루

제조법 : 가루 낸 찹쌀에 물을 가하여 풀같이 끓여 식힌 후 누룩가루를 섞어 술밑을 만들고 3일 후 찹쌀 고두밥, 엿기름, 밀가루를 혼합하여 1주일간 공기가 약간 통하게 한 후에 밀봉하여 땅속에 묻어 100일간 숙성시킨다.

〈예 4〉 소곡주

원 료 : 멥쌀

제조법 : 물에 불리 멥쌀을 가루 내어 죽을 쑤고 식은 다음 누룩을 넣고 숙성시킨다. 7일 후 멥쌀을 지에밥이나 죽 형태로 첨가하여 술을 빚는다.

〈예 5〉 청명주

원 료 : 찹쌀, 밀가루

제조법 : 찹쌀 죽을 쑨 다음 누룩 무거리를 섞어 7~8일 후에 체로 걸러서 짜낸 것을 술밑으로 하고, 찹쌀고두밥에 고운 누룩가루를 덮고 밀가루를 넣은 위에 술밑을 붓는 순서로 여러 번 반복하여 밀봉 숙성시킨다.

4. 속성 이양주(二釀酒)의 제조

주원료 : 멥쌀, 찹쌀, 누룩

부원료 : 밀가루, 엿기름 등

제조법 : 이단 담금에 의한 속성 곡주의 제조방법으로 멥쌀, 찹쌀 등을 가루 내어 죽을 쑨 다음 누룩가루를 잘 혼합하여 술밑을 만들고 다시 멥쌀 또는 찹쌀고두밥이나 죽과 누룩으로 덧밥을 하여 술을 빚는다. 술밑을 만들 때 엿기름, 밀가루 등을 첨가하기도 한다.

[실시 예]

〈예 1〉 칠일주

원 료 : 멥쌀, 찹쌀

제조법 : 끓인 물에 멥쌀가루를 넣어서 식힌 후 누룩가루를 석어서 술밑을 만들고 찹쌀지에밥을 쪄서 식힌 후 술밑에 같이 넣어 술을 빚는다. 또는 멥쌀가루를 끓인 물에 넣어 죽을 쑤어 식힌 후 누룩을 넣어 술밑을 만들고 사흘 후에 같은 방법으로 덧술을 담으면 술밑을 담은 날로부터 한 이레 후에 술이 된다.

〈예 2〉 두강주

원 료 : 멥쌀, 밀가루

제조법 : 멥쌀을 가루 내어 죽을 쑨 다음 누룩가루와 밀가루를 섞어 술밑을 만들고, 2일 후 찹쌀을 쪄서 물과 함께 술밑과 혼합하여 4～5일간 숙성시킨다.

5. 삼양주(三釀酒)의 제조

주원료 : 멥쌀, 찹쌀, 누룩

부원료 : 밀가루, 엿기름 등

제조법 : 삼단 담금에 의한 곡주의 제조방법으로 멥쌀, 찹쌀 등을 가루 내어 죽을 쑤어 누룩과 함께 잘 혼합하여 술밑을 만들고(1차 담금), 술밑에 다시 멥쌀 또는 찹쌀죽과 누룩을 섞어 두 번째 술밑을 만들다(2차 담금). 두 번째 술밑에 지에밥과 누룩가루를 섞어(3차 담금) 술을 빚는다. 1차와 3차 담금 시에 밀가루 등을 첨가하기도 한다.

[실시 예]

〈예 1〉 삼해주

원 료 : 멥쌀, 밀가루

제조법 : 멥쌀을 빻아서 가루를 만든 후 죽을 쑨 다음 밀가루와 누룩가루를 섞어 술밑을 만들고, 12일이 지나면 멥쌀가루로 죽을 쑤어 술밑과 버무려 두 번째 술밑으로 하고, 12일 후 지에밥을 끓여 식힌 물에 풀어 술밑에 빚어 넣는다.

〈예 2〉 호산춘

원 료 : 멥쌀, 밀가루

제조법 : 멥쌀가루에 끓는 물을 붓고 잘 섞어 식힌 후 밀가루와 누룩가루를 섞어 술밑을 만들고, 13일이 지나서 다시 끓는 물을 부어 식힌 멥쌀가루와 누룩가루를 술밑과 버무려 두 번째 술밑을 빚고, 13일 후에 술밥과 밀가루, 누룩가루를 두 번째 술밑에 잘 섞고 끓여 식힌 물을 가하여 숙성시킨다.

6. 약용 가양곡주(加香穀酒)의 제조

주원료 : 멥쌀, 찹쌀, 누룩, 한약제(오가피 껍질, 구기자, 창포뿌리, 복령, 고본, 백효, 용뇌, 숙지황, 하수오, 황정, 산초, 감초, 당귀 더덕 등), 가향재(송액, 솔잎, 국화, 두견화, 복숭아꽃, 연잎, 닥나무 잎, 유자껍질 등)

부원료 : 밀가루, 엿기름 등

제조법 : 순 곡주의 재료에 약재나 꽃 등 가향재료를 함께 넣어 빚는다. 순 곡주의 제조 시와 단양 또는 이양법으로 멥쌀, 찹쌀 등을 흰 무리떡, 고두밥(지에밥) 또는 물송편 형태로 찌거나 죽을 쑨 다음 누룩과 함께 숙지황, 산수유, 감초, 구기자, 당귀, 하수오 등 한약재나 국화꽃, 도화, 두견화 등 가향재료를 잘 혼합하여 술을 빚는다.

[실시 예]

〈예 1〉 오가피주

원 료 : 멥쌀, 오가피

제조법 : 멥쌀을 가루 내어 죽을 쑤어 식힌 후 누룩을 넣고 오가피를 주머니에 담아 항아리 밑에 깔고 빚은 것을 넣어 숙성시킨다.

〈예 2〉 창포주

원 료 : 찹쌀, 창포뿌리

제조법 : 창포뿌리를 씻어 즙을 낸 다음 찹쌀고두밥, 누룩가루를 항아리에 넣어 밀봉하여 21일간 숙성시킨다.

〈예 3〉 밀 주

원 료 : 꿀, 술, 백효, 용뇌

제조법 : 꿀 4근, 술 9되를 끓여 거품을 걷어내고 누룩가루 4냥, 백효 1냥, 용뇌를 넣고 종이로 7겹을 덮은 후 하루에 한 겹씩 벗겨내면서 숙성시킨다.

〈예 4〉 백세주

원 료 : 찹쌀, 숙지황, 구기자, 하수오, 황정

제조법 : 찹쌀을 쪄서 물기가 없도록 건조시킨 후 가루를 빼지 않은 누룩과 같은 비율로 섞은 다음 숙지황, 구기자, 하수오, 황정을 혼합하여 술밑에 조금 넣고 밀봉하여 땅속에 묻어 숙성시킨다.

〈예 5〉 백일주

원 료 : 찹쌀, 조, 산수유, 감초, 구기자, 당귀, 하수오, 국화, 산야초, 생 솔잎

제조법 : 찹쌀, 조, 누룩에 산수유, 감초, 구기자, 당귀, 하수오, 국화, 산야초 달인 물을 가하고 생 솔잎을 넣은 다음 소나무 밑에 묻어 100일 동안 숙성시킨다.

〈예 6〉 송절주

원 료 : 멥쌀, 찹쌀, 송절, 솔잎

제조법 : 멥쌀을 가루 내어 찐 다음 식힌 후 송절 삶은 물과 하룻밤 불린 누룩을 함께 넣고 위에 솔잎을 깔아 7일간 숙성시켜 술밑으로 하고 찹쌀고두밥에 송절 삶은 물과 누룩을 술밑과 혼합하여 20일 정도 상온에서 숙성시킨다.

〈예 7〉 두견주

원 료 : 찹쌀, 두견화

제조법 : 찹쌀을 쪄서 누룩가루와 물을 혼합하여 술밑으로 하고 찹쌀지에밥과 말린 두견화, 누룩가루를 함께 넣고 섞어 항아리에 넣어 숙성시킨다.

〈예 8〉 연엽주

원 료 : 멥쌀, 찹쌀, 연엽

제조법 : 독 밑에 연잎을 깔고 찹쌀고두밥과 누룩을 끓여서 식힌 물과 함께 섞어 숙성시킨다.

7. 순곡 증류주(蒸溜酒)의 제조

주원료 : 멥쌀, 찹쌀, 좁쌀, 수수, 보리쌀 누룩

부원료 : 밀가루, 엿기름 등

제조법 : 전통적인 곡주 제조방법인 단양법이나 이양법으로 탁주나 청주를 제조한 후에 이것을 증류하여 소주를 제조하는 방법. 즉 멥쌀, 좁쌀, 수수, 보리쌀 등 다양한 곡류를 증자하여 누룩과 혼합하여 발효시키거나 또는 이를 술밑으로 하고 덧밥과 누룩을 2차 담금 하여 술을 빚은 후 소줏고리로 소주를 내리는 방법이다.

[실시 예]

〈예 1〉 안동주

원 료 : 멥쌀

제조법 : 멥쌀고두밥을 빻은 누룩과 3 : 1로 버무려 가면서 물을 가하여 13일 정도 발효시켜 탁주를 만들고, 이것을 소줏고리에 넣어 소주를 내린다.

〈예 2〉 문배주

원 료 : 좁쌀, 참수수

제조법 : 누룩에 좁쌀을 넣고 물을 1 : 1의 비율로 술밑을 안치고 5일 후 수수를 넣어 1차 덧술을 하고, 다음 날 다시 죽에 가까운 수수로 덧술을 하여 숙성 주가 얻어지면 이를 소주로 내린다.

〈예 3〉 찹쌀소주

원 료 : 찹쌀, 멥쌀

제조법 : 멥쌀과 찹쌀을 가루 내어 죽을 쑨 다음 누룩과 혼합하여 술밑을 만들고, 이튿날 찹쌀지에밥을 술밑과 혼합하여 7일 정도 숙성하여 청주를 내고, 이를 소줏고리로 소주를 내린다.

8. 약용 증류주(蒸溜酒)의 제조

주원료 : 멥쌀, 찹쌀, 보리쌀, 누룩, 순곡 증류주, 약재(지초, 죽력, 생강, 울금, 계피), 꿀, 배 등

부원료 : 밀가루, 엿기름 등

제조법 : 순곡 증류주에 지초, 죽력, 배, 생강, 울금, 계피, 꿀 등 약재를 넣어 후숙시키는 전통 약용주 제조방법이다.

[실시 예]

〈예 1〉 홍 주

원 료 : 보리쌀, 지초

제조법 : 보리쌀을 분쇄하여 만든 누룩에 찐 보리쌀을 섞어 띄운 후 물을 가하여 술밑을 만들고, 찐 보리쌀 덧밥과 물을 가하여 12일간 숙성시킨 후 소줏고리로 소주를 내리는데 떨어지는 증류소주가 지초를 통과하게 한다.

〈예 2〉 죽력고

원 료 : 소주, 죽력

제조법 : 소주에다가 왕대를 쪼개서 불에 구어 스며 나오는 즙과 벌꿀을 알맞게 넣어 그 그릇을 끓는 물속에서 중탕한다. 사람에 따라서는 생강즙을 더 넣기도 한다.

〈예 3〉 이강고

원 료 : 멥쌀, 보리쌀, 배, 생강, 울금 계피, 꿀

제조법 : 멥쌀과 누룩으로 술밑을 만든 다음 3일 후에 보리쌀, 누룩, 물로 덧술을 한다. 4일 정도 숙성하여 소주를 내리고 이 소주에 배, 생강, 울금, 계피, 굴을 넣어 장기간 후숙시킨다.

9. 혼양주(混釀酒)의 제조

주원료 : 멥쌀, 찹쌀, 보리쌀, 밀가루, 주룩

부원료 : 엿기름, 솔잎, 인삼, 산약, 산사, 백령봉, 댓잎, 강활, 용안육, 계피, 구기자, 대추, 생강 등

제조법 : 약 탁주에 소주를 첨가하여 알코올 농도를 높여 저장성 있는 곡주의 제조법이다. 즉 단양법이나 이양법으로 곡주를 만들어 소주를 1차로 내리고, 다시 약재 등을 첨가하여 역시 단양법이나 이양법으로 술을 빚은 후 1차 내린 소주를 넣어 제성하고 숙성시키는 약 탁주의 제조방법이다.

[실시 예]

〈예 1〉 과하주

원 료 : 밀가루, 녹두, 보리쌀, 찹쌀, 솔잎, 인삼, 산약, 산사, 백령봉, 댓잎

제조법 : 밀가루, 보리쌀에 밀, 녹두, 솔잎으로 만든 녹두누룩과 물을 가하여 발효 숙성시켜 소주를 내린다. 찹쌀, 녹두누룩, 물외, 인삼, 산사, 백령봉, 댓잎을 넣어 발효 숙성시킨 다음 1차 내린 소주를 넣어 제성한다.

〈예 2〉 송순주

원 료 : 멥쌀, 찹쌀, 송순

제조법 : 멥쌀과 누룩을 혼합하여 술밑을 만들고 찹쌀로 덧술을 한 다음 여기에 쪄서 말린 송순을 넣어 숙성시키고 곡주로 내린 소주를 부어 3단 담금을 마치고 60일간 숙성시킨다.

〈예 3〉 강하주

원 료 : 찹쌀, 강활, 용안육, 계피, 구기자, 대추, 생강

제조법 : 찹쌀고두밥과 누룩을 약간의 물로 잘 버무려 항아리에 재어 넣고 그 위에 한약재를 넣고 숙성시킨다. 약 15일째 되는 날 발효상태를 보고 곡주로 내린 소주를 발효물이 넉넉히 잠길 정도로 붓고 용수로 한 번 거르고 다시 체로 바쳐낸다.

10. 혼성주(混成酒)의 제조

주원료 : 휘석 주정, 소주, 약재, 과실, 꽃 등

약 재 : 감초, 구기자, 굿간달기, 녹나무 열매, 도라지, 두릅, 마늘, 숙지황, 오미자, 생강, 솔잎, 오가피, 천문, 하수오, 인삼, 당귀, 영지, 죽력, 칡, 산약, 산사, 백령봉, 댓잎, 강활, 용안육, 계피, 대추, 생강, 오가피 껍질, 창포뿌리, 복령, 고본, 백효, 용뇌, 황정, 산초, 감초, 더덕 등

과 실 : 다래, 매실, 머루, 모과, 무화과, 산딸기, 보리수, 뽕나무 열매, 살구, 석류, 앵두, 유자, 자두 등

꽃 : 벚꽃, 국화꽃, 등나무꽃, 라일락꽃, 민들레꽃, 제비 등

제조법 : 희석 주정이나 소주에 약재나 과실, 꽃 등을 넣어 침출 숙성시키는 단순한 침출주 제조방법이다.

[실시 예]

〈예 1〉

감초주 : 감초를 술에 넣고 한 달쯤 후에 짠다.

〈예 2〉

구기주 : 구기자나무 뿌리나 잎, 꽃, 씨 등을 말려 청주에 넣어 1주일쯤 후에 짠다.

〈예 3〉

당귀주 : 당귀에 소주를 붓고 설탕이나 꿀을 넣어 한 달 후에 걸러낸다.

〈예 4〉

대황주 : 팥알 크기로 자른 대황에 소주를 붓고 설탕이나 꿀을 넣어 한 달 후에 걸러낸다.

〈예 5〉

맥문동주 : 맥문동 뿌리 말린 것에 소주를 붓고 설탕이나 꿀을 넣어 한 달쯤 후에 걸러낸다.

〈예 6〉

국화주 : 꽃잎을 씻어 물기를 뺀 다음 8시간 정도 바람에 말려 소주를 붓고 3~4주 후에 걸러낸다.

〈예 7〉

다래주 : 다래에 소주를 붓고 설탕으로 가미한다.

〈예 8〉

머루주 : 머루에 소주를 붓고 설탕으로 가미한다.

제 4 부

술 생활문화 용어

ㄱ

가루누룩

밀과 다른 곡식을 섞어서 쪄낸 후 약초 등을 넣어 발효시킨 누룩.

가주(佳酒 · 嘉酒)

좋은 술. ⇒ 미주(美酒).

각두과(殼斗果)

참나무열매, 도토리를 술을 담그는 곡물 대용으로 쓰였으며 엄밀한 의미에서는 일종의 과실주이다. 증류를 해서 마신다.

갈지자 걸음

술에 취하여 좌우로 비틀거리며 걷는 걸음.

감미(甘味)

달콤한 맛. 단맛을 내기 위해 인공적으로 설탕(얼음사탕, 백설탕, 흑설탕, 그래뉴당 등), 아스파탐, 벌꿀 등을 사용한다.

감브리누스(Gambrinus)

맥주의 수호신. 이 신은 로마시대의 기사복을 입고 투구를 썼으며, 일설에 의하면 16세기에 출생한 브르군드(Brugund)의 귀족이었다고 한다.

감저주(甘諸酒) ⇒ **고구마술**

감주(甘酒)

① 쌀로 밥을 지어 엿기름을 넣고 만든 음료. ⇒ 감차(甘茶), 예주(예주), 단술. ② 맛있는 술.

감차(甘茶) ⇒ **감주**(甘酒)

감초주(甘草酒)

감초를 술에 넣어 1개월쯤 후에 짠 약용주(藥用酒). 감초를 잘게 썬 것 100g, 소주 1ℓ를 섞어 숙성시킨 후 베 헝겊으로 짠다. 오래 보존할 수 있으며 치통·복통·위궤양·동맥경화 방지에 효력이 있다.

감향주(甘香酒)

감미와 향기가 있는 재료를 넣어서 만든 술.

감홍로주(甘紅露酒)

감홍로(甘紅露)라는 식용 물감을 타서 빨간 빛깔이 된 소주. 향기가 있고 빛은 포도주와 비슷하며 주정은 40～45도. ⇒ 감홍로소주(甘紅露燒酒).

감홍주(甘紅酒)

평양이 본고장인 우리나라 고유의 감미주(甘味酒). 빛깔이 짙은 붉은색 술로서 소주에 벌꿀, 계피, 생강을 넣고 홍국을 첨가하거나 식용 물감으로 착색한다.

강 술

안주 없이 마시는 술.

강정보주(强精補酒)

정력을 도와 보음보양(補陰補陽)하는 중국술의 총칭. 그 종류를 들면 환동주(還童酒), 호골주(虎骨酒), 수오주(首烏酒), 해룡주(海龍酒), 기자보주(杞子補酒), 인삼주(人蔘酒), 별어주(鱉魚酒), 삼사주(三蛇酒), 삼용약주(蔘茸藥酒), 구풍주(驅風酒) 등이 있다.

강주(强酒)

독한 술. 알코올 성분이 많은 술로서 독주, 소주, 위스키 등이 있다.

강주(薑酒)

새앙(생강)을 넣고 빚은 술 또는 술에 새앙(생강)을 우린 술. 편두통, 입덧, 심냉통(心冷痛)에 효력이 있다.

강주정(强酒酊)

술을 안마시고 취한 체하는 억지 주정.

개량 국자

1930년경에 새로 개발된 누룩. 1727년경까지는 재래식 곡자(국자)가 사용되었다. 이 개량국자의 제조법은 인위적으로 적당한 온도와 습도를 주어 사계절을 통하여 일정한 품질을 만들어 낼 수 있는 특징이 있다.

객주(客酒)

손님을 접대하려고 마련한 술.

거주(擧酒)

연회석에서 술잔을 들기 시작함. 술을 든다는 뜻.

건문자(乾文子)

안주로만 차린 교자.

건배(乾杯)

① 잔에 술을 남기지 않고 다 마심. ② 축배를 든다는 구호로 외치는 말. 영어 toast의 번역어이며, 중국어로는 깐뻬이(乾杯)라고 한다.

건주정(乾酒酊)

취하지 않았는데 공연히 취한 체하는 주정.

검 시럽(gum syrup)

아리비아 검이 든 무색무취의 시럽. 칵테일의 감료로 쓰인다.

게이 뤼삭(Gay Lussac)

프랑스의 물리학자(1778~1850)로서 게이 뤼삭식 알코올계를 고안한 사람. 그가 고안한 알코올 분 1%를 1도로 하는 눈금으로 되어 있다. 이것은 15℃에서 비중이 0.7947이 되는 것인데, 미국의 프루프(proof)도 원리적으로는 마찬가지이지만 순수 알코올 분 0.5%를 약 1도로 하는 점이 다르다.

경액춘(瓊液春)

백미 5말을 3일간 물에 담갔다가 가루로 만들어 끓는 물 7되를 넣고 식힌 다음 밀가루와 누룩가루를 넣고 익힌 술. 중간에 쌀과 물, 누룩을 추가하기도 한다.

경음(鯨飮)

술을 고래처럼 많이 마신다는 뜻. ⇒ 대음(大飮).

계미주(鷄尾酒)

칵테일의 중국식 용어(칵테일이 닭의 꼬리를 뜻한다는 데서 나온 말).

계심(桂心)

계피의 겉껍질을 벗긴 속의 얇고 노란부분. 약재 또는 도소주(屠蘇酒)의 재료로 쓰인다.

계영배(戒盈杯)

과음을 경계하기 위하여 만든 술잔. 술이 어느 정도 차면 새어 나가도록 옆에 구멍이 뚫려 있다. ⇒ 절주배(節酒杯).

계주(契酒)

계모임에서 마시는 술. ⇒ 곗술.

계주(戒酒)

술을 삼가 하여 마시지 않는 것. 술을 조심함.

계주생면(契酒生面)

계주(契酒)가 낸 술로 생색을 낸다는 말. 곧 남의 물건으로 자기 체면을 세운다는 의미.

계주송(桂酒頌)

중국의 시인 소동파(蘇東坡)가 술을 찬양해서 쓴 글. 술은 천록(天祿)이며 그 성쇠미악(盛衰美惡)은 주인의 길흉(吉凶)을 점치는 것이라는 말이 있다.

계주연회(戒酒宴會)

술과 담배를 삼가 하기로 한 사람들의 모임. ⇒ 금주금연회(禁酒禁煙會).

계피주(桂皮酒)

계피정(桂皮精)과 시럽을 섞어서 빚은 술.

계향어주(桂香御酒)

계실(桂實)을 넣어서 만든 송나라 때의 술. 맛과 향기가 좋아 특히 궁중에서 애용하였다.

고구마술

고구마를 고아서 만든 술.

고래주(古來酒)

옛날부터 전해 내려오는 술.

고량주(高粱酒)

중국 특산의 증류주. 수수를 갈아서 찐 밥에 누룩을 섞어 항아리에 담고 이를 땅에 묻어서 발효시킨 다음 꺼내서 가열 증류시킨다. 또 여기에 남은 찌꺼기에 수수밥을 추가하여 다시 양조한다.

고 리

소주를 고는 용기. 옛 증류기. 흙으로 만든 것을 토(土)고리, 동(구리)으로 만든 것을 동(銅)고리, 쇠로 만든 것을 철(鐵)고리라고 한다. 또한 고리(古里)라고 쓰기도 한다.

고미(苦味**)**

여러 가지 미각 중의 쓴맛. 약용주 따위는 쓴맛이 있다.

고본하령주(固本遐齡酒**)**

당나라 때 의서인 『만병회춘(萬病回春)』에 나오는 인삼주의 일종. 허약한 체질과 몸이 약한 경우에 좋다고 한다.

고주(苦酒**)**

① 독한 술, 쓴 술, ② 남에게 술을 대접할 때 그 술을 낮추어서 이르는 말. 변변치 못하고 맛이 없는 술이라는 뜻.

고주(沽酒**)**

① 술집에서 사온 술, 술도가의 술. ② 술을 삼. ⇒ 매주(買酒).

고주파 속성법

고주파 전파를 이용하여 인공적으로 위스키를 빨리 숙성시키는 방법.

곡 자 [麯子와 麴子는 다 같이 누룩 국이다. 대부분 국(麯)으로 읽고 있으나 잘못이다]

소맥이나 호맥을 분쇄하여 증자하지 않고 적당한 양의 물로 반죽하여 적당한 크기의 덩어리로 만든 후 적당한 온도에서 보존하면 대기 중의 균류가 부착하여 주류제조에 필요한 효소가 생성된 것. ⇒ 누룩.

곡자소주(국자소주)

재래식 방법으로 만든 한국 소주. 약주를 걸러낸 찌꺼기 또는 곡자(국자)로 소주를 만들어 고리로 증류시킨 것.

곡주(穀酒**)**

곡물로 만든 술. 합성주, 과실주 등에 대한 말.

골든 시럽(golden syrup)

사탕수수에서 조당(粗糖)을 뽑고 이것으로 정제당을 만들 때 생기는 당밀(糖蜜). 황금색에서 이런 이름이 붙었다.

공 술

돈을 내지 않고 거저 얻어먹는 술. ⇒ 공주(空酒).

공자백호(孔子百壺)

공자가 술을 몹시 즐겨 백병이나 마셨다는 말.

공주(空酒) ⇒ 공술

과맥전대취(過麥田大醉)

밀밭을 지나기만 하여도 누룩을 연상하여 취하게 된다는 말로서 술을 못 마시는 사람을 놀리는 말.

과하주(過夏酒)

① 달콤한 술로서 주정분 30도 내외이며, 여름철에 애용되는 술의 한 가지. 제조법은 누룩 가루, 엿기름, 찐 밥을 소주와 함께 항아리에 담갔다가 잘 저어 20일쯤 방치하면 익는다. ② 주정분 13~14도의 고급 음료로서 김천이 명산지인 술. 찐 밥에 누룩가루를 넣어 절구에 빻아 항아리에 담그면 약 1개월 만에 익는다.

광약(狂藥)

① 술의 다른 이름. ② 사람을 미치게 하는 약.

교반(攪拌)

흔들어 섞음. 칵테일 따위를 휘저어 섞는다는 용어로 쓰이는 말. 세이크(shake)의 번역어.

교반기(攪拌機)

휘저어 섞어나 거품을 내는 데 쓰이는 기구. 철사를 여러 개로 구부려 손잡이를 단 것으로 흔히 제과용으로 쓰인다.

구기주(枸杞酒)

구기자나무의 뿌리나 잎 · 꽃 · 씨 따위를 말려 청주에 1주일쯤 담갔다가 위 국물만을 뜬 술. 식후에 복용하면 불로장생한다고 한다.

구작주(口嚼酒)

곡식을 입으로 씹어서 빚은 술.

구풍주(驅風酒)

장관의 가스를 빼는데 효과가 있다는 중국 약용주.

국(麴)

전분질이나 전분물질과 기타 물료를 혼합한 것에 곰팡이를 번식시킨 것으로 효소로서 전분질을 당화시킬 수 있는 것. 국자(麯子, 麴子), 입국(粒麴), 조효소제, 정제효소 등 네 가지가 있다.

국선생전(麴先生傳)

고려 때의 학자 이규보(李奎報)가 지은 의인체(擬人体) 설화. 작품 속에 나오는 지명이나 인명이 술이나 곡자(국자)와 관계있는 말로 되어 있다.

국실(麴室)

누룩을 재워두는 방. 누룩을 띄우는 방.

국원(麴院)

술을 만든 곳. ⇒ 주방(酒房), 양조소(釀造所).

국주(菊酒) ⇒ **황주**(黃酒)

국차(麴車)

술을 실은 수레. 두보(杜甫)의 음중팔선시(飮中八仙詩)에 나오는 말.

국화주(菊花酒)

① 국화꽃 · 생지황 · 구기자나무의 뿌리껍질과 찹쌀을 섞어서 빚은 술. 한방에서 치풍제(治風劑)로 쓰인다. ② 감국(甘菊)의 꽃이나 싹을 달여 그 즙으로 담근 술. ③ 감국, 설탕, 숙지황, 인삼을 소주 항아리에 넣어 봉했다가 70일 만에 찌꺼기를 버리고 국물만 떠낸 술.

군 내

흔히 술에서 나는 구진한 냄새. 술독에 묵은 찌꺼기가 있거나 깨끗이 씻지 않았을 때에 나는 냄새.

권배(勸杯)

술잔을 들라고 권함. ⇒ 권주(勸酒).

권주(勸酒)

술을 권함.

권주가(勸酒歌)

술을 권하는 노래. 한국의 12가사 중의 하나.

귀밝이술

음력 정월 보름날 이른 아침에 술을 마시면 귀가 밝아진다고 해서 모두 한 잔씩 마시는 술. 이 술은 데우지 않고 차게 해서 마시며, 일설에는 귀가 밝아질 뿐만 아니라 1년 동안 좋은 소식을 듣는다고 전해진다. 귀밝이술은 부녀자도 마신다. ⇒ 이명주(耳明酒).

귤주(橘酒)

귤을 넣고 우린 술. ⇒ 밀감주(蜜柑酒).

그래나딘 시럽(granadine syrup)

석류의 열매를 침출시킨 붉은 빛깔의 시럽. 흔히 에센스와 인공착색에 쓰인다.

그래뉼당

정식 명칭은 granulated sugar. 결정이 거의 밀가루처럼 부드러운 정제 설탕.

그레인 위스키(grain whisky : 곡류 위스키)

밀, 호밀, 귀리, 옥수수 등을 발아시키지 않고 양조해서 복식 증류기를 이용해 95도 정도 되게 증류한 술. 대량 생산이 가능하여 스카치위스키를 만들 때 몰트의 농후한 맛을 완화시키기 위하여 섞는다.

그루트(Grut)

약제 또는 약제를 넣은 술. 고미초(苦味草)를 넣어서 만든다.

글라스(glass)

① 유리컵의 속칭. ② 양주용 술잔의 총칭. 위스키 글라스, 와인글라스, 펀치 글라스, 리큐르 글라스, 콜린 그라스, 브랜디 글라스 등 여러 가지가 있다.

글라스 용량

양주는 글라스로 용량을 표시할 때가 있다. 위스키 글라스는 30㎖, 칵테일 글라스는 75㎖, 와인 글라스는 120㎖, 리큐르 글라스는 30㎖이 든다.

글루탐산(glutamic acid)

아미노산의 한 종류. 백색 결정으로서 물에 녹으며 맛이 좋아 조미료로서 쓰인다.

글리세린(glycerin)

지방으로 비누를 만들 때 생기는 무색투명한 점조성 액체. 맛이 달며 약용, 공법용으로 쓰인다. 매주, 청주 따위에도 이 성분이 섞여져 있으며 단맛이 난다.

금어주(金語酒)

물을 타서 파는 일본 청주. 어항의 금붕어에다 술을 비유한 일본 사람들의 용어.

금주(禁酒)

① 술을 마시지 않고 술을 끊음. ② 어떤 장소에서 술을 금하는 일.

금주가(禁酒家)

술을 절대로 안 마시는 사람.

금주론(禁酒論)

술을 마시면 몸에 해독이 크고 경제적으로도 손실이 크므로 술을 마시지 말라는 이론.

금주회(禁酒會)

규약을 설정하고 금주를 실행하며 그 이점을 널리 선전하는 회합이나 단체. 미국 보스턴에 설치되었던 미국 금주회가 그 시초이다.

기나피주(幾那皮酒)

기나피를 넣고 만든 술. 기나피 20g, 그래뉴당 300g, 소주 1 ℓ 의 비율로 섞어서 약 1개월간 익힌 약용주. 약의 성분이 침출되었을 때 베 헝겊으로 짜서 다른 병에 담고 설탕을 추가하여 잘 녹은 후에 복용한다. 맛이 몹시 써서 하루에 한 잔 정도가 적당하다. 건위, 강상(强壯), 식욕증신, 말라리아, 해열 등에 좋다고 한다. 한 번에 많이 마시면 이명증과 현기증 등의 부작용이 있으나 곧 회복된다.

기주(氣酒)

소주의 다른 이름.

기주(嗜酒)

술을 마시기를 좋아함. 술을 즐김.

ㄴ

나이트 캡 칵테일(night cap cocktail)

잠을 청하려고 마시는 술.

낙산(酪酸, butyric acid ; 식품과학 용어로는 부티르산**)**

질이 낮은 지방산의 이름. 버터, 치즈 등의 유지나 땀·육즙 속에 들어 있으며 그 물질이 섞을 때에 생긴다. 물을 탄 술도 일정기간을 지나면 이 냄새가 생긴다.

난세주(亂世酒)

세상이 어지러운 시절의 술. 이런 시대에는 민중이 쓰고 독한 술보다 달콤하고 향기로운 술을 좋아한다고 한다. ⇒ 태평주(太平酒).

난주(卵酒)

청주를 따끈하게 데워 계란과 설탕을 풀어 넣은 술. 흔히 가정에서 감기에 효력이 있다고 하여 마신다.

남오미주(南五味酒)

남오미자로 만든 약용주. 남오미자 100g과 얼음설탕 또는 벌꿀 200g, 소주 1ℓ의 비율로 섞어 2개월쯤 저장한다. 호흡기관의 염증에 쓰인다.

납주(臘酒) ⇒ **노주(老酒)**

내외주점(內外酒店)

접대부 없이 술을 순배로 팔던 술집. 현대의 대포집과 비슷한 것.

내츄랄 와인(natural wine)

알코올을 첨가하지 않고 자연 발효된 포도주.

냉주(冷酒)

① 찬물이나 냉각시설을 이용해서 냉각시킨 술. ② 데우지 않은 술.

냉청주(冷淸酒)

고도로 정백한 쌀을 원료로 하여 빚은 술을 냉장으로 한층 더 순화시킨 여름용 청주. 한 번 가열한 것과 냉장한 두 종류가 있다. ⇒ 냉요청주(冷用淸酒).

넥타(nectar)

혼성 음료의 일종. 펀치 대용으로 소비되는 음료. 그리스 신화에 나오는 감미의 신주(神主)를 뜻하며, 옛날에는 연회 때 흔히 쓰였다.

노가자(老柯子) ⇒ **두송**(杜松)

노주(老酒 · **라오주**)

① 섣달에 담가서 해를 묵혀 이듬해에 떠내는 술. ② 술로 늙은 사람. ③ 중국술의 한 종류. 찹쌀 · 좁쌀 · 수수 등으로 양조하여 이를 다시 증류시킨다. 오래 묵혀 잘 익은 좋은 술이란 뜻으로도 쓰이며 진소(陣紹)라고도 한다.

노주(露酒)

소주의 다른 이름.

녹색맥주(綠色麥酒)

배조(焙燥)할 때 강하게 볶아서 만든 대표적인 흑맥주.

녹주(綠酒)

① 푸른빛이 도는 술. ② 맛 좋은 술. ⇒ 미주(美酒), 양주(良酒).

녹파주(綠波酒)

고려시대 때부터 전해진 재래주의 일종. 삼해주(三亥酒)와 비슷한 방법으로 양조하되 추가 재료는 1회에 한하며, 해일(亥日)을 가리지 않는다.

농순미(濃醇味)

술이 바특하고 짙은 맛. 술의 감칠 맛.

농주(農酒)

농사할 때에 농촌에서 일꾼들에게 대접하는 술. 흔히 막걸리를 지칭한다. ⇒ 농탁(農濁).

농탁(農濁) ⇒ **농주**(農酒)

누 룩

밀, 쌀, 보리 등을 굵게 갈아 반죽해서 띄운 술의 원료. 붉은 누룩, 가루누룩, 섬누룩 등이 있다. ⇒ 곡자.

니트 스피릿(neat spirit)

물 등을 타시 않고 마시는 스피릿이며 흔히 스트레이트(straight)라고 한다.

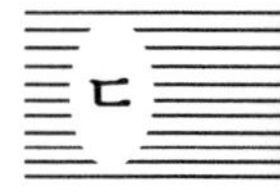

ㄷ

다모토리

큰 잔으로 소주를 마시는 일. 또는 큰 잔으로 소주를 파는 집. 대포, 대폿집이라는 뜻으로도 쓰인다.

단술 ⇒ 감주(甘酒)

단주(斷酒)

술을 끊음.

담 금

넓은 뜻으로는 재료 구입에서 통이나 독에 양조물을 넣기까지 모든 과정을 의미한다. 좁은 뜻으로는 처리과정을 거친 원자재에 술밑을 더하는 작업을 의미한다.

담색맥주(淡色麥酒)

빛깔이 엷은 맥주로서 필젠(Pilsen) 타입과 도르트문트(Dortmunt) 타입 등 두 가지가 있다.

당구자주(當毬子酒) ⇒ 산사사주(山查子酒)

당귀주(當歸酒)

당귀 150g, 그래뉴당 300g, 소주 1 ℓ 의 비율로 섞어 약 1개월 후에 걸러낸 술. 정혈(淨血), 진정(鎭靜), 강장에 효력이 있는 여성 전용의 약주.

당밀주(糖蜜酒)

설탕을 만들 때에 나오는 폐당밀을 발효시켜서 만든 술. 대만에서 많이 생산된다.

당화작용(糖化作用)

녹말이나 섬유소 같은 다당류를 효소나 산의 작용으로 가수분해하여 단당류 또는 이당류로 변화시키는 작용. 모든 술은 이 과정을 거치게 된다.

대맥소주(大麥燒酒)

보리를 주재료로 하여 만든 소주이며 보리소주라고도 한다.

대산주(大蒜酒)

마늘의 성분으로 추출시킨 약용주. 속껍질까지 벗긴 마늘 100g, 그래뉴당 200g, 소주 1.0 ℓ 의 비율로 섞어 1개월쯤 두었다가 짜서 다른 병에 넣고 설탕을 더하여 마신다. 건위, 이뇨, 진정, 강장의 효력이 있다. ⇒ 호산주(胡蒜酒), 마늘술.

대작(對酌)

술을 마주 대하여 맛있는 것. 술 마시는 상대가 되어 줌. ⇒ 좌주(佐酒).

대주(大酒) ⇒ **호주**(豪酒)

대주객(大酒客)

큰 주객(酒客). 술을 즐겨 많이 마시는 사람. ⇒ 대주호(大酒豪).

대추술(大棗酒)

대추를 넣은 약용주. 대추(씨 포함) 200g, 그래뉴당 200g, 소주 1 ℓ 의 비율로 약 1개월간 냉암소에서 숙성시킨 술. 걸러서 다른 병에 넣고 설탕을 더하여 마신다. 노화방지, 강장제로 효과가 있다.

대폿집

별다른 안주 없이 큰 술잔으로 술을 파는 집. 선술집을 대폿집이라고도 한다.

대황주(大黃酒)

대황의 뿌리로 만든 약용주. 소주 1 ℓ, 팥알만큼씩 자른 대황 100g, 그래뉴당 200g을 섞어서 한 달쯤 뒤 베 헝겊으로 걸러서 마신다. 위장병에 효력이 있다.

대회향주(大茴香酒)

중국의 약용주의 일종. 대회향을 술에 담가 한 달 반 정도 뒤에 꺼낸 술. 건위, 감기예방, 거담, 흥분의 효과가 있다.

더치 제네바(Dutch Geneva)

네덜란드산 진(gin). 노간주나무의 열매를 넣은 「진 헤드」라는 용기 속에서 증류한 술로 향미가 강하고 약한 신맛과 쓴맛이 특징이다.

데메라라 럼(Demerara rum)

남아메리카 영령(英領) 기이아의 데메라라 지방에서 산출되는 럼. 설탕을 만들고 난 당밀을 원료로 쓰는데, 이 지방의 제당공장이 완벽하여 폐당밀의 당분이 적고 발효도 효모만을 의존하고 기간도 짧아 품질이 좋지 않다.

도소주(屠蘇酒)

산초 · 방풍 · 백출 · 육계 피 등을 조합하여 만든 도소(屠蘇)를 넣고 빚은 술. 정월 초하룻날에 마시면 사기(邪氣)를 물리치고 장수한다고 하여 연중행사 하나로 꼽힌다.

도음(盜飮)

① 남의 술을 훔쳐서 마심 또는 그 술. ② 남이 알지 못하게 숨어서 마시는 술.

도조(賭酒)

술을 걸고 내기를 함. 술내기.

도화우(桃花雨)

술의 별칭.

도화주(桃花酒)

① 복숭아꽃을 넣고 빚은 술. ② 복숭아꽃 빛깔이 나는 술.

독공(毒公) ⇒ **초오주**(草烏酒)

돔(**Dom**)

프랑스의 노르망디 지방에 있는 베네틱트파 수도원에서 만들어지는 리큐르의 속칭. 돔은 라틴어의 데오 옵티모 막시모(Deo Optimo Maximo)의 준말로서 지선지고(至善至高)의 신에게라는 뜻. ⇒ 베네틱틴.

동동주

청주를 떠내거나 걸러내지 않아 밥알이 동동 뜬 채로인 막걸리.

두강(杜康)

① 중국 한나라 때의 의적(儀狄)이 발명한 술을 처음으로 빚었다는 기술자. ② 술의 별칭.

두견주(杜鵑酒)

① 김천에서 생산되는 소주의 한 종류. ② 진달래꽃을 넣고 빚은 술.

두주(斗酒)

말술을 말한다.

두중주(杜仲酒)

사철나무 껍질로 만든 약용주. 중국에서 산출된 것으로 당두중(唐杜仲)이라 한다. 사철나무 껍질 100g과 얼음사탕 200g, 소주 1ℓ의 비율로 섞어 한 달쯤 저장해서 만든다. 강장제로 쓰인다.

둔중주(鈍重酒)

청주 등과 달리 경쾌하지 못하고 쓰고 둔한 느낌이 강한 술.

드라이(**dry**)

맵거나 쓰다는 뜻. 리큐르, 진 위스키, 와인 등 모든 술과 혼성 음료에 쓰인다. 처음에는 건조했다는 뜻이었으나 신미(辛味)라는 뜻으로 바뀌게 되었다. 미국에서는 당분 10% 이하의 술은 상표에 dry라고 표시하게 되어 있다. 드라이 돈, 드라이 플라이 등. 독일어로는 트로켄(Trocken), 프랑스어로는 섹(Sec), 이태리어로는 세코(Seco)라고 한다.

드라이 진(dry jin)

런던 진(Londom gin)의 한 가지.

드롭(drop)

용량 단위의 한 가지. 약 1/20 티스푼.

디오니소스(Dionysos)

그리스 신화에 나오는 주신(酒神). 제우스와 세멜레의 아들로서 처음에는 산천의 신이었으나 나중에는 포도재배를 가르치면서 소아시아를 여행하여 여성들의 열광적인 숭배 대상이 되었다고 한다. 로마에서는 바쿠스, 영어로는 버커스.

디저트 와인(dessert wine)

만찬회 등에서 디저트 코스에 들어가서 마시는 술. 흔히 감미주가 쓰인다.

디캔터(decanter)

양주를 옮겨 넣어두는 글라스 병. 포도주 등은 원래의 병에서 직접 글라스에 따르면 가스가 동요되어 탁해질 우려가 있으므로 미리 디캔터에 옮겨 둔다.

딸기술

딸기 즙을 넣은 과실주. 딸기는 나무딸기, 양딸기, 멍석딸기, 복분자 딸기 등 무엇이든지 사용된다. 딸기 600g, 30도 소주 1.8ℓ, 그래뉴당 500g 비율로 용기에 넣어 약 20~25일 익힌 후 베 헝겊으로 짜서 다른 그릇에 담아 두고 마신다.

ㄹ

라기(ragi)

중국 누룩의 일종. 동남아시아에서는 이 누룩을 지에밥에 물과 함께 넣고 술밑이나 벌꿀을 가하여 당화, 발효, 증류시켜 술을 만든다.

라거맥주(lager beer)

저장실에서 2차 발효시켜서 양조되는 맥주. 현재의 맥주는 대부분 이에 속한다.

라오쥬(老酒) ⇒ 노주(老酒)

라이스 맥주(rice beer)

쌀로 만드는 맥주. 서양 사람들이 쌀로 만든 청주를 라이스 비어라고 하는 경우도 있다.

라이 와인(Rhine wine)

독일 라인강 중류 지방에서 생산되는 포도주의 총칭. 호크(Hock)라고도 하는 이 포도주는 풍미가 세계적으로 널리 알려져 있다.

라이 위스키(rye whisky)

라이맥(호밀)으로 만든 위스키의 통칭. 주로 캐나다, 미국에서 산출된다.

라이트 와인(light wine)

당분이 적고 산미가 강하며, 주정분이 낮은 포도주. 헤비와인에 반대되는 말.

럼(rum)

당밀 또는 사탕수수 찌꺼기에 물을 부어 발효시켜서 만든 증류주. 서인도제도의 특산으로 자메이카 섬의 킹스텐(Kingstone)이 가장 유명하다.

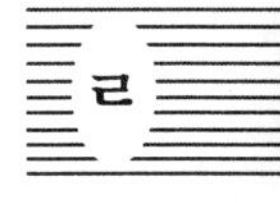

레(Re)

이집트의 태양신. 이집트에서 가장 최초로 맥주를 만들었다 하여 오곡(五穀)의 신인 오시리스(Osiris)와 함께 맥주의 신으로 불리운다.

레몬주(lemon주)

레몬으로 만든 과실주. 특히 비타민 C가 많아서 애용된다. 레몬 8개를 썰어 그래뉴당 80g을 섞고 소주 1.8ℓ를 넣어 20～30일 정도 냉암소에서 저장하였다가 베 헝겊으로 걸러서 다른 병에 담아 마신다.

레크리마 크리스티(Lecryma Christi)

이탈리아의 나폴리 근교에 있는 화산 베이비아스 일대에서 생산되는 백색포도주.

뢰벤브로이(Loewengraeu)

독일에서 생산되는 맥주의 한 가지. 뮌헨에서 1383년부터 제조되어 독일 최대의 생산량을 자랑하며, 무균상태로 병에 넣어 3년간 변질되지 않는다고 한다.

루즈(rouge)

붉다는 뜻의 프랑스어. 적포도주의 약어로 쓰인다.

루트 비어(root beer)

무주정(無酒精) 음료의 일종. 미국에서 발달한 맥주와 비슷한 음료로서 나무뿌리와 홉 끓인 물을 효모로 발효시킨 음료이다.

르무아쥬(remuage)

샴페인 제조공정에서 앙금을 병 주둥이 쪽으로 모이게 하기 위하여 흔드는 작업.

리큐르(liqueur)

알코올에 과실, 약초, 향초, 향신료의 추출 성분이나 설탕 또는 기타의 감미료 및 착색료 따위를 넣어서 만든 알코올음료.

ㅁ

마노배(瑪瑙杯)

마노로 만든 술잔. 옛날 우리나라 궁중에서 쓰였다고 한다.

마늘술 ⇒ 대산주(大蒜酒)

마데리아(Maderia)

대서양 군도인 포르투갈령 마디다 섬에서 생산되는 흰 감미포도주. 1419년에 콘자르베스 사르코가 처음으로 이 섬을 발견했을 때에는 거대한 산림으로 뒤얹인 무인도에서 개척하기 위해 불을 지른 것이 7년간이나 탔다고 한다. 그 후 이 섬에서는 포도재배가 잘 되어 유명하게 되었다.

마라스키노(maraschino)

유고 달마티아(Dalmatia) 지방에 있는 자라(Zara)시를 중심으로 산출되는 야생 버찌로 만든 리큐르. 이탈리아의 룩사르도(Luxardo)회사가 원조이다.

마르 브랜디(marc brandy)

프랑스산 브랜디의 일종. 포도주를 만들 때 포도 착즙기에 남은 찌꺼기를 물에 담가서 생긴 발효액을 증류한 것으로서 질은 나쁘나 알코올 분이 강하다. 주로 리큐르 제조용 혹은 알코올 분 첨가용으로 쓰인다.

마유주(馬乳酒)

말의 젖으로 만든 술. 중국의 동북부지방 및 몽고지방의 말의 젖을 발효시켜 1~2%의 알코올을 함유한 음료. 효모는 건포도로 대용하며 백색의 크림 모양이다. 현지에서는 쿠미스라고 한다.

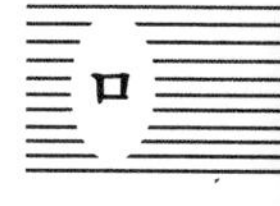

막누룩

밀기울을 물로 반죽하여 누룩 틀(고지)에 넣고 발로 밟아 형태를 만들어 띄운 누룩. 우리나라의 전통 재래식 누룩.

만다라화(蔓陀羅花, 蔓陀羅華)

연꽃의 별칭. 연꽃을 술에 넣고 빚으면 술이 몹시 독해진다는 전설이 있다. 또한 웃으면서 연꽃을 따서 넣으면 그 술을 마신 사람은 몹시 웃는다고 하며, 춤추면서 연꽃을 따서 넣으면 그 술을 마신 사람은 춤을 춘다고 하여 여의주(如意酒)라는 이름이 있다.

만다린(mandarine)

만다린 오렌지로 만든 리큐르. 만다린 오렌지 또는 그 껍질을 브랜디나 아라크(Arrack : 소주) 따위에 담가서 만든다. 큐라소와 비슷하며 주정은 30%, 당분은 시럽을 사용하여 빛깔은 황색 또는 적색으로서 흔히 인공 착색한다.

만이주(蠻夷酒)

당나라 때의 의서인 『천금방(千金方)』, 『천금익방(千金翼方)』에서 언급된 인삼주의 별칭. 인삼, 독화(독활), 기타 41종의 생 약재를 술 2말에 담가 만든다는 기록이 있다.

만자닐라(Manzanila)

스페인 남부에서 생산되는 포도주. 이탈리아어로서 조그만 사과라는 뜻인데, 이 술의 향기가 사과와 비슷하다고 해서 붙여진 이름이다.

말라가(Malaga)

스페인의 남부 말라가 주에서 생산되는 포도주. 호도 같은 빛깔이 나며 감미가 있고 향기가 좋다. 브랜디를 넣어 18도 정도로 50년 이상 익힐 수 있다.

말 술

① 한 말가량의 술. ⇒ 두주(斗酒). ② 많이 마시는 술.

망우물(忘憂物)

근심을 잊어버리게 하는 물건. 술의 다른 이름.

매쉬(mash)

곡류를 절구·맷돌 등으로 가루로 만들어 더운 물과 함께 나무통에 넣어 당화시킨 전국. 여기에 효모를 넣고 발효시키는데 이 발효된 것을 영국에서는 워시(wash), 미국에서는 비어(beer)라고 한다. 과실의 전국도 포도의 마스트(must)와 사과의 파미스(pomace)를 제외하고는 흔히 「매시」라고 한다.

매실주(梅實酒)

소주에 덜 익은 매실(靑梅)을 담가 익힌 술. 제조법은 여러 가지가 있으나 한국·일본·중국 등에서 널리 음용한다. 청매(靑梅) 1kg, 설탕 1kg, 소주 1.8ℓ의 비율로 그릇에 넣고 밀폐하여 30～50일이면 익는다. 건위, 식욕증진, 감기예방 등의 효능이 있다고 한다.

매주(賣酒)

술을 파는 것 또는 파는 술. ⇒ 주매(酒賣).

매주(梅酒) ⇒ 매실주

매화주(梅花酒)

매화꽃을 따서 주머니에 넣어 술에 담갔다가 마시는 술.

맥문동주(麥門冬酒)

맥문동의 뿌리를 말린 약재를 넣고 만든 약용주. 생약 맥문동 100g, 그래뉴당 200g, 소주 1ℓ의 비율로 섞어서 약 1개월간 익힌 다음 베 헝겊으로 짜서 다른 병에 옮기고 설탕을 추가한다. 강장, 강심, 담해(啖害)에 효과가 있다.

맥아(麥芽)

대맥을 물에 담가서 발아시킨 것. 말린 것을 엿기름이라 한다. 엿이나 술의 제조에 쓰인다.

맥아당(麥芽糖)

녹말이나 글리코겐에 산이나 디아스타제를 작용시켜 가수분해 할 때 생기는 당류의 하나. 맥아 속에 많으며 천연물에는 거의 없다. 무색의 침상 결정으로 호정과 함께 엿의 주성분이며 물이나 알코올에 녹는다.

맥주(麥酒)

맥아즙에 홉을 달인 물을 넣고 맥주효모로 발효 저장한 다음 이산화탄소를 함유시킨 양조주. 독일어로 비르(Bier), 프랑스어로 비에르(biere), 영어로 비어(beer)라고 한다.

맥주의 신

이집트의 농업의 신인 오시리스(Osiris)를 이르는 말. 이 신이 대맥주(Ale)의 제조법을 가르쳐 주었다고 전해진다.

머들러(muddler)

칵테일을 조합 할 때 쓰이는 기구의 한 가지. 설탕, 과육, 과치, 약초의 잎이나 줄기 따위를 으깨는 데 쓰인다. 동그랗게 납작한 직경 1.5cm 가량의 쇠붙이에 자루가 달려 있다.

머루술

산머루로 빚은 술.

메독(Nedoc)

프랑스 메독 지방에서 산출되는 적포도주. 장기 저장을 할 수 있으며 향기와 맛이 좋다.

메이플 시럽(maple syrup)

북미에서 산출되는 사탕나무의 수액을 졸여서 만든 시럽. 칵테일 등 혼성음료를 만든다.

메탄올(methanol) ⇒ 메틸알코올

메틸알코올(methyl alcohol)

목재를 말릴 때 생기는 액체로서 일산화탄소와 수소의 합성물. 에틸알코올과 비슷한 무색 액체로 독성이 강하며 포름알데히드의 제조 및 도료·유지의 용제로 쓰인다. ⇒ 메탄올.

명정(酩酊)

정신을 차리지 못할 정도로 술에 취한 것을 이르는 말.

명주(銘酒)

특별한 방법으로 술을 빚고 독특한 상표가 붙은 술. 유명한 술.

모과수주

파인애플을 주재료로 한 과실주. 과실의 껍질에서 향기가 풍기는 중간 크기 한 개와 그래뉼당 500g, 소주 1.8ℓ의 비율로 만든다. 파인애플은 껍질을 벗겨 네 토막을 내서 쓰며, 재료를 함께 섞어서 냉암소에 20일쯤 두면 익는다. 이것을 베 헝겊으로 짜서 다른 병에 옮겨 담아 보존한다. ⇒ 파인애플주, 모과주, 모과수주.

모젤(Mosell)

독일에서 생산되는 포도주. 특히 백포도주가 질이 좋다고 한다.

모젤 와인(Mosell wine)

독일 국내를 흐르는 모젤강 지역에서 생산되는 포도주. 북유럽의 명포도주로 알려져 있으며, 병은 녹색의 것이 쓰이고 있다.

모주(母酒)

약주를 뜨고 난 찌꺼기 술을 말하며 밑술이라 한다.

모주(謀酒)

술을 마시기를 꾀함. 음주(飮酒)할 것을 궁리함.

모주꾼 ⇒ 모주망태

모주망태

술에 항상 취하여 정신을 잃고 다니는 사람. 술 망태기, 술고래.

모주상사 열 바가지 두르듯

얼마 되지 않는 것을 겉으로만 많은 체한다는 뜻.

모태주(茅台酒)

중궁 운귀(雲貴)지방에서 산출되는 소주의 일종.

목정(木精) ⇒ 메틸알코올

목천료주(木天蓼酒)

개다래나무 말린 것을 술에 담근 약용주. 개다래나무의 줄기와 잎 말린 것을 한방에서는 목천료라고 한다. 목천료 100g, 그래뉼당 200g, 소주1.0ℓ의 비율로 섞어 2개월쯤 뒤에 걸러서 설탕을 추가하여 다른 병에 옮겨 보존한다. 강장, 정력증진, 피로회복, 이뇨에 효과가 있다고 한다. ⇒ 목천주(木天酒), 개다래나무 술.

목천주(木天酒) ⇒ 목천료주(木天蓼酒)

몬틸라(Montilla)

스페인의 몬틸라 산 일대에서 산출되는 포도주. 땅에 묻어서 발효시킨다.

몰트(malt)

맥류를 물에 담가 일정 기간 동안 두면 발아하여 녹말 당화효소가 생긴다. 이것을 더욱 익혀서 발아를 멈추게 하여 만든다. ⇒ 맥아(麥芽), 엿기름.

몰트 위스키(malt whisky)

스코틀랜드 북부 산중에 산재한 소규모 증류업자들에 의해서 만들어지는 위스키. 맥아 100%의 전국을 발효시킨 다음 단식 증류기(pot still)로 증류하여 증류수로 희석한 것이 몰트위스키이다. 흔히 영국산 위스키의 원주(原酒) 역할을 한다.

묘주(卯酒)

아침술. ⇒ 조주(朝酒).

무명주(無名酒)

이름이 없는 술.

무 술

제사 때 술 대신으로 쓰는 맑은 냉수. ⇒ 현주(玄酒).

무우주(無憂酒)

근심이 없어진다는 술. 무종(武宗)이 망선대(望仙臺)에서 마셨다고 전해지는 술의 다른 이름.

무주(無酒)

술을 안 마셨다는 뜻에서 아수라왕(阿修羅王)을 번역해서 이르는 술의 다른 이름.

무회주(無灰酒)

다른 재료나 술을 섞지 않은 전국으로 된 술.

문샤인(moonshine)

밀조주(密造酒). 달밤에 만든다는 데서 나온 말.

뮌헨 비르(Muenchen Bier)

독일의 바이에른 지방에서 산출되는 세계적으로 유명한 맥주 이름.

미록(美祿)

아름다운 식록(食祿)이라는 뜻으로 술을 일컫는 이름.

미린(味淋 : **미림)**

주정이 아주 적은 감미로운 술의 일종. 소주, 찹쌀지에밥, 누룩 따위를 발효시켜서 만든 1～3%의 주정이 있는 감미주. 술로서도 마시지만 일본에서는 흔히 요리의 조미료로서 쓰고 있다.

미맹(味盲)

음식물의 맛을 분간하지 못하는 상태. 미각에 병적 증세가 있는 상태. 색맹, 음치와 같은 부류에 속한다.

미인주(美人酒)

모령의 미인이 곡식을 입으로 씹어서 발효시켰다는 술.

미주(米酒)

① 쌀로 빚은 술. ② 대만 산 주정음료의 한 가지. 찐쌀에 누룩을 넣어 띄운 후 증류해서 만든다.

미주(美酒)

맛있는 술. ⇒ 지주(旨酒).

밀감주(蜜柑酒)

① 귤의 껍질을 증류하여 만든 에센스 함유 주(酒). ② 밀감을 주원료로 한 과실주.

밀조(密造)

허가 없이 술을 몰래 양조하는 것.

밀주(密酒)

허가 없이 몰래 만든 술.

밀주(蜜酒)

꿀과 메밀가루로 만든 술. 벌꿀 술.

밑술[주모(酒母)**, 술밑]**

효모를 배양 증식한 것으로 당분이 함유된 물질을 알코올 발효시킬 수 있는 물료.

술밑이 바른 말이다. 한문으로는 주모(酒母)라고 한다. 밑술은 술을 거르고 나서 술독에 남은 술을 이르는 말로 이것을 밑술이라 하고, 이는 다음 담금의 주모로 사용할 수 있다. 국어사전에는 술밑과 밑술은 같은 뜻으로 해석하고 있다. ⇒ 술밑.

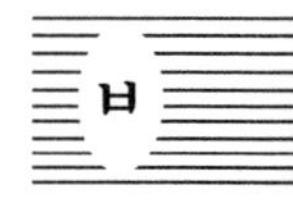

ㅂ

바나나주

바나나를 주재료로 한 과실주. 바나나 8개, 그래뉴당 400g, 소주 1.8ℓ의 비율로 담근다. 바나나는 1.2cm 정도로 옆으로 자르며 껍질은 쓰지 않는다. 한 달쯤 뒤에 베 헝겊으로 걸러서 다른 용기에 담아 두고 마신다.

바르바도스 럼(Barbados rium)

서인도제도의 바르바도스 섬에서 산출되는 럼. 럼 베이스의 칵테일에 주로 쓰인다.

바메저(bar measure)

바에서 일반적으로 쓰이는 계량이며 포니(pony), 지거(jigger), 컵(cup), 파인트(pint), 쿼트(quart), 드롭(drop), 대시(dash), 티스푼(spoon), 보틀(bottle), 와인 그라스(wine glass) 등이 있다.

바이칸(白乾) ⇒ 배갈

바카디 론(Bacardi Ron)

쿠바의 산티아고(Santiago)에 있는 론 바카디 회사가 제조하여 전매하는 럼의 상표. 제당의 부산물인 당밀에서 발효, 증류한 스피릿을 말한다.

바커스(Bacchus)

로마 신화의 술의 신. 그리스 신화의 디오니소스에 해당한다. ⇒ 디오니소스

바텐더(bartender)

카페나 바의 카운터에서 손님의 주문으로 칵테일을 조합하는 사람. 바텐으로 생략하여 부르기도 한다.

박취소주(粕取燒酎)

청주를 걸러낸 지게미를 증류해서 만든 소주. 지게미에서 빼낸 소주라는 뜻의 일본어이다.

박하주(薄荷酒) ⇒ **페퍼멘트(pepper mint)**

반야탕(般若湯)

불교신자들이 말하는 술의 곁말. 불교에서 음주를 금하기 때문에 몰래 마시던 중들이 쓰던 말.

반주(飯酒)

밥을 먹을 때 한두 잔씩 마시는 술. 위장에 자극을 주어 식욕을 돕고 소화를 촉진시킨다고 한다.

반주(班酒)

찌꺼기로 곤 질이 나쁜 소주. 아랑주.

발포주(發泡酒)

술을 빚는 과정에서 생기는 탄산가스를 그 액속에 함유시키거나 주류에 탄산가스를 가해서 발포성을 갖게 한 술. 샴페인 등.

발효(醱酵)

효모, 세균과 같은 미생물에 의해 유기화합물이 분해되어 주정류·유기산류·이산화탄소 등을 생기게 하는 작용.

방문주(方文酒)

누룩과 지에밥으로 술을 빚을 때 여러 가지 한약재를 넣어 만든 약용주의 총칭.

배갈[백건아(白乾兒)**]**

고량으로 만든 일종의 중국 특산의 소주. 무색투명하고 좀 신맛이 있으며 주정분은 30~45도. 빠이주. ⇒ 빠이칼(白乾酒), 빠이칸(白乾). 동북지방에서는 백주(白酒)라고 한다.

배반낭자(杯盤狼藉)

술 마신 자리가 혼잡한 모양.

배주(杯酒)

① 술잔에 따른 술. ② 잔술.

배주(醅酒)

① 거르지 않는 술. ② 전통주의 일종.

배중물(盃中物)

술의 다른 이름.

배트(VAT)

위스키를 재는 큰 통이란 뜻. 스카치위스키 등에 쓰인 VAT 밑의 숫자는 그 회사 제품 중에서도 특히 잘된 술에 붙이는 번호라고 한다. VAT 69, VAT 74 따위.

백년막석천회취(百年莫惜千回醉)

백 년 동안에 천 번은 취해야 할 것이라는 뜻.

백로주(白露酒)

방문주(方文酒)의 일종. 어떤 약방문으로 담그는지 말쑥하게 된 술.

백백주(栢柏酒)

① 불로장생(不老長生) 한다는 전설의 약용주. ② ⇒ 장생불로주(長生不老酒).

백선주(白鮮酒)

백선[白鮮 : 검화, 자양선(自羊鮮)이라고도 한다]을 원료로 한 약용주. 백선 100g, 얼음사탕 200g, 소주 1ℓ의 비율로 섞어 한 달쯤 저장한 다음 베 헝겊으로 걸러서 다른 병에 담아 쓴다.

백세소주(白洗燒酎)

쌀가루를 쪄서 누룩과 함께 찬물에 빚어 한 이틀쯤 물에 담갔다가 쪄서 익힌 보리와 함께 버무려서 뚜껑을 덮어 두고 열흘 만에 고아낸 소주.

백약지장(百藥之長)

① 술보다 더 좋은 약은 없다는 말. ② 인삼을 이르는 말.

백자주(百子酒)

소주 50근과 찹쌀술 10근에다 구기자·용안육·행인·백청을 각 한 근씩 넣어서 20일 정도 익혀 만든 술.

백자주(柏子酒)

잣을 짓찧어 기름을 내서 멥쌀에 쪄낸 다음 술을 담글 때 밑에 깔았다가 떠낸 술.

백주(白酒)

① 빛깔이 흰 술(탁주, 막걸리). ② 일본 술의 일종. 주정이 많은 것과 적은 것의 두 가지가 있으며 흔히 주정 4~5%, 당분 25~26%이다. 주정으로는 소주·청주·미린(미림) 등을 사용한다. 찐 밥 1말 5되, 누룩 6되, 소주 1말 5되를 일차적으로 발효시켜 여기에 찐 밥 5되를 합쳐서 익힌 후에 절구에 빻아 다시 발효시킨다. ③ 중국 증류주의 일종.

백주황계(白酒黃鷄)

흰 술과 누른 닭. 화주(火酒)에 닭고기 안주를 일컫는 말.

백포도주(白葡萄酒)

빛깔이 무색인 포도주. 화이트 와인.

백하주(白霞酒)

고려시대 이후 애용되던 재래주의 일종. 찹쌀가루 1말, 끓는 물 3되에 누룩을 섞어 독에 담고 3일 후 다시 백미 2말, 끓는 물 6되. 누룩가루를 추가해서 버무린 다음 1주일 정도 익혀서 만든다.

백화주(百花酒)

온갖 꽃을 넣어서 빚은 술. 중국의 동정호(洞定湖) 호반에서 생산된다고 한다.

버무스(vermouth) ⇒ 베르뭇

버본 위스키(Bourbon whisky)

미국 켄터키 주 버본 지방에서 생산되는 일명 켄터키 위스키(Kentucky whisky). 주재료는 옥수수이고, 여기에 호밀 맥아 등을 배합하여 발효시킨 후에 적어도 두 번 증류하여 위스키 컬러를 내기 위하여 속을 태운 떡갈나무 통에 넣어서 익힌다. 알코올 도수는 50도짜리와 43도짜리가 있다.

벌꿀 술 ⇒ 밀주(蜜酒)

벌배(罰杯)

술자리에서 어떤 규칙을 어겼을 때에 강제로 마시게 하는 술. ⇒ 벌주(罰酒).

법주(法酒)

① 찹쌀과 국화와 솔잎을 따 넣고 100일 동안 땅에 묻었다가 꺼낸 술이라고 하며, 절에서 양조되었다고 한다. 또 일설에 의하면 문무백관(文武白官)이나 외국 사신에게 대접하기 위해 만든 특주라고도 하며, 경주가 명산이다. ② 식대로 만든 술.

베네딕타인(Benedicine) ⇒ 베데딕틴

베네딕틴(Benedictine)

프랑스에서 생산되는 리큐르의 일종. 베네딕트파 수도사 돈 베르나르드 빈체리가 1501년에 차음으로 만들기 시작하여 현재까지 이 수도원에서 양조되고 있다. 프랑스 혁명 때 몰수되었다가 1863년 빈체리가 양피지에 적어 놓은 제조법이 발견되어 다시 만들게 되었다. 알코올 도수 42도이다.

베르무트(vermouth)

약쑥과 기타 약초를 넣고 만든 약용 브랜디. 영어로는 베르무스(vermouth), 프랑스어로는 베르못(vermouth), 이태리어로는 비노 베르모우트(vino Vermouth)라고 한다.

벽력주(霹靂酒)

천둥번개가 칠 때 빗물로 쌀을 씻고, 빗물로 밥을 지어 빗물로 담근 술.

벽향주(碧香酒)

재래 청주의 일종. 백미 2말반을 끓는 물 3말에 넣어 죽을 쑤어 식힌 후 누룩가루를 첨가하여 5일쯤 저장했다가 백미 3말을 쪄서 물 3말반에 풀어 식은 다음에 누룩가루와 버무려서 술밑에 섞는다. 약 15일이면 익어서 먹게 된다.

별어주(鼈魚酒)

중국 강장주의 일종. 자라를 술에 담가서 그 성분을 빼낸 것으로 주정도 11~14%이며 해열·해독작용이 있다고 한다.

별주(別酒)

① 별다른 방법으로 빚은 특이한 술. ② 이별주.

병국(餠麴)

쌀이나 밀 따위를 원형 그대로 발효시키지 않고 떡처럼 덩어리지게 만든 누룩의 총칭.

병 술

병에 넣은 술. 병에 넣어 파는 술.

보드카(vodka)

러시아 특산 증류주. 라이보리, 감자, 옥수수 등의 원료에 맥아를 더하여 당화·발효시킨 것을 증류하여 만든다. 무색투명하며 냄새가 거의 없고 단맛이 약간 도는 화주(火酒)로서 주정도 40~60%이며 미국 등지에서도 만들고 있다.

보디(body)

술 고유의 독특한 맛을 뜻하며, 감칠맛이 있는 와인을 말한다.

보로비스카(Borovíska)

체코슬로바키아 산의 쥬니퍼 스피릿(juniper spirit). 쥬니퍼 베리(juniper berry ; 두송의 열매)를 발효·증류하여 만들며 주정도 45%이다.

보르도(Bordeaux)

프랑스 보르도 지방에서 산출되는 포도주. 보통 9%~14%의 알코올을 함유하고 있으며, 붉은 것과 흰 것의 두 가지가 있는데 붉은 것을 영국에서는 클래릿(claret)이라고 한다.

보살주(菩薩酒)

석가세존(釋迦世尊)이 페르시아의 여왕에게 선사했다는 불주(佛酒)의 일종.

보크비어(Bock Bier)

독일의 아베크에서 처음으로 만들어 낸 흑맥주. 현재는 전 세계의 맥주 산출국에서 거의 다 만들고 있다. ⇒ 흑맥주.

복령주(茯笭酒)

복령 분말을 넣고 빚은 술. 허리, 무릎 등을 덥게 하고 두통·현기증에 효력이 있다.

복수(福水)

술의 다른 이름.

복숭아술

복숭아를 주재료로 한 과실주, 복숭아의 과육이 붉은 것은 붉은색, 황색인 것은 노란색의 술이 된다. 복숭아 1kg을 그래뉴당 600g, 소주 1.8ℓ의 비율로 담가서 25일쯤 뒤에 베 헝겊으로 걸러서 다른 용기에 담아 보존한다. 복숭아는 칼로 깊이 자국을 내어 과즙이 잘 나오게 한다. 이 때 5개쯤은 속의 씨를 꺼내어 칼 등으로 흠집을 내서 함께 넣으면 씨 속의 상쾌한 방향을 얻을 수가 있다.

봉래춘(蓬萊春)

맑은 술에 밀과 후추를 가루 내어 항아리에 담은 후 밀봉하여 솥에 넣고 중탕한 술.

부르고유(Bourgogne)

옛 프랑스의 주 이름이며, 유럽 최고의 포도 재배지이다. 술 이름도 이것을 딴 것이며, 영어로는 버건디(Burgundy)이다. 유명한 포도주 생산지대의 하나이며 적포도주와 백포도주가 있다. 알코올 도수는 약 15%이다.

부의주(浮蟻酒)

조선 초기 청주의 일종. 끓는 물 3되를 식혀서 누룩가루 1되를 넣어 하룻밤 재운 후 찹쌀 1말을 지에밥으로 만들어 식혀서 침국(浸麴)을 물에 비벼 체로 걸러서 찐 밥과 섞어 항아리에 담는다. 15일쯤이면 익는데 익는 과정에서 쌀알이 개미같이 뜬다는 뜻에서 지어진 이름.

부케(bouquet)

꽃다발 방향(芳香 : nose gay). 포도주에서 발산되는 향기를 뜻한다. 포도주에 충분한 산이 있을 때에만 발산된다.

북산주경(北山酒經)

남송(南宋) 시대 중국에서 발간된 양조에 관한 책.

브랜디(brandy)

과실을 발효 증류하여 만든 스피릿의 총칭.

브레어서(bracer) ⇒ 흥분주

브리티시 프루프(British proof)

영국에서 1816년에 제정된 주정도 표시 기준이다. 런던 프루프라고도 하며 화씨 51도에서 같은 용적의 증류수 무게의 13분의 12를 갖는 스피릿이라고 정의하고 있다. 우리나라 도수로 환산하려면 57.1 × (100 · 브리티시 프루프 도수)이다. 예를 들어 B.P 25이면 57.1 × (100 · 25) = 42.825, 즉 43도이다.

블랑(blanc)

희다는 프랑스 말. 백포도주의 약어로 쓰인다.

블렌딩(blending)

섞는 것을 말한다. 동류(同類)의 포도주나 스피릿을 섞는 것을 말하며, 동류(同類)가 아닌 포도주나 스피릿을 섞을 경우는 믹싱(mixing)이라고 한다.

비뇨 데 로다(Vinhoede Roda)

항해하면서 익힌 술이라는 뜻.

비르(Bier)

맥주의 독일어.

비어보리(beer barley)

맥주 원료로 쓰이는 보리.

비즈왕(beeswing)

병이 들어 포도주에 생기는 앙금. 포드 와인(port wine)에서 많이 볼 수 있다.

비터스(bitters)_

고미주(苦味酒). 맛이 쓰며 칵테일에 사용된다.

비터스 보틀(bitters bottle)

고미주를 넣은 그릇. 프라스코(frasco)형으로서 끝부분의 쇠붙이로 된 작은 구멍에서 한 방울씩 나오도록 되어 있다.

비파주(枇杷酒)

익은 비파나무 열매를 발효시켜 만든 술. 비파나무는 장미과에 속하며 동남아시아의 온대 ・아열대 지방이 원산지이다.

비포 디너 칵테일(before dinner cocktail)

식사 전에 마시기 적당한 칵테일. 맛은 중급의 독한 것을 사용한다.

빙주(氷酒)

과실즙에 시럽과 술을 넣어 약간 얼려서 마시는 청량음료.

빠이쥬(白酒)

중국에서 만들어 내는 증류주의 총칭. 원료는 고량·쌀·보리·콩·옥수수 등이며, 배갈(백건아)·고량주(고량주) 등의 이름으로 알려져 있다. 40도 이상의 독한 술이다. ⇒ 배갈.

빠이갈(白乾兒)⇒ **배갈**

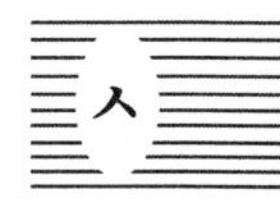

사과주

사과를 주재료로 하는 과실주. 사과 큰 것 4개에 그래뉴당 400~500g, 소주 1ℓ 비율로 29일간 담갔다가 베 헝겊으로 짜서 마신다.

사대해(四大海)

불교에서 수미산의 서쪽에 있었다고 하는 바다를 뜻하는 말로서 이를 주해(酒海)라고 비유했다. 또한 이 바닷물은 술이라 하여 감로(甘露)라고 표현하였다.

사미구(四美具)

네 가지(꽃, 달, 술, 벗) 아름다운 것이 갖추어졌다는 말.

사온서(四醞署)

고려 때 대궐에서 사용하는 주류에 관한 일을 맡아 보던 관청. 양온서(良醞署)를 충렬왕 34년에 개칭하였다. 조선시대에도 태조 원년에 설치되어 고려시대와 같은 기능을 담당하였으나 조선 중엽에 폐지되었다.

사위주호(死爲酒壺)

죽어서 술병이 되겠다는 말. 술을 매우 좋아한다는 말.

사이다

프랑스어로는 시들(cidre). 사과과즙의 발효주를 의미한다. 주정이 함유되지 않은 소프트 사이더(soft cider)와 주정이 함유된 하드 사이다(hard cider)가 있다.

사주(使酒)

술을 마신 김에 주세(酒勢)를 부림. 술의 힘을 빌려 큰 소리를 침.

사프란주(saffran酒)

남부 유럽이 원산지인 사프란이라는 생 약재를 넣은 술. 사프란 20g 그래뉴당 200g, 증류주 2ℓ 비율로 2개월 동안 저장한 술.

산사자주(山査子酒)

산사열매의 나무로 담근 약용주. 산사나무의 열매는 산사자이고, 씨를 뺀 열매는 산사육이다. 산사자나 산사육 100g, 그래뉴당 300g을 소주 1ℓ와 섞어 2개월 후에 걸러서 설탕을 가미하여 마신다. ⇒ 산사주(山査酒).

산초주(山椒酒)

산초를 술에 넣은 중국의 약용주.

삼배(三杯)

석잔의 술.

삼배증양주(三倍增釀酒) ⇒ 삼증주(三增酒)

삼십오실(三十五失)

술을 마시면 그 실수가 35가지나 된다는 불가의 말.

삼십육과(三十六過)

술을 마시면 36개조에 해당되는 과실(過失)을 저지른다는 불가의 말.

삼오주(三五酒)

소주의 별칭. 예전에는 3월에 담갔다가 5월 중에 증류시켜 내놓기 때문에 붙여진 이름.

삼용약주(蔘茸藥酒)

인삼과 녹용의 성분을 우린 약용주.

삼일주(三日酒)

담갔다가 3일 만에 마시는 술.

삼증주(三增酒)

3배로 분량을 늘린 술. 제2차 세계대전 중에 일본에서 만들던 합성주이며 청주에 알코올, 엿, 포도당, 호박산, 유산, 글루탐산나트륨, 무기질, 물을 섞어서 만든 술.

삼지(三遲)

술좌석에 늦은 사람에 대한 세 가지 벌칙을 이르는 말. 술이 5순배된 후에 도착한 사람은 벌주로 3잔, 7순배 후에는 5잔, 10순배 후에는 7잔을 먹어야 한다는 규칙.

삼해주(三亥酒)

정월 상해일(上亥日)에 찹쌀가루를 섞어서 독에 넣으며 중해일(中亥日)에 같은 방법으로 추가하여 7일간 익힌 술. ⇒ 춘주(春酒).

상(觴)

술잔의 총칭.

상면발효(上面醱酵)

맥주제조법의 일종. 액의 상면으로부터 발효가 시작되게 하는 방식. 하면발효보다 고온에서 이루어지며, 영국계 맥주가 이 방식을 취한다.

상면발효맥주(上面醱酵麥酒)

호기성 효모를 사용하여 상면에서부터 발효시킨 맥주.

상실주(桑實酒)

뽕나무 열매인 오디를 주원료로 한 과실주. 오디 1kg, 그래뉴당 660g, 백주(白酒)나 소주 1.8ℓ 비율로 20일 정도 익힌 후에 베 헝겊으로 짜서 다른 용기에 옮겨 보관한다.

상영소견(觴詠消遣)

술을 마시고 시를 읊으며 세월을 보냄.

상정(觴政)

술을 마시고 즐기는 일.

상주(賞酒)

상으로 주는 술. ⇒ 상술.

색주가(色酒家)

술과 색을 겸해서 파는 집.

생맥주(生麥酒)

살균하기 위해 살균하지 않고 양조한 그대로의 맥주.

샤르트루즈(chartreuse)

프랑스어로 승원(僧院)이라는 뜻. 리큐르의 여왕으로 불리는 유명한 술로서 11세기경부터 만들어지기 시작하였다. 그린(55도)과 엘로(43도)의 두 종류가 있는데, 그린에는 20종의 프랑스 약초가 들어가고, 엘로는 15종의 약초가 들어간다.

샴브레(chambrer)

「방」이나 「방에 둔다.」는 말. 적포도주를 마시기 전에 실내 온도와 비슷하도록 실내에 둔다는 것을 의미하는 말.

샴페인(champagne)

프랑스 샹파뉴 지방에서 생산되는 천연산 발효 포도주. 정식 명칭은 방 드 샹파뉴(Vin de Champagne)이다. 이 술은 최초의 발효가 끝난 과즙을 다른 통에 넣어 포도를 추가하는데 세 번 되풀이해서 다음해에는 다른 통에 담아 4년간 지하창고에 저장하였다가 침전물이 가라앉은 다음에 병에 넣어 거꾸로 세워서 다시 병 내부에서 발효를 촉진하여 완성한다.

샴페인 칵테일(champagne cocktail)

카니발이나 크리스마스 등 축제와 개인적인 축하에 사용되는 칵테일.

서퍼 칵테일(super cocktail)

만찬 때 즐기는 칵테일.

석탄주(惜呑酒)

백미 2되, 물 1말로 죽을 쑤어 식힌 다음 누룩가루 1되를 넣고 3~4일 후에 찹쌀 1말을 쪄서 추가하여 1주일 정도 지난 뒤에 마시는 일종의 재래주.

선령비주(仙靈脾酒)

음양곽을 넣고 만든 약용주. 음양과 50g, 그래뉴당 200g, 소주 1ℓ의 비율로 섞어 1개월 정도 숙성시킨 다음 걸러서 다른 병에 옮기고 술을 추가하여 1ℓ가 되도록 한다.

선술집

술청 안에서 선 채로 술을 마시는 술집. 1940년대까지 도시에 있었으며, 술 한 잔에 안주 한 가지를 끼워서 판매하였다.

선양주(善釀酒)

재료를 물로 처리하지 않고 처음부터 물 대신에 술을 이용해 빚은 술.

선온(宣醞)

임금이 신하에게 술을 하사하는 술. 이 술은 사온서(司醞署)에서 만든다.

성일(醒日)

술에 취하지 않고 맑은 정신이 있는 날.

세미기(洗米機)

쌀 씻는 기계. 청주나 소주의 지에밥으로 사용되는 쌀을 씻을 때 사용된다.

세이커

칵테일을 만들 때 잘 섞이도록 흔드는 기구.

세주(歲酒)

설날에 마시는 찬술. 옛날에는 추수 때 잘 여문 쌀을 미리 떠 놓았다가 설날을 앞두고 술을 빚어 차례에 올리고 그 나머지는 세주로서 세배객에게 대접하거나 이웃과 나누어 마시는 데 사용하였다.

센케(**Schenke**)

선술집이라는 뜻의 독일어.

셀러(**cellar**)

지하창고, 주고(酒庫). 포도주를 저장하여 두는 지하실.

셰리(**sherry**)

스페인 특산의 백포도주 종류. 다른 포도주와 달리 나무통에서만 숙성시킨다.

소곡(국)주(小麯酒)

조선 초기의 주(酒) 가운데 하나. 끓는 물을 식혀 항아리에 넣고 누룩가루, 지에밥을 넣어서 하룻밤을 지낸 후 다시 쌀가루 찐 것을 물에 풀어 으깨어 넣고 15일쯤 지난 후에 걸러서 마신다.

소국주(小麴酒)

막걸리의 일종. 찹쌀로 만든다.

소마(**soma**)

고대 인도의 술. 인드라 신에게 바치는 술이었다고 한다.

소맥소주(小麥燒酒)

밀을 주재료로 하여 만든 소주.

소우자 막약주(銷憂者 莫若酒)

근심을 없애는 데는 술보다 나은 것이 없다는 말.

소자주(蘇子酒)

차조기 씨를 볶아 짓찧어 헝겊 주머니에 넣어서 청주에 3일간 담갔다가 짜서 마시는 술.

소주(燒酒)

곡류에 누룩과 물을 섞어 발효시켜서 증류한 무색투명한 술. 알코올 분 20~35%.

소주고리(燒酒古里)

소주를 증류하는 기구. 구리나 오지로 두 짝을 겹쳐 놓게 되어 있다. 위의 것은 밑이 좁고 위가 넓으며, 아래의 것은 밑이 넓고 위가 좁다. 구리로 만든 것은 동(銅)고리, 흙으로 만든 것은 오지고리나 토(土)고리라고도 한다. 함경도 지방에서는 「는지」라고 한다.

소주도(燒酒徒)

소주를 즐겨 마시는 술꾼. 고려시대의 김진(金鎭) 장군에게 붙여진 말이 최초가 되었다고 한다.

소줏불

① 소주에 붙인 푸르스름한 불. ② 소주를 많이 마셔 속에서 일어나는 독한 기운.

소테른(Sauternes)

프랑스 보르도 지방에서 생산되는 백포도주. 설탕을 넣지 않고 천연의 강한 감미만을 살리는 술로서 향기와 맛이 유명하다.

소프트 드링크(soft drink)

무 주정음료의 총칭. 소량의 주정이 함유된 음료를 지칭하기도 한다.

소회향주(小茴香酒)

중국 양용주의 한 종류. 소회향을 술에 넣어 가끔 흔들어 주고 1개월 반 정도 지나면 향기가 우러나온다.

소흥주(紹興酒)

중국 절강성(折江省) 소흥부(小興府)에서 생산되는 노주(老酒)의 일종. 찹쌀에 밀 누룩과 특수 누룩으로 양조하여 증류시킨 후 목이 긴 도자기병에 넣고 종이나 진흙으로 밀봉하여 보관한다.

속거부득지(速去不得遲)

술자리에는 늦게 참석해도 안 되고, 남보다 먼저 가도 안 된다는 말.

속주(屬酒)

술잔을 남에게 건네주고 술을 권함. ⇒ 헌배(獻杯).

솔로 진(soloe jin)

영국과 프랑스에서 야생하는 자두나무의 일종인 블랙 톤(blackthorn)을 진에 담가 그 성분을 추출한 후 감미를 첨가한 술. 자두 술.

송순주(松荀酒)

약주의 일종. 솔의 향기를 넣은 감미주. 찐 밥에 누룩을 섞고 소나무의 어린 순을 가입한 후 소주를 섞어서 담근다.

송실주(松實酒)

잣을 으깨어 소주에 넣고 설탕을 가미해서 1개월 정도 지난 후에 거른 술.

송엽주(松葉酒)

지에밥과 누룩으로 술을 빚을 때 봄에 새로 돋은 소나무 순을 넣어 빚은 술.

송자주(松子酒)

잣을 갈아서 물에 끓인 다음 찌꺼기는 버리고 쌀가루를 쪄서 섞은 다음 항아리에 넣고 빚은 술.

송화주(松花酒)

3, 4월에 송화가 피면 줄기째 짓찧어 술에 3일 정도 담갔다가 걸러서 마시는 술.

맛이 달고 향기가 좋다.

수세령(手勢令) ⇒ **주세령**(酒稅令)

수오주(首烏酒)

하수오(何首烏)를 소주에 담가 성분을 우린 술.

수작(酬酌)

술잔을 서로 주고받으며 술을 즐기는 것.

수주(壽酒)

장수를 축하하는 술.

숙성(熟成)

물질을 오랜 시간 적당한 온도로 방치해서 서서히 발효시켜 콜로이드 입자의 생성과 기타 화학반응을 일으키게 하는 일.

숙취(熟醉)

다음 날까지 깨지 않는 취기.

순례(醇醴)

① 진한 술과 감주(甘酒). ② 진한 감주.

순미(醇味)

① 좋은 술의 맛. ② 순수한 술 맛.

순배(巡杯)

① 술잔을 돌림. ② 술잔을 한 바퀴 도는 일 또는 그 술잔.

순생맥주(純生麥酒)

무균상태로 여과시킨 생맥주.

순소주(純燒酒)

① 다른 소주가 섞이지 않은 순수한 소주. ② 고급 소주.

순주(醇酒)

① 진하고 순수한 소주. ② 아무것도 섞지 않은 술. ⇒ 무회주(無灰酒).

순주정(純酒精)

잡것이 섞이지 않은 순수한 주정.

술고래

술을 많이 마시는 사람. ⇒ 주호(酒豪), 술 부대, 술 보, 주태배기.

술 국

술집에서 안주로 주는 국. ⇒ 주탕(酒湯).

술국밥

술집에서 안주 대용으로 밥을 말아 주는 술국. ⇒ 주가탕반(酒家湯飯).

술 덤벙 물 덤벙

술이나 물을 가리지 않고 덤벙댄다는 말. 모든 일에 경솔하게 행동한다는 뜻.

술 덧

주류의 원료가 되는 물료를 발효시킬 수 있는 수단을 가한 때부터 주류를 제성하거나 증류하기 직전까지의 상태에 있는 물료.

술도가(酒都家)

술을 만들어 도매하는 집. ⇒ 양조장(釀造場).

술도깨비

술에 취해 상식을 잃은 행동을 하는 사람. ⇒ 술주정꾼.

술 독 ⇒ 주옹(酒甕)

술마당

술잔치가 베풀어진 마당.

술막(幕) ⇒ 주막(酒幕)

술망나니

술주정이 심한 사람을 낮추어 이르는 말.

술 망태기 ⇒ 술 부대

술 먹은 개

술 취한 사람은 올바른 정신이 없으니 상대하지 말라는 격언.

술 밑

쌀을 쪄서 식힌 뒤에 누룩으로 섞어서 버무린 밥. 술을 만드는 기본 재료를 조합하는 것. ⇒ 주모(酒母), 밑술.

술 바가지

술을 독에서 떠내는 데 쓰이는 바가지.

술 받아 주고 뺨 맞는다.

남에게 후하게 접대하고도 모욕을 당한다는 말.

술 밥

술을 담글 때 쓰는 지에밥. 쌀에다 술, 간장, 사탕 등을 섞어서 지은 밥. ⇒ 주반.

술병(甁)

술을 담는 병. 토기나 유리로 만든 것이 있다.

술병(病)

술을 많이 마셔서 생긴 병.

술 부대

술을 많이 마시는 사람을 부대에 비유하여 히는 말. ⇒ 술보, 술 망태기.

술비지 ⇒ 재강, 지게미

술상(床)

술과 안주를 차려놓은 상.

술 샘 나는 주전자

도리에 어긋나는 일에 비유하는 말.

술 쌀

① 술을 만드는 쌀. ② 술을 담글 때 사용되는 쌀.

술안주(按酒)

술을 마실 때 함께 먹는 음식. ⇒ 주효(酒肴).

술어미 ⇒ 밑술, 술밑, 주모(酒母)

술자리

① 술상을 베푼 자리. ②술을 마시며 노는 자리. ⇒ 주연(酒筵).

술잔(盞)

① 술을 따라 마시는 그릇. ② 몇 잔의 술, 약간의 술.

술잔거리

술 몇 잔을 사먹을 만 한 돈.

술잔치

술을 마시며 즐기는 간단한 잔치. ⇒ 주연(酒宴).

술장수 간다.

일이 공교롭게 맞아 들어간다는 비유. 술을 먹고 싶던 차에 마침 술장수가 지나간다는 데서 나온 말.

술주자(酒榨)

술을 거르거나 짜 내는 틀. ⇒ 주자(酒榨), 주조(酒糟).

술지에 ⇒ 술밥

술 집

술을 파는 집. ⇒ 주가(酒家), 주점(酒店).

술찌끼 ⇒ 재강

술 청

선술집에서 술을 따라 놓는 곳. 바의 카운터와 비슷한 장치.

술추렴

술값을 여러 사람이 분담하여 내는 것. 차례로 돌아가며 내는 술.

술친구

술친구. ⇒ 주붕(酒朋), 주우(酒友).

쉐이(chai)

점포(店鋪) 또는 포도주나 스피릿의 저장 장소. 지하에 있는 것은 셀라(cellar)라고 하고, 지상에 있는 것은 쉐이라고 한다.

스낵바(snack bar)

선 채로 간단하게 식사를 하고 술도 마실 수 있는 곳.

스냅스(Schnapps)

네덜란드의 진. 녹나무 열매를 증류한 엑기스 분을 넣어 향취를 한 술.

스자모니더 토케이(Szamorder Tokay)

헝가리에서 생산되는 포도주 이름. 보통으로 익은 포도주와 온전히 익은 포도주를 섞어서 만든다.

스카치 위스키(Scotch whisky)

영국 스코틀랜드에서 생산되는 위스키의 총칭. 세계 4대 위스키의 하나로 꼽힌다.

스콜(skoll)

두개골로 만든 술잔. 사람의 해골을 이용해서 만든 술잔.

스타우트(Stout)

흑맥주의 일종.

스타인(stein)

맥주를 마실 때 사용하는 술잔의 한 종류. 조끼(jug)를 이르는 말. 큰 것과 작은 것, 뚜껑이 달린 것 등이 있다.

스트레이너(strainer)

믹싱 글라스로 섞은 칵테일을 그라스에 옮길 때 얼음 등이 쏟아지지 않도록 믹싱 그라스에 끼우는 그물모양의 금속판.

스트레이트(straight)

섞인 것이 없거나 배합하지 않은 순수하지 않은 것.

스틸 와인(still wine)

비발포성 포도주. 이산화탄소가 함유되어 있지 않아서 거품이 나지 않는 술.

스패니시 브랜디(Spanish brandy)

셰리주를 증류해서 만든 브랜디. 향기가 독하지 않은 유순한 술.

스피릿(spirit, 증류주)

화주(火酒)나 강한 술을 뜻하는 말. 도수가 높은 술.

승로병(承露甁)

소주 증류기의 한 종류.

승로항(承露缸) ⇒ 승로병(承露甁)

시담(Schiedam)

네덜란드산 진이며 시담 지방에서 만들어졌다고 해서 붙여진 이름.

시음(試飮)

술 맛을 보기 위해 마심.

시주(詩酒)

시와 술.

시판주(市販酒)

자가 양조가 아닌 시중에서 파는 술.

식전주(食前酒)

식사 도중에 마시는 술. ⇒ 아페리티트.

식후주(食後酒)

식사 후에 마시는 술.

신주(神酒)

신령에게 올리는 술.

신주(新酒)

① 햅쌀로 빚은 술. ② 새로 개발한 술.

신선연수주(神仙延壽酒)

당나라 때 의서인 만병회춘(萬病回春)에서 처방한 인삼주의 명칭. 허약한 체질을 강하게 한다는 처방주.

신청주(新淸酒)

쌀을 절약하고 소주나 주정을 이용하기 위해 고안된 청주. 합성주는 호박산, 푸말산, 글루탐산, 말산, 로이신 등의 주정용액에 향료와 무기성분을 첨가하여 거른 것과 아미노산 분해를 전해법(電解法)으로 합성시킨 술. 대용주로서는 흔히 주박에 물이나 모주(母酒), 종국(種麴)과 쪄낸 쌀을 넣어 발효시켜 주정을 넣어 만든다.

실비우스(Sylivius)

네덜란드의 의학자로서 진(jin)을 처음으로 만들었다고 하며, 중성 스피릿에 두송(杜松) 열매를 침지시켜 약용 리큐르를 만들었다고 한다.

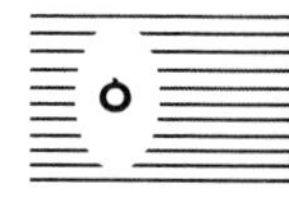

아가위술

아가위 열매를 우린 술이며, 열매를 씻어 말린 다음 설탕과 술을 넣어 저장 후에 마신다.

아네(annee)

연도 해를 의미하며, 주로 오래 저장된 술의 주령에 붙인다.

아니제트(anisette)

아니시드(약용 식물의 씨) 향기를 넣은 무색투명한 리큐르. 프랑스, 네덜란드, 이태리, 스페인 등지에서 애용되는 술이다.

아드보카드Advokaat)

계란의 노른자위를 넣은 리큐르. 영국에서는 에그 부랜디(egg brandy)라고 한다.

아라키(araki : 함기, 喇基)

수수로 만든 증류주로서 원나라에서 만들어 먹은 소주의 일종이다.

아락(arrac)

설탕과 야자수의 수액, 쌀 등을 원료로 만든 증류주. 동남아시아에서 인도에 걸친 지역에서 애용하는 술.

아랑주

찌꺼기로 만든 질이 나쁜 소주. ⇒ 반주(斑酒).

아르노우 드 빌누브(Arnaud de Villeneue)

세계 최초로 브랜디를 만든 사람. 브랜디를 처음 만들었을 때에는 생명의 영주(靈主)로 불렸다고 한다.

아르마냑(armabnac)

프랑스 쥬르 지방에서 산출되는 브랜디.

아메리칸 샴페인(American champagne)

미국에서 생산되는 샴페인의 총칭.

아메리칸 위스키(American whisky)

미국에서 생산되는 위스키의 총칭. 세계 4대 위스키에 꼽힌다.

아메리칸 프루프(American proof)

미국의 주정도 계량 단위. 순수 알코올을 200 등분한 표시법. 한국은 100 등분.

아스바흐(Asbach)

독일에서 생산되는 브랜디 상품명.

아스츠 토케이(Aszu Tokay)

헝가리아산 포도주. 보통으로 담근 포도주에 완전히 익은 포도원액을 첨가하는데 첨가하는 양에 따라 주질이 달라진다.

아스티 스푸만테(Asti squmante)

이탈리아 아스티 지방에서 나는 발포성 포도주. 본래는 단맛이 강하여 여성 전용으로 애용되었다.

아이리시 위스키(Iish whisky)

아일랜드에서 산출되는 위스키. 세계 4대 위스키 가운데 역사가 제일 깊다.

아이비에이(IBA)

국제 바텐더협회(International Bartender Association)의 약칭. 1951년 2월 24일에

오스트리아에서 결성되었다. 한국은 1973년 11월 7일에 28번째로 가맹하였다.

아침술

아침 일찍 마시는 술.

아퀴 타 코숀(Acquita-Caution)

프랑스 법률로 주류 품질을 보증하기 위해서 발행하는 출고 허가증. 황금색, 흰색, 장미색 등의 빛깔로 구분한다.

아크바이트(Akvavit)

스칸디나비아 등 각국에서 산출되는 증류수. 감자에서 빼낸 정류 알코올에 캐라웨이 씨(caraway seed)를 주로 한 향료를 첨가한 술. 통에 담아 배에 싣고 오랫동안 익힌 것을 리니아(Linia) 아크와 비트라고 한다.

아페리티프(aperitif)

식욕 촉진제라는 프랑스 말로서 식전주의 뜻으로 사용된다.

아페리티프 와인(aperite wine)

① 포도주를 밑술로 하여 각종 약초와 향료, 영양제를 넣고 우린 약용주. 주로 식사 전에 마신다. ② 식욕증진을 위해 식전에 마시는 술.

아프리 코트 브랜디

살구의 향기가 나는 달콤한 리큐르.

악객(惡客)

술을 한사코 안 마시는 사람을 악덕자(惡德者)라고 하여 부르는 말. 후대에는 술을 폭음하는 사람을 악객이라 부르게 되었다.

악주(惡酒)

품질이 나쁜 술.

악취(惡臭)

몸의 상태가 좋지 않거나 술의 질이 나쁜 여러 가지 술을 혼음했을 경우에 생기는 술의 후유증.

악취 이강주(而强酒)

맹자에 나오는 말. 술에 취하는 것을 싫어하면서도 억지로 술을 마시는 것. 뜻과는 반대로 행동을 한다는 말.

안고스츄라 비터스(angostura bitters)

고미주(苦味酒)의 일종. 프랑스 말로 비테르 아랑규스튜르(bitter al angusture)라고 하며, 칵테일에 사용되는 향료 역할을 한다.

알고로브 비어(algorobo beer)

아르헨티나나 체코 지방에서 생산되는 맥주. 여자는 마시지 못하게 되어 있다.

알라슈 퀴멜(Allasch kuemmel)

제정 러시아의 한 장원(莊園) 이름을 붙인 술. 일명 러시아 퀴멜이라고도 한다. 알코올 도수 45%의 술. 보드카와 함께 러시아인들이 애용하는 술이다.

알람비퀘(alambique)

단식 증류기로서 포트 스틸(pot still)이다. 1826년에 스코틀랜드 인 로버트 스타인이 연속식 증류기를 발명할 때까지 사용되었다.

알렘빅(alembic)

16세기에 있었던 옛 증류기.

알코올(alcohol)

R-OH로 표시되는 화합물. 메틸알코올과 에틸알코올 등이 있으나 일반적으로 에틸알코올을 가리킨다.

알코올리즘(alcoholism)

알코올 중독.

알코올(alcohol) 분

원 용량에 함유된 에틸알코올(15℃에서 7947/10000의 비중을 가진 것)을 의한다. 알코올 분의 도수는 15℃에서 원 용량 100분 중에 함유된 알코올 분의 용량으로 한다.

알코올(alcohol) 첨주

알코올 첨가 주이며, 청주의 양을 늘리기 위해 알코올을 첨가하고 물을 탄 술.

암스텔(Amstel)

네덜란드에서 생산되는 맥주 이름.

압리주(鴨利酒)

중국산 배로 만든 과실주. 압리는 「야아리」라는 배인데 한국 배보다 향기가 좋고 감미가 강하며 수분이 적다. 작은 야아리 5개, 그래뉴당 600g, 소주나 배갈 1.8ℓ 비율로 섞어 20일 정도 익힌다. 여기에 구연산을 조금 넣어 마시기도 한다. ⇒ 이주(梨酒), 양이주(洋梨酒).

압상(absinthe) ⇒ 압상트(absinthe)

압상트(absinthe)

주정에 약쑥이나 기타 향료를 넣은 술. 프랑스가 본 고장이지만 스위스나 이탈리아에서도 생산된다. 한때는 약용주로서 사용되었으나 마취성이 있음이 판명되어 현재에는 다른 향료와 병용하도록 하고 있다.

앙주(醠酒)

막걸리로서 전통주의 일종이다.

앙트레일유(en treille)

샴페인 제조법의 용어. 병에 넣은 샴페인을 저장창고에 평으로 뉘어 두는 것.

애니제트(anisette)

아니제트.

애드베케이트(Advocaat)

네덜란드산 에그 브랜디(egg brandy). 계란의 노른자위와 순한 알코올로 만든 리큐르 주. 잠을 청하기 위하여 마시는데 마시고 나면 숙면하는 것으로 알려져 있다.

애스티 스푸맨트(Asti spumante)

이탈리아 에스티 지방에서 생산되는 발포성 포도주. 샴페인 다음 가는 고급술로서 알코올 함량은 8% 정도이다.

애주가(愛酒家)

술을 매우 좋아하고 사랑하는 사람. 술을 즐기는 사람.

애프터 디너 칵테일(after dinner cocktail)

식후에 마시는 달콤한 칵테일.

애플 브랜디(apple brandy)

사과주를 증류하여 만든 브랜디. 사과주는 알코올분이 없는 것을 소포트 사이더(soft cider)라고 하고, 알코올분이 있는 것을 하드 사이더(hard cider)라고 하는데 사과 브랜디의 경우에는 하드 사이더를 술밑으로 한다.

애플 와인(apple wine)

탄산수에 알코올과 당분을 많이 넣은 서양식 사과주. 미국, 영국 등지에서 생산된다.

애플 잭(apple jack)

사과즙을 짜낸 찌꺼기를 물에 타서 발효시킨 액체를 증류하여 만든 브랜디.

애피타이저 칵테일(appetizer cocktail)

식욕을 돕는 간단한 칵테일.

액서서리(accessory)

칵테일에서 글라스 언저리에 과실이나 야채 등을 디자인해서 끼우거나 술 위에 띄운 장식.

앰포라(amphora)

포도주나 올리브유를 넣는 단지.

앵도주(櫻桃酒)

앵도를 주원료로 한 과실주. 앵도 1kg, 그래뉴당 600g, 소주 1.8ℓ 비율로 한 달쯤 두었다가 베 헝겊으로 짜고 다시 고운 베로 거른다. 앵두는 빨갛게 익어야 감미와 산미가 좋은 과실주가 된다. 산미가 부족하면 구연산이나 레몬 주, 매실주를 조금 넣어 마신다.

앵두술 ⇒ 앵도주(櫻桃酒)

앵무배(鸚鵡杯)

앵무조개의 껍질로 앵무새 부리모양으로 만든 술잔.

앵커(Anker)

독일과 네덜란드에서 사용하는 8갤런들이 작은 나무통이며, 전에는 포도주나 스피릿의 계량단위로 사용되었다.

야나기가게(柳陰)

소주에 미림(味醂)을 섞은 술을 이르는 일본어. 나오시(直)나 혼나오시(本直)라고도 한다. 소주를 섞은 것을 혼나오시(本直), 소주를 섞지 않은 미림(味醂)만을 혼미림(本味醂)이라고 한다.

야인(Yayin)

성서 용어로 포도주라는 뜻.

약용주(藥用酒)

약효가 있는 술의 총칭. 감미 포도주나 소주에 강장제, 영양제를 넣은 술로서 주정도 30~35% 이내의 것.

약주(藥酒)

막걸리보다 좀 맑고 독한 술의 일종. ⇒ 맑은 청주.

양기(釀技)

양조기술, 즉 술 만드는 기술.

양명주(養命酒)

약용주의 일종으로 일본에서는 약국에서 판매한다. 각종 약초 13종과 살모사 말린 것을 넣어 증류한 술.

양성(釀成)

술 등을 빚어 만듦. ⇒ 조성(造成).

양성주(釀成酒)

증류주나 합성주에 대해 양조해서 만든 술을 이르는 말. ⇒ 양조주(釀造酒).

양온서(良醞署) ⇒ **사온서**(司醞署)

양조수(釀造水)

술을 빚는 데 쓰이는 물.

양조장(釀造場)

우리나라에 주로 약주, 탁주, 소주를 만드는 제조장의 총칭. ⇒ 제조장(製造場), 주조장(酒造場).

양조주(釀造酒)

곡식이나 과실 등의 곡자로 발효시켜 만든 술. 탁주, 맥주, 청주, 황주, 포도주 등이다.

양주(良酒)

좋은 술.

양주(釀酒)

술을 빚음 또는 빚어낸 술. ⇒ 양조주(釀造酒).

양주(洋酒)

서양 술의 총칭. 한국, 중국, 일본 재래식 술을 제외한 모든 주류를 가리킨다.

양주(羊酒)

양젖을 발효시켜 빚은 몽고 술.

양주정(佯酒酊)

술이 취하지 않았는데도 거짓으로 하는 주정.

어스키보우(uquebaugh)

위스키의 옛 이름.

어주(御酒)

임금이 백성에게 내리는 술. ⇒ 하사주(下賜酒).

언더백(under back)

위스키 제조공장에서 생기는 당화액즙을 발효시키기 전에 모아두는 통.

언더 프루프(under proof)

영국의 알코올 분 표시방법. 사이크(Syke)가 창안하였다고 하여 사이크식 표시법이라 한다.

에그 노그(egg nog)

증류주에 계란을 풀어 넣고 데운 음료.

에그 브랜디(egg brandy)

계란의 노른자위와 브랜디, 설탕, 바닐라 등을 섞은 상품 브랜디. ⇒ 아드보카아드.

에센스(essence)법 ⇒ 증류법

에센스 오브 토케이(Essence of Tokay)

헝가리의 북구 토케이 지방에서 생산되는 포도주. 나무에 달린 채 익어서 건포도가 된 것을 따서 밑바닥에 구멍이 뚫린 통속에 차곡차곡 담으면 그 무게로 짓눌러 터지면서 통 밑으로 떨어지는 포도즙액을 모아 양조한 술. 다량의 포도당을 함유하고 있고 토케이 포도주의 맛을 돋우는 데 사용된다.

에스테 에스테 에스테(Est! Est!! Est!!!)

이탈리아 라튜움 지방의 몬테휘아스코네에서 만든 포도주. 독일의 사제가 로마에 가는 길에 충복(忠僕)을 한발 앞에 보내면서 좋은 술이 있는 집 벽에 Est(라틴어로 It is)라고 표시하도록 했는데 몬테휘아스코네의 술을 맛본 충복이 그 맛에 감탄한 나머지 Est! Est !! Est!!!라고 썼다는 고사에서 지어진 이름의 술.

에이지(age)

술이 통에서 묵은 햇수. age in wood 20years라고 적혀 있으면 20년 저장품이라는 뜻이다.

에일(ale)

영국에서 제조되는 상면발효 한 알코올 분이 강한 맥주. ⇒ 에일 비어.

에탄올(ethanol) ⇒ 에틸알코올

에테켓(atiquettes)

양주병의 레이블이나 넥리이트(necklet)를 의미.

에틸알코올(ethyl alcohol)

알코올성 음료의 주성분. 당류의 알코올 발효로 얻을 수 있는 무색의 액체. 휘발성으로 마시면 흥분, 마취되며 발향과 향미가 있다. 각종 주류의 보조 재료로서 사용된다. ⇒ 에탄올, 주정.

엑스트라(extra)

양주의 주령(酒齡)을 나타내는 말.

여과(濾過)

주류 제조공정 중의 하나. 숙성된 술덧을 액체 부분과 지게미 부분으로 분리하는 청징조작을 말한다.

여과기(濾過器)

액체를 거르는 데 사용되는 기구. 소주에서는 잡물과 불순물을 거르는 장치가 있다.

여군동취(與君同醉)

그대와 함께 술에 취한다.

여의주(如意酒)

연꽃을 따서 넣고 빚은 술.

여주(女酒)

남방의 처녀가 시집가기 전에 술을 담아서 항아리를 밀봉하여 땅속에 묻었다가 시집가는 날 손님에게 대접한다는 술.

연엽주(蓮葉酒)

찹쌀과 누룩을 버무려 연잎에 싸서 담근 술.

연육주(蓮肉酒)

연밥의 씨로 만든 약용주. 연꽃 열매의 껍질을 벗긴 것을 연육(蓮肉), 연자(蓮子)라고 하며 껍질을 벗기지 않은 것을 석연자(石蓮子)라고 한다. 연육 100g, 그래뉴당 200g, 소주 1 ℓ 를 함께 섞어 한 달쯤 후에 베 헝겊으로 짜서 다른 용기에 담아 마신다.

연주(煉酒)

청주에 단백질과 흰 사탕을 넣고 약한 불에 끓여서 만든 음료로서 끈기가 있고 단맛이 있다.

연화주(蓮花酒)

연꽃을 따서 베주머니에 넣고 술에 담가 우려낸 술.

열주(烈酒)

① 몹시 독한 술, ② 소주 등의 증류주를 일컫는 말.

엽주(獵酒)

술 생각이 간절하여 술을 찾아다니는 것.

예주(醴酒) ⇒ 감주(甘酒)

① 맛이 단술. ② 하룻밤 사이에 만든 술, 전통주의 일종.

오가피주(五加皮酒)

오가피 나무뿌리의 말린 껍질을 삶아서 그 물로 담근 약용주. ⇒ 오가피주.

오디술 ⇒ 상실주(桑實酒)

오렌지 비터스(orenge bitters)

고미주(苦味酒)의 일종.

오렌지 진(orenge jin)

오렌지 향료를 합성한 진.

오리시스(Orisis)

이집트 신화 중의 대지의 신. 곡물 신에게 술 빚는 방법을 가르쳤다는 신. 이시스(Isis)의 남편인데 명부(冥府)의 왕으로서 죽은 자를 심판했다고 한다.

오미주(五味酒)

짙은 적갈색의 감미 주정음료. 소주 한 말에 오미자 1되를 섞어 3, 4일 정도 두면 적색소가 우러나온다. 여기에 탕 80양을 넣고 끓인 다음 걸러서 마신다. 특히 여름에 마시는 술이다.

오색주(五色酒)

색과 비중이 각각 다른 술을 무거운 것부터 차례로 부어 다섯 가지 색이 나도록 한 술이며, 칵테일의 일종이다. 유리잔에 부으면 다섯 가지 색이 나타난다.

오스트레일리언 와인(Australian wine)

오스트레일리아 산 포도주.

옥배(玉杯)

옥으로 만든 술잔.

옥주(玉酒)

맛이 좋은 술.

옥주(玉舟)

술잔의 다른 이름. 옥으로 만든 배라는 의미인데 술잔을 물에 띄워 술을 따라 마셨다는 데서 나온 말.

온주(溫酒)

따뜻하게 데운 술.

온주(醞酒)

진한 술, 전통주의 일종.

올드 톰 진(Old Tom gin)

런던 진의 한 품종으로 드라이진에 소량의 시럽을 넣은 술.

올터 와인(alter wine)

① 가톨릭교에서 제단에 바치는 술. ② 포도로 만든 단술.

와인(wine)

포도과즙을 발효시켜 만든 양조주. 광의로는 과즙으로 만든 양조주의 명칭이지만 일반적으로는 포도로 만든 술을 의미한다.

와인 프렌드(wine friend)

술친구라는 뜻으로 간단한 안주를 의미한다.

완월동취(玩月同醉)

달을 보고 즐기며 벗과 함께 술을 마신다는 말.

왕과주(王瓜酒)

쥐참외의 뿌리와 씨를 소주에 우린 술. 쥐참외 뿌리와 씨 각각 50g, 그래뉴당 200g, 소주 1ℓ 비율로 두 달 정도 담갔다가 마신다.

용아주(龍牙酒)

용아초(짚신나물)로 만든 약용주. 말린 용아초 100g, 얼음사탕 200g, 소주 1ℓ 비율로 한 달 정도 저장한 후 베 헝겊으로 걸러서 다른 용기에 담아 밀봉하여 보관하였다가 마신다.

용안육주(龍眼肉酒) ⇒ 용안주(龍眼酒)

용안주(龍眼酒)

용안(포도와 비슷한 과실)의 과피와 검은 씨를 뺀 과육만을 술에 담가서 우려낸 약용주. 용안육 100g 그래뉴당 200g, 소주 1ℓ를 섞어 한 달 정도 후에 베 헝겊으로 짜서 다른 그릇에 담고 설탕을 넣어서 마시는 술.

울창주(鬱蒼酒)

백합과에 속하는 울금 향의 꽃으로 빚은 술로서 꽃빛깔에 따라 색이 다르다.

워드카(vodka)

보드카.

원앙잔(鴛鴦盞)

한 쌍으로 된 술잔.

원주(元酒)

① 술의 전국. ② 위스키의 원액.

위스키(whisky)

양주의 종류로서 밀, 보리 수수 등에 맥아를 넣어 만든 증류주. 보통 색깔이 붉으며 특이한 향기가 있다.

유니도르(unidor)

프랑스 주조업자들로 조직된 농업단체로서 포도재배에서 제품 판매까지 담당한다.

유불회객 유시불부연(酉不會客 酉時不赴宴)

유일(酉日)에 모여 술을 마시지 말고, 유시(酉時)에는 연회에 가지 말라는 옛 미신.

유상곡수(流觴曲水)

삼월 삼짇날 곡수에 잔을 띄워 그 잔이 자기 앞에 오면 시를 짓고서 술을 마시는 놀이.

유자주(柚子酒)

껍질을 벗긴 유자를 베 헝겊으로 싸서 술에 담가 우린 술.

유주(醹酒)

푸른 술이며 전통주의 일종이다.

유주(乳酒)

동물의 젖을 원료로 만든 술의 총칭.

유주(柚酒**)** ⇒ **유자주(**柚子酒**)**

육주(肉酒**)**

고기와 술. ⇒ 주육(酒肉).

음도(飮徒**)**

술친구. ⇒ 주우(酒友), 주도(酒徒).

음복연(飮福宴**)**

나라에서 종묘나 사직에 제사 지낼 때 사용한 술이나 음식으로 베푸는 연회.

음양향(吟釀香**)**

청주에서 나오는 독특한 향기의 일종.

음여장경흡백천(飮如長鯨吸百川**)**

술 마시기를 큰 고래가 냇물을 마시듯 한다는 말로서 술을 많이 마신다는 데 비유.

음연(飮燕**)**

술잔치 술좌석. ⇒ 주연(酒宴).

음중팔선가(飮中八仙歌**)**

두보(杜甫)가 지은 술에 관한 시가집.

음찬(飮饌**)**

길 떠나는 사람을 위한 술잔치.

의이인주(薏苡仁酒**)**

율무쌀로 만든 약용주. 율무 150g, 얼음사탕 200g, 소주 1ℓ 비율로 한 달 정도 저장했다가 베 헝겊으로 걸러서 다른 용기에 담아 보관한다. ⇒ 율무술.

의적(儀狄)

중국 한나라 때 처음으로 술을 만드는 법을 발명하였다는 사람. 의적은 처방을 만들고 술은 두강(杜康)이 빚었다고 한다.

이강주(梨薑酒)

소주에 배 즙, 생즙, 물 등을 넣고 중탕한 황갈색의 감미 주정음료. 껍질을 벗긴 배 5개와 생강 5양을 강판에 갈아 여기에 울금 및 계피가루 5푼을 넣고 끓인 후 소주 1~2홉을 섞어 베에 걸러 마신다.

이내브(Enab)

성서에 나오는 밀로서 포도라는 뜻.

이명주(耳明酒) ⇒ **귀밝이술**

이연주(理研酒)

이학적으로 연구해서 성분을 인공적으로 가미한 술. 청주의 대용으로 나왔던 술로서 합성주라고 한다.

이주(梨酒) ⇒ **압리주**(鴨利酒)

이타리안 베르못(Italian vermouth)

약제 감미 과실주의 일종이며, 아페리티프의 일종이다.

이화주(梨花酒)

배꽃을 넣고 빚은 술.

익모주(益母酒)

익모초를 넣고 만든 술. 익모 80g, 그래뉴당 300g, 소주 1ℓ 비율로 섞어 한 달 반 정도 지난 뒤에 베 헝겊으로 걸러 설탕을 추가하여 마신다.

인성주(人性酒)

『삼국지(三國志)』의 위지동이전(魏志東夷傳)에 나오는 말로 왜인(倭人)이 인성주를 마시고 가무를 즐긴다는 대목이 있다. 일본청주를 가리키는 듯하다.

일로시화삼배주(一爐柴火三杯酒)

한 화롯불에 석 잔의 술을 마시는 것으로 추운 밤에 혼자 술을 마신다는 뜻.

일배 일배 복 일배(一杯 一杯 復 一杯)

한 잔 한 잔 기울이고 다시 한 잔 마시게 되어 끝없는 한잔이 된다는 말이다.

일본술(日本酒)

일본식으로 양조한 술.

일숙주(一宿酒)

하룻밤 새운 술이라는 뜻으로 감주(甘酒)를 이르는 말.

일야주(一夜酒) ⇒ 일숙주(一宿酒)

일일주(一日酒)

담근 지 하루 만에 먹게 되는 속성주.

일주(日酒)

일본 술, 즉 일본에서 생산된 술로서 주로 정종(正宗)을 일컫는 말.

입국(粒麴)

전분질을 주원료로 증자한 후 곰팡이류를 번식시킨 것으로 전분질을 당화시킬 수 있는 것.

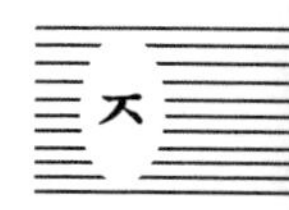

자가용주(自家用酒)

주로 농가나 일반 가정에서 자가용으로 허가를 얻어서 만들던 술로서 종류는 탁주·약주·소주가 대부분이었다. 지정 받은 항아리의 용량에 따라 세금을 내었으며 점차 시판 주류를 이용함으로써 자가 양조자가 감소하여 마침내 1934년부터는 법적으로 용인되지 않게 되었다.

자도주(紫桃酒)

자두를 주재료로 한 과실주이며 과육이 붉은색, 황색인 것은 노란 술이 된다. 자두 1kg에 그래뉴당 600g, 소주 1.8 ℓ 의 비율로 섞어 25일쯤 냉암소에 저장한다.

자두술 ⇒ 자도주(紫桃酒)

자마이카 럼(Jamaica rum)

서인도 제도의 자메이카 섬에서 산출되는 럼. 당밀을 천연발효로 서서히 발효시켜서 증류하며 향기와 자극이 강하다.

자작자가(自酌自歌)

술을 손수 따라 자기가 마심.

자주(煮酒)

청주에 실백자·후추·꿀·계피를 넣고 고아 낸 술로서 맛이 감미롭고 고소하다.

자주(紫酒)

울금향으로 빚어 자줏빛이 나는 술로서 왕실에서 제향(祭享)에 쓰였다고 한다.

작량(酌量)

술이나 쌀 등을 되로 계산한다.

작부(酌婦)

술집에서 술을 따라주고 손님을 접대하는 여자.

작음(酌飮)

주류나 음료수를 국자나 손으로 조금 떠서 마시는 것.

작인(酌人)

술을 따라 주는 사람.

작주(酌酒)

술을 잔에 따름.

작취미성(酌醉未醒)

어제 마신 술이 아직까지 깨지 않은 상태.

잔대(盞臺)

술잔을 바치는 그릇. ⇒ 탁반(托盤).

잔 주

술이 취해 늘어놓는 잔소리.

잔주(醆酒)

약간 맑은 술이며 전통주의 일종이다.

잡미(雜味)

식품의 순수한 고유의 맛이 아닌 잡스런 맛으로 술에서 나는 겨 냄새 등을 말한다.

장명주사(藏命酒肆)

이름이 주점에 있다는 말, 즉 술을 몹시 즐긴다는 뜻.

장생불로주(長生不老酒)

서유구(徐有榘)가 저술한 『임원경제』에 나오는 약용주.

장주(長酒)

장시간 마시는 술을 뜻하며 오래 앉아 마시는 밑이 질긴 술.

장춘주(長春酒)

옛날 중국의 의서인 『수세보원(壽世保元)』에 나오는 인삼주의 일종으로 회춘을 위해 처방된 술. 인삼을 비롯한 33종의 생약제를 술에 담가 봄에는 7일, 여름에는 3일, 가을에는 5일, 가을에는 10일씩 장복하면 효과가 있다고 한다.

장취불성(長醉不醒)

술을 계속 마셔 깨지 않음.

재 강

술을 거르고 남은 찌꺼기. ⇒ 주조(酒糟), 주박(酒粕).

재강장

주조장(酒糟醬).

재제 위스키

주정 위스키 에센스, 위스키 등을 기본으로 제조하는 모조 위스키. 착색제와 향료 등이 첨가된다. ⇒ 합성 위스키, 인조 위스키.

재제주(再製酒)

양조주나 증류주를 원료로 알코올・당분・향료・약품 등을 넣어 인공적으로 만든 술. 합성주, 인공주, 직석주(直席酒)라고도 한다. 백주(白酒), 포도주, 과하주(過夏酒), 감로주(甘露酒), 행실주(杏實酒), 인산주 등이 이에 속한다.

재제포도주(再製葡萄酒)

포도주, 포도 에센스, 주정 등으로 만든 감로주. 주정이 많고 감미와 향미가 적다. 조미료로는 설탕이나 타닌 등이 쓰인다.

적주(赤酒)

빛깔이 검붉은 포도주.

전 국

술과 간장 등의 액체에 군물을 타지 않은 국물.

전배(前杯) ⇒ **전작**(前酌)

전의고주(典衣沽酒)

의복을 전당포에 잡히고 술을 삼.

전작(前酌)

술좌석에 오기 전에 이미 마신 술.

절음(絶飮)

술을 끊고 안 마심.

절음(節飮)

술을 알맞게 마심. 정도를 맞춰서 지나치지 않게 마심. ⇒ 절주(節酒).

절주배(節酒杯) ⇒ **계영배**(戒盈杯)

점감주(粘甘酒)

무르게 지은 찹쌀밥에 누룩을 가늘게 쳐서 더운 곳에 묻은 다음 거품이 나면 꺼내어 식힌 단술.

접대부

요릿집 등에서 손님에게 술을 따라주고 접대하는 여자. ⇒ 접객부, 작부.

정제효소(精製酵素)

고체 및 액체배지에 곰팡이, 세균, 효모 등의 당화효소 생성 균을 배양시킨 것과 맥아를 사용해 전분질을 당화시키는 효소를 추출 분리하여 제조하는 것.

정향주(丁香酒)

정향을 술에 넣어 1개월 반쯤 냉암소에 두었다가 마시는 술. 소화촉진과 정장에 유효하다고 하며, 향기가 적은 술에 몇 방울씩 첨가하기도 한다.

정화수(井華水)

술을 담글 때 쓰이는 맑고 좋은 물을 이르는 말. 흔히 자정 때 만물이 잠들고 조용한 때 우물에서 걸러낸 물을 뜻한다. 정한수는 정화수의 와전된 말.

젖 술

유주(乳酒), 마유주(馬乳酒), 양유주(羊乳酒) 등을 말한다.

제로피가(geropiga, jeropiga)

옛날에 사용했던 포도주의 착색제.

제민요술(齊民要術)

남송시대에 중국에서 발간된 양조에 관한 기술서.

제성(製成)

술덧을 주류로 조작하거나 증류하여 직접 마실 수 있도록 하는 조작과정.

제주(祭酒)

제사에 쓰이는 술.

제주(醍酒)

맑은 술, 붉은 술, 전통주의 일종을 말한다.

조강(糟糠)

술 찌꺼기(술지게미)와 쌀겨, 험한 음식을 말한다.

조강지처(糟糠之妻)

술 찌꺼기와 쌀겨를 얻어다 먹으며 함께 고생한 아내.

조강지처불하실(糟糠之妻 不下室)

가난 할 때 술 찌꺼기와 쌀겨를 얻어다 먹으며 함께 고생한 아내는 입신출세한 후에 높이 모시고, 학대하지 못한다는 말.

조당주(糟糖酒)

옛날에 양조주를 용수와 체 등으로 대충 거르고 난 지게미에 더운 물을 붓고 다시 거른 술. 질이 나쁜 탁주로 취급된다.

조라술

산신제, 용왕제 등에 쓰이던 술. 술을 빚어서 제단 옆에 묻었다가 사용하였다고 한다.

조석수(造石數)

양조장에서 1년 동안에 생산하는 술의 석수.

조시구(釣詩鉤)

시를 낚는 낚시라는 뜻으로 술을 이르는 말.

조주(朝酒)

아침에 마시는 술. ⇒ 묘주(卯酒).

조주정(粗酒精)

불순물을 함유한 알코올 분 85도 이상의 조제품으로 연속식 증류법에 의해 증류 정제하여 야만 제품이 가능한 주정의 일종.

조합주(調合酒)

여러 가지 술을 향료 등과 섞어서 제조한 술. ⇒ 칵테일, 계미주(鷄尾酒).

조효소제(粗酵素劑)

밀기울 또는 전분질을 함유한 것을 원료로 하여 증자하거나 생피를 그대로 살균한 다음 효소 생성 균을 번식시킨 것.

종국(種麴)

종국을 제조할 때 종균으로 사용되는 배양된 곰팡이류를 의미한다.

좌주(座酒)

술 마시는 상대가 되어 주는 일. ⇒ 대작(對酌).

주(酎)

세 번 빚은 술. 도중에 재료를 2회 추가하기도 한다.

주가탕반(酒家湯飯)

술집에서 밥을 말아주는 술국. ⇒ 술국밥.

주객(酒客)

① 술을 좋아 하는 사람. ② 주조(酒造) 가능한 사람.

주고(酒庫)

술을 넣어 두는 곳간. ⇒ 술 창고.

주곤(酒困) ⇒ **주란**(酒亂)

주과포혜(酒果脯醯)

술·과일·포·식혜의 네 가지. 간단한 제물을 이르는 말. ⇒ 주과포, 주과.

주광(酒狂)

술을 마시고 심한 주정을 하거나 주정을 하는 사람. 술을 광적으로 즐기는 사람.

주구(酒具)

주기(酒氣), 술에 관계되는 모든 기구.

주국(酒國)

① 술을 많이 산출하는 나라. ② 취중에 느끼는 딴 세상 같은 황홀경.

주군(酒軍)

많은 술꾼들. 술꾼의 무리.

주금(酒禁)

술의 양조·판매·음주를 법령으로 금하는 일.

주기(酒旗)

술집의 간판으로 내거는 기.

주달(酒疸)

술의 중독으로 소변 불통, 발열 등의 증세가 나타나는 황달. 간장 장해로 증세가 표면화 한다.

주담(酒痰)

술 마신 다음 날 입맛이 없다고 담이 끓는 상태.

주담(酒談)

술을 마시면서 지껄이는 말. 종잡을 수 없는 취중의 말.

주당(酒黨)

술꾼, 술 마시는 패거리. ⇒ 주도(酒徒).

주덕(酒德)

① 술을 남에게 대접하거나 하는 공덕. ② 술에 취해서도 주정하지 않고 마음을 곱게 하는 것.

주덕송(酒德頌)

진(晉)나라 문인 가운데 죽림칠현의 한 사람으로 꼽히는 유령(劉伶)이 술을 찬미하여 지었다는 글.

주도(酒道)

주덕, 즉 술을 마시거나 술자리에서 지켜야 할 도리.

주독(酒毒)

술의 중독으로 얼굴에 붉은 반점이 생기는 증세.

주독코

술의 중독으로 코가 붉어진 증세.

주등(酒燈)

선술집 문간에 다는 종이로 둘러친 등불. 술집의 간판이 되는 등불.

주란(酒亂)

습관적으로 술 마신 뒤에 미쳐서 날뛰는 주정 또는 그 술을 이르는 말. ⇒ 주광(酒狂).

주렵(酒獵) ⇒ **엽주**(獵酒)

주령(酒令)

술자리에서 유희 등을 하고 자는 사람에게 벌주를 주는 규칙.

주례총서(酒醴總敍)

조선시대 영조 때 학자인 서유거(徐有渠)가 지은 술에 관한 책.

주로(酒露)

소주의 다른 이름.

주루(酒樓)

술집, 요릿집. 흔히 접대부가 있는 술집을 이름.

주류(酒類)

술의 여러 부류. 알코올 성분이 함유된 술의 총칭. 주세법에서 정의하는 주류란 주정과 알코올 분 1도 이상의 음료를 지칭한다. 여기서 알코올 1도 이상의 것으로 그대로 음용에 제공되는 음료와 알코올 분 1도 이상의 것으로 물이나 그 밖의 물품(주류 제외)으로 희석하여 음용할 수 있는 음료.

주류상(酒類商)

주로 주류를 취급하는 상업이나 상인.

주류품(酒類品)

주류에 딸리는 여러 가지 물품.

주막(酒幕)

시골 길가에서 술과 밥을 팔고 여행객을 재워 주는 영업집. ⇒ 탄막(炭幕).

주막거리

주막이 있는 거리.

주망(酒妄) ⇒ **주광**(酒狂)

주매(酒賣)

술을 판매함. ⇒ 매주(賣酒).

주무량불급란(酒無量不及亂)

논어에 나오는 말. 술을 마시는데 분량을 정하고 있지는 않으나 취해서 난동을 하지 않는 다는 뜻.

주미(酒味)

술맛.

주박(酒粕)

술을 거른 찌꺼기. ⇒ 재강.

주반(酒飯)

술과 밥, 주식. ⇒ 지에밥, 술밥.

주반(酒盤)

술과 안주를 차려 놓은 예반.

주방(酒房)

조선시대에 술에 관한 일을 맡은 내시부(內侍府)의 한 부서.

주방(酒榜)

술집 앞에 내거는 방.

주배(酒杯)

술잔.

주벽(酒癖)

술을 마시면 나오는 못된 버릇. ⇒ 술버릇.

주병(酒甁)

술병.

주병(酒餠)

술과 떡.

주보(酒甫)

술에 중독이 되어 술을 안마시면 못 견디는 사람. ⇒ 주태배기.

주보(酒譜)

중국에서 발간된 술의 계보 및 제조법 등을 기록한 책(저자와 연대는 미상).

주보(酒保)

① 술을 파는 점방. ② 군대에서 술을 비롯한 음식물과 기타 잡화를 파는 매점.

주복(酒福)

술이 생겨 음주하게 되는 복. ⇒ 술 복.

주부(酒婦)

술을 파는 여자, 술파는 집 아주머니.

주붕(酒朋)

술친구, 술로 사귄 벗. ⇒ 주우(酒友).

주비(酒鼻)

빨갛게 된 코. ⇒ 주독 코.

주사(酒邪)

술 마신 뒤에 행패를 부리는 못된 짓. ⇒ 주정.

주사(酒肆)

술집, 술가게.

주사청루(酒肆靑樓)

술을 파는 기생집.

주상(酒商)

술을 파는 영업. 술장수.

주상(酒傷)

술 때문에 생긴 위의 탈. ⇒ 술병.

주색(酒色)

음주와 엽색(獵色). ① 술을 마셔 주기가 얼굴에 나타남. ② 술의 빛깔.

주색잡기(酒色雜技)

술과 계집과 노름.

주석(酒石)

포도주를 만들 때 발효가 진행되어 알코올이 생기면서 주석산칼륨이 침전되어 생기는 침전물.

주석(酒席)

술자리, 술 마시는 좌석.

주석산(酒石酸, **tartaric acid, 타타르산**)

무색투명한 주상결정의 이염기 유기산. 주석이 원료.

주선(酒仙)

대주가로 세상에 거리낌이 없는 사람. ⇒ 주성(酒聖).

주성(酒聖)

① 맑은 술, 청주. ② 재주가로 세상에 거리낌이 없는 사람.

주성(酒性)

술이 취한 뒤에 나타나는 성질, 주벽. ⇒ 술버릇.

주성(酒醒)

술이 깸, 술에 취했다가 제정신이 남.

주세(酒稅)

주류에 부과되는 세금.

주세령(酒稅令)

옛 중국에서 술좌석에 적용되는 연장자의 명령이나 음주에 관한 규칙. ⇒ 수세령(手勢令).

주수(酒嗽)

술의 열기가 위 속에 남아서 기침과 가래가 심하게 나는 증세. 술 마시는 잔의 수효. ⇒ 주량, 음주량.

주수상반(酒水相半)

한약을 달일 때 술과 물을 반반씩 섞는 일.

주순(朱脣) ⇒ **순배**(巡杯)

주습(酒濕)

술의 중독으로 안면신경이 마비되거나 반신불수가 되는 병.

주신(酒神)

술의 신. 그리스 신화의 최고 신 제우스와 세멜레의 아들인 디오니소스(Dionysos)를 이르는 말.

주실(酒失)

술에 취해서 저지른 실수.

주안상(酒案床)

술과 안주를 차린 상.

주연(酒宴)

술잔치, 술 마시는 것이 주목적인 연회.

주연(酒筵)

술자리, 술을 마시는 좌석.

주옥(酒屋)

술집, 주점.

주옹(酒甕)

술을 빚어 넣는 독, 술독, 술항아리.

주유병(酒猶兵)

술은 무기와 같으니 경계하라는 뜻.

주육(酒肉)

술과 고기, 술과 안주.

주음(酒淫, 酒狀)

술과 색, 주색.

주인(酒人)

옛 중국에서 조관(酒造官)에게 내리는 관명. 술꾼.

주자(酒資)

술값, 술을 마실 자금.

주자(酒箴)

절주에 관한 잠언.

주자천지미록(酒者天之美祿)

술을 아름다운 청록이라는 말. 반고(班固)의 『한식화지(韓食貨志)』에서 나오는 말.

주자틀

술 주전자.

주적(酒敵)

서로 잘 어울려서 술을 마시는 친구. ⇒ 주붕(酒朋), 주우(酒友).

주전(酒戰)

두 패로 갈려서 술을 많이 마시는 쪽이 승자가 되는 내기. ⇒ 술내기, 술 싸움.

주전(酒錢)

술값.

주정(酒精)

① 전분이 함유된 물료 또는 당분이 함유된 물료를 발효시켜 알코올 분 85도 이상으로 증류한 것. ② 알코올 분이 함유된 물료를 알코올 분 85도 이상으로 증류한 것.

주정(酒酊)

술에 취하여 정신없이 함부로 하는 말이나 짓. ⇒ 주사(酒邪).

주정(酒政)

① 술을 마시는 일이나 그 절차. ② 술에 관계되는 정사(政事).

주정계(酒精計)

① 술에 함유된 알코올 성분을 재는 기구. ② 물 100분 가운데 함유된 알코올의 분량을 측정하는 기구.

주정음료(酒精飮料)

주정분을 함유하는 음료.

주정자(酒亭子)

① 자박계에서 곗돈을 탈 때 술값으로 미리 돈을 떼어 계주에게 주는 돈이나 제도. ② 진연(進宴)때 술그릇을 벌여 놓던 식탁.

주정장이

술을 마시기만 하면 주정하는 버릇이 있는 사람.

주제(酒劑)

약품을 포도주 등에 녹여서 만든 약. 강장제로 사용된다.

주조(酒糟)

술을 짜고 난 찌꺼기(지게미). ⇒ 재강, 재강장.

주조업자(酒造業者)

술의 양조와 증류에 종사하는 직업인.

주조장(酒糟醬)

재강으로 만든 간장. ⇒ 재강간장, 재강장.

주조죽(酒糟粥)

술지게미에 물을 붓고 끓인 죽. ⇒ 재강죽.

주주객반(主酒客飯)

주인은 손님에게 술을 권하고, 손님은 주인에게 밥을 권하며 정답게 마시는 것.

주준(酒樽)

술통, 술 담그는 용기.

주중선(酒中仙)

이태백이 몹시 술을 즐기고 천자가 불러도 응하지 않으면서 술 속에 파묻혀 사는 것이 신선이라는 의미로 일컫던 말.

주지육림(酒池肉林)

술로 연못을 이루고, 고기로 숲을 이룬다는 말로서 호화로운 술잔치를 일컫는 말.

주징(酒癥)

만성화된 알코올 중독증. 술기운이 없으면 몸에 축이 가고, 심하면 정신에 이상이 생기는 병.

주찬(酒饌)

술과 안주.

주천(酒泉)

술이 샘솟는 물. 술이 무한정으로 있는 곳을 비유하는 말.

주체(酒滯)

술 때문에 생긴 체증.

주초(酒草)

술과 담배. 손님을 대접할 때 쓰인다는 긴요한 물건.

주초(酒炒)

약재를 술에 담갔다가 꺼내서 볶는 방법.

주충(酒蟲)

술에 미치다시피 된 사람을 이르는 말. ⇒ 술 벌레, 술 귀신.

주취(酒臭)

술 취한 사람의 냄새. ⇒ 주기(酒氣).

주태배기 ⇒ 주호(酒豪)

주합(酒盒)

술을 담는 쇠붙이로 된 그릇. 뚜껑을 술잔으로 사용하게 되어 있다. 술그릇과 술안주를 담아서 들고 다니게 된 찬합. 위는 술병이 되고, 아래는 안주를 담게 된 용기. 흔히 총화백자로 만든다.

주항(酒缸)

술항아리.

주향(酒香)

술의 향기. 술에서 나는 좋은 향기.

주호(酒豪)

술을 잘 마시는 사람. ⇒ 술고래, 술보, 주태배기.

주호(酒戶)

술을 마시는 분량을 말하며 중국에서 비롯된 말. ⇒ 주량(酒量).

주황(酒荒)

항상 술이 취하여 마음이 거칠어짐.

주효(酒肴)

술과 안주. ⇒ 주찬(酒饌).

주효난만(酒肴爛漫)

술과 안주가 무진장으로 있음.

주후(酒後)

술 마신 뒤. ⇒ 취후(醉後).

주흔(酒痕)

술이 묻어서 생긴 의복의 얼룩. 술이 취한 흔적.

주흥(酒興)

술을 마신 뒤에 생기는 흥겨운 감흥. 술을 마시고 싶은 간절한 생각.

죽력고(竹瀝膏)

죽력을 섞어서 고아낸 소주. 생지황, 꿀, 계심, 석창포 등과 조제하여 구급약으로 사용한다.

죽엽주(竹葉酒)

대나무 잎을 삶은 물로 담근 술. 중풍이나 열병에 효과가 있다고 한다.

죽통주(竹筒酒)

살아 있는 대나무 마디 사이에 모주(母酒)를 빚어 넣고 익힌 술. 구멍은 대나무로 막고 진흙으로 싸서 빗물이 안 들어가게 한다. 향기가 특이한 술.

준주(樽酒)

통에 든 술. ⇒ 통술.

중등색 맥주

황금색 맥주로서 흑맥주보다 감미와 짙은맛이 적다.

중산주(中山酒)

함경남도 갑산의 중산이라는 산 근처에서 산출되는 술. 이수광(李睟光)의 『지봉유설(芝峰類說)』에는 마신 뒤에 1천일이 지나야 취기가 깬다고 적혀 있다.

중양주(重釀酒)

여러 번 되풀이해서 양조한 증류주. 주정도가 높은 술로서 이용된다.

증류(蒸溜)

물의 비점 100℃와 에틸알코올 비점 78℃를 이용하여 발효물이나 발효주를 증자하여 알코올 증기를 배합 냉각 응결시키는 일련의 작용.

증류법(蒸溜法)

과실과 향초, 기타 성분을 강한 술에 담근 것을 증류한 것 또는 그런 방식. 감미와 착색은 필요에 따라 가입한다.

증류주(蒸溜酒)

곡물이나 곡실 등으로 일단 술을 빚어 그것을 증류하여 고도의 알코올 분을 함유하도록 한 술. 소주, 고량주, 위스키, 브랜디 등.

증미(蒸米)

술을 빚기 위하여 증기로 찐 밥이나 쌀. ⇒ 지에밥.

지거(jigger)

용량 단위의 하나이며 약 60 ℓ 이다.

지에밥

찹쌀이나 멥쌀을 시루에 찐 고두밥. ⇒ 제밥, 찐밥, 증반(蒸飯).

지주(地酒)

항아리에 술을 빚어 땅속에 깊이 묻어서 익힌 술.

지주(旨酒)

맛있는 술. ⇒ 미주(美酒).

지황주(地黃酒)

숙지황을 넣고 만든 약용주. 보혈, 강장, 빈혈, 피로회복 등에 좋다고 한다.

진(jin)

주니버(Jeneva)의 약칭. 영국의 현행법으로 네덜란드산 수입품을 주니버라고 하고, 영국의 국산품을 진이라고 한다. 특히 영국제는 런던진이라고 한다.

진소(陳紹) ⇒ 노주(老酒)

진저에일(jingerale)

생강즙과 감미를 곁들인 탄산수. 본래는 주정이 든 음료였으나 현대에는 무 주정음료이다. 위스키, 진, 브랜디, 흑맥주 등에 섞어서 마시기도 한다.

질소물(窒素物)

이원자 분자로서 공기 체적의 4/5를 차지하는 기체원소. 맥주에는 0.15～0.65%가 함유되어 있다.

집성향(集成香)

백미 1말, 누룩가루 2.5되, 밀가루 5홉, 끓는 물 3홉, 백미 2말을 2차에 걸쳐서 추가하여 만든 술. 맑은 술과 탁한 술의 두 가지가 있다.

징주(澄酒)

맑은 술, 즉 청주를 말한다.

찜 통

지에밥을 짓는 기구의 한 가지. ⇒ 개량시루, 개량 증(甑).

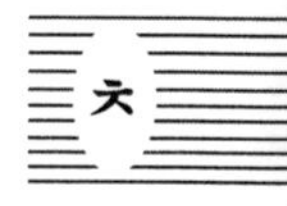

차드 배럴(charred barrel)

주로 버번위스키를 숙성시킬 때 사용되는 나무통. 착색과 숙성이 빠르다고 한다.

차망우물(此忘憂物)

근심을 잊게 하는 물건이라는 뜻으로 술을 가리키는 말.

차주((酉+差 酒) 차

흰 술, 전통주의 일종.

창포주(菖蒲酒)

창포를 섞어서 향기가 나게 한 술.

천공개물(天工開物)

중국 명나라(1637년) 때 송응성(宋應星)이 양조기술을 기록한 책.

천궁주(川芎酒)

천궁의 성분을 추출한 약용주. 생약 천궁 100g, 그래뉴당 200g, 소주 1ℓ의 비율로 만든다. 1개월 만에 꺼내어 베 헝겊으로 짜서 다른 병에 담고 설탕과 술을 추가하여 1ℓ가 되도록 하여 보존한다. 약 냄새가 독하고 주로 여성의 진통, 진정, 강장을 위해 하루에 작은 잔으로 1~2잔씩 마시면 효과가 있다고 한다.

천금주(千金酒)

종기의 약으로 쓰인 고려시대의 약용주. 찰벼 이삭을 달인 물에 북나무껍질을 넣고 다시 달인 물에 식혀서 누룩을 넣고 익힌 술.

천료주(天蓼酒)

개다래나무의 열매로 만든 약용주. 개다래나무 열매 100g, 얼음사탕 200g, 소주1 ℓ를 섞어 2개월간 저장하였다가 베 헝겊으로 걸러서 다른 병에 넣어 보관한다. 강장, 피로회복, 이뇨에 효과가 있다.

천마주(天麻酒)

천마(天麻) 말린 것에 술을 섞은 약용주. 천마 막걸리 100g, 그래뉴당 200g, 소주 1 ℓ의 비율로 섞어 1개월간 냉암소에 두었다가 헝겊으로 짜서 다른 병에 옮겨 설탕을 추가한다. 노이로제, 두통, 현기증에 유효하다.

천일주(千日酒)

빚어서 1천일이 된 후에 걸러서 마시는 술.

철주(鐵酒)

구연산을 백포도주로 용해하여 여과시킨 황갈색의 맑은 술. 강장제로 알려져 있다.

청감주(淸甘酒)

찹쌀지에밥에 누룩가루를 넣어 담근 술.

청명주(淸明酒)

청명절이 든 때에 담근 술. ⇒ 춘주(春酒).

청서주(淸暑酒)

찹쌀 1말과 누룩가루 2되를 각각 물에 담갔다가 찹쌀은 지에밥을 지어 식힌 다음 누룩 담근 물에 지에밥을 섞어 2일 후에 찬물에 항아리째 넣어 익을 때까지 둔다.

청주(淸酒)

맑은 술. 중국술에서는 새 술을 가리킨다.

청주종사(淸州從事)

좋은 술을 이르는 말. 중국 청주에 제현(齊縣)이 있는데 좋은 술은 배꼽까지 내려

간다는 뜻으로 지방에 비유한 말. 이와 반대로 나쁜 술은 평원독우(平原督郵)라고 한다.

체리 브랜디(cherry brandy)

벚나무 열매인 버찌로 만든 브랜디. 버찌를 통에 절반 정도 넣고 위스키나 소주를 채워서 40일쯤 둔 후에 향료와 설탕을 가한 감미 과실주.

체리주

벚나무 열매인 버찌로 만든 과실주. 버찌 1kg, 그래뉴당 600g, 위스키나 소주, 브랜디 1.8ℓ의 비율로 섞어 1개월 정도 익힌 후 베 헝겊에 걸러서 다른 병에서 보존한다. ⇒ 벚술.

초산(醋酸, acetic acid, 아세트산)

자극성이 있는 냄새와 산미를 가진 무색 액체. 탄소와 산소, 수소의 화합물로서 산성이 약한 일염기산이다. 주류의 발효에서도 생긴다.

초주(椒酒)

초피의 열매를 섞어서 만든다.

초패(醋敗)

술이 시어지고 빛깔이 변함.

초화주(椒花酒)

고려 때 문장가인 이규보(李奎報)의 글 가운데 나오는 재래주.

촌주(村酒)

시골에서 만든 술.

축주(縮酒)

제사에서 헌작(獻酌)할 때 모사(茅莎) 그릇에 약간 붓는 술.

춘주(春酒) ⇒ 청명주, 삼해주

취각(醉脚)

술에 취해서 비틀거리는 걸음.

취광(醉狂)

술에 취해서 제정신을 잃음 또는 그런 사람.

취기(醉氣)

술에 취하여 얼큰한 기운. 술에 취한 기분.

취담(醉談)

술에 취하여 함부로 지껄이는 말. ⇒ 취언(醉言).

취룡(醉龍)

술에 취하여 길가에서 쓰러진 사람을 이르는 말. 특히 중국 후한의 학자인 채옹(蔡邕)을 이른다.

취리(醉裡) ⇒ 취중

취몽(醉夢)

술에 취하여 자는 동안에 꾸는 꿈.

취무(醉舞)

① 술에 취하여 추는 춤. ② 궁중에 무의식적으로 추는 춤.

취묵(醉墨)

술에 취하여 쓴 글씨나 그림.

취살(醉殺)

정신을 잃도록 술을 먹임. 진저리가 나도록 술을 먹음.

취생몽사(醉生夢死)

술에 취한 것 같고 꿈을 꾸는 것 같은 기분으로 일생을 보내는 것. 즉 아무것도 하지 않고 세월을 보낸다는 뜻.

취선산(醉仙散)

중풍을 고친다는 술.

취수(醉睡)

술에 취해서 조는 일.

취안(醉眼)

술에 취해서 몽롱한 눈.

취안(醉顔)

술에 취하여 불그스레한 얼굴.

취여니(醉如泥)

술에 몹시 취하여 몸을 가누지 못하게 된 모양.

취옹(醉翁)

술에 취한 노인. 중국 북송의 시인 구양수(歐陽修)의 아호.

취와(醉臥)

술에 취하여 드러누움.

취우(醉友)

술 취한 친구. 취한(醉漢)을 조롱하여 이르는 말.

취운(醉暈)

술에 취해서 앞이 보이지 않고 어지러움. 술 때문에 생기는 현기증.

취음선생(醉吟先生)

당나라 시인 백거이(白居易)의 아호.

취인(醉人) ⇒ **취객**

취중(醉中)

술에 취하는 동안 술에 취해서 제정신이 없을 때. ⇒ 취리(醉裏).

취중맹서(醉中盟誓)

술김에 하는 맹서. 덧없는 맹서.

취차포(醉且飽)

술에 취하고 배불리 먹음. ⇒ 만취포식(滿醉飽食).

취태(醉態)

술에 취한 사람의 태도. 술에 취한 사람의 어지러운 태도.

취포(醉飽) ⇒ **취차포**

취포반환(醉飽盤桓)

술에 취하고 배불리 먹어 두루 쏘다님.

취필(醉筆)

술에 취하여 서화를 그리거나 쓰는 일.

취한(醉漢)

술 취한 사람을 얕잡아 이른 말.

취향(醉鄕)

술에 취해서 즐기는 별천지. ⇒ 취경(醉境).

취후(醉後)

술에 취한 뒤. ⇒ 후주(後酒).

취후광창(醉後狂唱)

술에 취한 후에 노래를 소리 질러 부름.

취흥(醉興)

술에 취하여 일어나는 흥취. 술에 취한 흥겨운 기.

츠베치켄가이스트(Zwetchkengeist)

플럼(plum)으로 만든 브랜디. 독일 농가에서 가정용으로 만들어 마신다.

치롱주(治聾酒)

중국에서 전해지는 귀머거리를 고친다는 술. 그러나 약용주는 아니고 연중행사로 사용되는 술. 우리나라의 귀밝이술과 비슷하다.

치주(置酒)

① 술자리를 마련함. ② 술상을 차림.

칠보배(七寶杯)

당나라 때 포도주를 따라 마셨다는 중국의 유리잔.

칠보주(七寶酒) ⇒ **동일주**(東一酒)

칠일주(七日酒)

담근 지 7일 만에 마시는 술.

침출(浸出)

주정에 과실과 약재를 넣어서 그 성분이 우러나게 하는 일.

카네트(canette)

옛날 영국에서 쓰던 1.14ℓ들이 조끼.

카를스베르그 비르(Carlsberg Beer)

덴마크 코펜하겐에 있는 카를스베르그 양조장에서 생산되는 맥주.

카바(kava)

하와이를 비롯한 남태평양의 여러 섬에서 마시는 지방 술.

카스텔이 로마니(castelli remani)

이탈리아 중부 라튬 지방에서 생산된 포도주.

카페(cafe)

초기에는 커피를 파는 점포를 의미하였으나 1652년 런던에서 에드워드라는 사람이 예술가와 정치가의 사교클럽으로 애용하면서부터 프랑스로 다시 옮겨와 간단한 식사를 겸해 주로 술을 파는 사교장으로 변하였다.

칵테일(cocktail)

몇 가지 양주를 기본으로 향료와 과즙, 시럽 등을 첨가하여 혼합한 술. 미국에서 처음 시작되었다고 한다.

칵테일 파티(cocktail party)

칵테일을 주로 한 음주회합.

칼바도스(calvados)

프랑스 노르망디 산 사과주를 증류한 천연 브랜디.

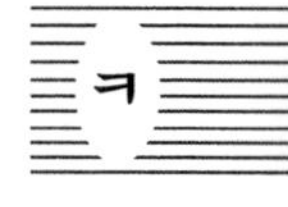

캐나디안 위스키(Canadian whisky)

캐나다에서 생산되는 위스키의 총칭. 세계 4대 위스키의 하나로 꼽힌다.

can(캔)

통조림이나 맥주 등을 넣어 밀봉하여 시장에 내 놓는 용기. ⇒ 관(罐).

커팅 보드(cutting board)

술집에서 쓰는 작은 도마.

컵(cup)

축전이나 옥상에서 열리는 파티나 만찬회 등에서 탄산수나 사이더를 브랜디 등에 탄 음료. 사기나 유리로 만든 용기.

코냑(cognac)

프랑스 코냑 지방에서 산출되는 브랜디.

코디얼(cordials)

리큐르와 동의어로 사용되는 말.

코르크 스크류(cork screw)

코르크로 된 병마개를 빼는 기구.

콘 위스키 (corn whisky)

미국 위스키 종류의 하나로서 옥수수를 원료로 한 술.

쿠래임(curaeme)

프랑스 고급 리큐르의 종류이다. 리큐르는 오르디네이르(ordinaires, 보통 술), 드미피이느(demifines, 상급 술), 피이느(fines, 최상급 술), 쉬르피이느(surfines, 특상급 술) 등으로 나뉘는데 여기에 해당되지 않는 술을 의미한다.

쿠바 럼(Cuban rum)

쿠바에서 산출되는 럼.

쿠잉 와인(cooking wine)

조리용 술. 음식의 조미를 돕기 위해 쓰이는 술.

쿨러(cooler)

용기에 얼음을 넣고 그 안에서 맥주 등을 냉각시키는 용기. 샴페인 쿨러, 와인 쿨러라고 한다.

쿼터 보틀(quarter bottle)

양주병의 1/4들이 병. 휴대용 병.

퀴멜(Kuemmel)

리큐르의 일종. 네덜란드산의 질이 높은 캘러웨이 시드를 알코올에 넣고 우린 후 애니시드, 코리아던, 레몬 등의 에센스를 넣어 증류시키고 당분을 넣은 술로서 무색투명하다.

큐라소(Curacao)

오렌지 향기가 든 술. 베네수엘라의 수도인 카리카스의 서북쪽에 위치한 큐라소 섬에서 산출되는 오렌지를 사용하였다고 하여 붙여진 이름.

크레이들(creadle)

포도주 한 병을 수평이 되게 눕혀 넣는 바구니.

클라레(claret)

프랑스 보르도산 붉은 포도주의 총칭. 알코올 분은 14~17%로 향기기 짙은 술.

클럽 칵테일(club cocktail)

정식 만찬회에서 오르되브르나 수프 대신에 권하는 칵테일. 빛깔이 아름답고 자양분이 있다.

클록 위스키(Cloc whisky)

덴마크에서 만든 위스키.

키르쉬바서(Kirsch wasser)

무색투명한 체리 증류주.

키안티 와인(Chianti wine)

이탈리아 카스카나 주 북부 플로렌스 지방에서 만드는 포도주. 적색 80%, 백색 20%를 섞어서 만든다.

ㅌ

타주(馱酒)

지질이 나쁜 술.

탁교계변(濁交溪邊)

막걸리를 마시며 노는 강놀이.

탁료유묘(濁醪有妙)

막걸리에 묘한 이치가 있다는 말.

탁반(托盤) ⇒ **잔대**(盞臺)

탁주(濁酒)

희고 탁한 술로서 막걸리를 이르는 말. 주정분은 6～7%로 쓰고 떫은맛이 있다. 주로 쌀과 누룩, 물로 만드는데 찹쌀로 청주를 만들고 그 찌꺼기를 걸러서 만들기도 한다. 요사이는 효모를 사용하여 만들기도 한다.

탁주산채(濁酒山菜)

① 막걸리와 산채나물. ② 조촐한 술좌석을 이르는 말.

탁주 삼배호기발(濁酒三杯豪氣發)

탁주 석 잔에 호기가 난다는 말.

탄막(炭幕) ⇒ **주막**

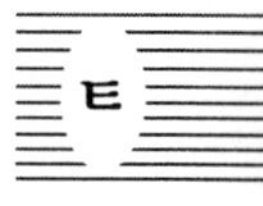

탄산수(炭酸水)

롱 드링크(long drink)를 만드는 데 널리 이용되는 음료. 무색, 무당, 무 주정으로 탄산만이 들어 있다. 천연 탄산수도 있으나 대부분이 인공 탄산수이며 세계 각국에서 제조된다.

태번(tavern)

중세기에 있었던 영국의 선술집.

태평주(太平酒)

천하가 태평한 시절의 술. 이런 시대의 술은 자극을 요구하는 경향이 짙어 술맛이 독하고 쓴 술이 환영받는다.

터프(turf)

이탄(泥炭). 아이리시 위스키를 제조하기 위하여 맥아를 건조시킬 때 사용된다.

테킬라(tequila)

알로에과에 속하는 이탈리아 특산의 용설란 나무(maguey)의 수액을 짜서 발효한 풀퀘(pulque)라는 음료를 증류한 술로서 무색이다.

토주(討酒)

술을 내라고 강청하러 가는 것 또는 그 술. ⇒ 토벌주(討伐酒).

토케이 와인(Tokay wine)

헝가리산의 백포도주의 한 종류.

토케인 포르디타스(Tokay forditas)

헝가리산의 포도주이며, 토케이 주 중에서는 등하품이다.

통(桶)

① 나무로 만든 양동이 대용의 통. ② 술통. 술을 담는 나무통. 재료로는 미송이나 졸참나무가 사용된다. 서양에서는 오크라는 나무가 사용된다.

통음(痛飮)

술을 흠뻑 마심. ⇒ 대음(大飮).

퇴주(退酒)

제사 때 초헌(初獻)과 아헌(亞獻)에서 물린 술.

트리플 섹(Triple sec)

화이트 큐라소의 일종.

ㅍ

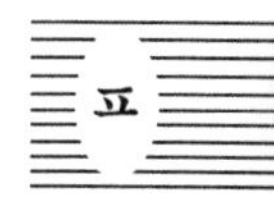

파쇄(破碎)

으깨서 부수는 일. 포도주를 만들 때 예전에는 큰 통속에서 사람들이 들어가 발로 밟았으나 요사이는 기계로 부수어 으깬다. 이 작업이 파쇄작업이다.

파스퇴르 루이(Pasteur Louis)

1855년경에 포도주 산패방지에 관한 연구를 하여 그 원인이 효모균이 아닌 잡균 때문인 것을 밝혀내고 저온살균법을 고안한 인물.

파텐트 시틸(patent still)

연속식 증류법이며, 코피(Coffey)식이라고도 불리는 신식 증류기로 증류하는 것. 단식 증류법이 알코올과 함께 향기, 맛 등을 유취(溜取)하는데 비해 이 방법은 풍미는 건질 수 없고 순수한 알코올만을 유취한다.

패군(敗軍) ⇒ **패주**(敗酒)

패장(敗醬) ⇒ **패주**(敗酒)

패주(敗酒)

술 맛이 변하여 못 쓰게 된 술. ⇒ 패장(敗醬), 패군(敗軍).

퍼브(pub)

퍼블릭 하우스(pubric house)의 약칭으로 선술집이라는 뜻. 오늘날에는 사교센터의 역할을 하는 각종 클럽의 회합장소를 의미한다.

펀치볼(pounch bowl)

펀치를 만들 때 사용하는 둥근 그릇.

페르노(pernod)

프랑스 산 압상트(absinthe) 대용의 애니시드(aniseed) 향기가 나는 아페리티프(aperitif)이며, 알코올 도수가 68도와 45도짜리가 있다.

페퍼민트(peppermint)

서양 박하. 서양 박하로 만든 술. ⇒ 박하주.

편두주(扁豆酒)

불콩 줄기와 잎을 원료로 하여 만든 술. 편두 100g, 벌꿀 200g, 소주 1ℓ의 비율로 섞어서 밀봉하여 40일 정도 저장한 술.

평원독우(平原督郵)

좋지 못한 술을 이르는 말.

포도주(葡萄酒)

포도를 따서 즙을 내고 찰밥과 누룩으로 빚은 술. 서양의 포트와인.

포올쩨(porlze)

맥주에 첨가한 고미초(苦味草). 15세기 중엽까지 사용하였으나 현재는 사용하지 않는다.

포일(foil)

샴페인 병 주둥이에 씌운 금박지. 현재는 금박지나 은박지가 많다. 일정량의 술을 병에 넣는 것이 어려웠으므로 분량을 감추거나 예방하기 위한 목적에서 유래하였으나 지금은 장식을 위해 씌우고 있다.

포트 시틸(pot still)

단식 증류기. 원시적인 솥에 파이프 장치가 되어 있으며, 한 번 증류 할 때마다 교환하여야 한다. 이 방법으로 증류하면 알코올과 함께 향기와 풍미를 얻을 수가 있다. 스카치위스키를 생산하는 증류법.

포트 와인(port wine)

포도를 원료로 한 술의 총칭. 포도는 포르투갈 북부 강 상류 지대에서 주로 생산되는 포도를 의미한다.

폭음(暴飮)

① 술을 한 번에 많이 마심. ② 가리지 않고 술을 함부로 마심.

푸에르토리컨 럼(Puertrican rum)

푸에르토리코에서 생산되는 럼. 라이트 타입으로 달콤한 향기가 특징이며 섬세한 맛을 원하는 칵테일에 주로 사용된다.

퓨젤(fusel)

어떤 술이나 함유되어 있는 몸에 해로운 성분. 전분이나 당분이 발효될 때 95% 정도는 에틸알코올로 변하지만 나머지 5%는 대부분이 퓨젤 오일이다. 이 성분으로 인하여 머리가 아프거나 입맛이 없어지는 음주 후유증이 생긴다고 한다. 알코올과 근사치를 갖는 에스테르의 구조를 갖는 유기화합물이다.

프루프(proof)

증류주의 독한 정도의 표준을 말하는 것으로 알코올 도수를 표시하는 습관적인 방법. 미국식 100 프루프는 50 용량도이고, 영국식 100 프루프는 중량도로서 용량도 57.6의 알코올 분을 의미한다.

프리머스 진(Plymouth jin)

영국산 진의 하나로서 드라이진과 올드 톰 진의 중간쯤으로 맛이 달고 독특한 향기가 있는 영국의 전형적인 진이다.

플럼 브랜디(plum brandy)

자두로 만든 브랜디. 주로 다른 과일 리큐르 제조용 혼합주정으로 쓰인다.

플레인 그레인 스피릿(plain grain spirit)

중성 주정과 건조한 주니퍼 베리(juniper berry)를 주재료로 하여 향초를 넣고 증류한 술이다. 향초로는 코리안더(coriander), 시나몬((cinnamon), 안젤리카(Angelica), 레몬 필(lemon peel), 오렌지 필(orage peel), 캐라웨이(caraway) 등이 사용된다.

피트(peat)

이탄. 탄화가 덜된 석탄을 말하며 스카치위스키를 제조하는 데 중요한 요소이다. 이탄의 향기로 맥아를 건조시키므로 그 훈향이 맥아에 첨가되면 독특한 위스키의 향기가 난다.

피파주(枇杷酒)

고려시대 이규보(李奎報) 글 가운데 나오는 재래주의 일종.

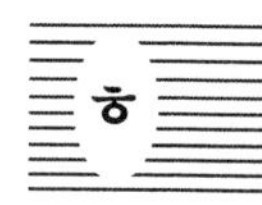

하면발효(下面醱酵)

맥주 발효방법의 한 가지. 저온에서 액의 하면으로부터 발효하는 혐기성(무산소성) 효모를 사용하여 양조한다. 한랭발효라고도 하는데 10℃에서 약 10일 정도 걸린다. 그 후 다시 0℃에서 장기간 후 발효한다. ⇒ 상면발효.

하면발효맥주(하면발효맥주)

하면발효시켜 만든 맥주.

하배(賀杯)

주석에서 시 등을 지어 장원에게 축하는 뜻으로 주는 술. ⇒ 상배(賞杯).

하비네라 럼(Havanero rum)

멕시코에서 생산되는 럼. 당밀을 발효하여 증류한 것을 셰리를 담았던 묵은 통에 넣고 익힌 술. 라이트 타입의 부드러운 향기가 특징이다.

하사주(下賜酒)

임금이 내린 술. ⇒ 어주(御酒).

하삼청(夏三淸)

더운 물 1말에 누룩가루 3되를 넣고 하룻밤 지난 후에 이를 헝겊으로 걸러 백미 1말을 가루 내어 넣고 익은 다음에 마시는 술.

하약(下若)

상림하약(上林下若)을 이르는 말. 상림은 여러 가지 새, 고기가 많다는 뜻이고, 하약은 술을 의미한다, 그 외 하약촌(下若村)의 물은 나빠도 그 물로 빚은 술은 맛이 좋다고 하여 술의 대명사로 알코올을 일컫는 유래도 있다.

하이드로멜(hydromel)

발효 전 꿀의 수액. 봉밀주(蜂蜜酒)를 만들 때 하이드로멜에 효모를 넣어 발효시킨다.

하이드로 미터(hydro meter)

영국에서 공식으로 쓰이는 알코올 계.

하이 볼(high ball)

① 위스키에 얼음을 넣은 찬 미국식 음료. ② 위스키에 탄산수를 탄 음료. ⇒ 위스키 소다.

하이 스피드 블랜더(high speed blender)

고속 액체 혼합기. 미국에서 칵테일을 할 때 사용한다.

하이주(蝦夷酒)

북방 변방의 오랑캐가 빚었다는 술.

하프 앤드 하프(half and half)

혼성음료의 일종으로 종류가 다른 맥주를 한 번 섞은 음료.

한주(汗酒) ⇒ 소주

합성맥주(合成麥酒)

자연발효에 의하지 않고 향료나 조미료, 알코올을 배합하고 여기에 이산화탄소를 주입시켜 만든 맥주.

합성주(合成酒)

일반적인 양조방식을 거치지 않고 알코올에 술맛과 유사한 성분을 섞어서 만든 술.

합성청주(合成清酒)

자연발효에 의하지 않고 주정과 당분, 향료 및 술밑을 인공적으로 합성하여 만든 청주.

합주(合酒)

탁주의 일종. 탁주보다 희고 산미는 적으며 감미와 산미가 강하고 주정분은 11~12%로 약주와 탁주의 중간에 위치하는 술.

행실주(杏實酒)

살구 술. 살구의 씨를 빼고 40~50도의 주정에 2~3개월 담근 후 걸러서 설탕을 적당히 넣고 물을 타서 1년간 순화시킨 술. 주정분 14%, 당분 15~20% 정도 되는 술.

행주(行酒)

잔에 술을 부어 돌리는 일. ⇒ 황주(黃酒).

향신료(香辛料)

주류에서 향기와 쓴맛, 신맛 등을 내게 하는 첨가물.

헤비 와인(heavy wine)

당분이 많고 산미가 적으며 주정부이 많은 포도주.

헤큐(Hequ)

고대 이집트 말로 맥주라는 뜻.

현주(玄酒)

제사 때 술 대신으로 사용하는 냉수. ⇒ 무술.

호박산(琥珀酸, succinic acid, 식품과학 용어집에서는 석신산)

호박이나 갈탄을 증류하거나 주정발효에서 얻어지는 무수결정의 유기산. 냉수와 알코올, 에테르에 약간 녹는다.

호산주(胡蒜酒) ⇒ **대산주**(大蒜酒)

호산춘(壺山春)

전라도 예산(일명 호산)에서 나는 특주. 조선시대 중기부터 빚어온 술로서 백미, 물, 누룩가루 등으로 만드는데 초벌을 익힌 다음에 다시 같은 재료를 추가하여 숙성시킨다.

호주(胡酒)

고량주를 이르는 말.

호주(豪酒)

술을 잘 마시는 사람. 주량이 큰 사람. ⇒ 대주(大酒).

호주(壺酒)

단지 속에 들어 있는 술.

호주객(好酒客)

술을 썩 좋아하는 사람.

호핑 비어(hopping beer)

8세기 후반에 맥주로서는 처음으로 홉을 향미로 넣은 제품의 상품명. 9세기에는 전 유럽으로 퍼졌다.

혼(horn)

동물의 뼈로 만든 술잔.

혼돈주(混沌酒)

① 거르지 않고 그대로 떠 마시는 술. ② 여러 가지를 섞은 술.

혼성주(混成酒)

양조나 증류하지 않은 양조주나 증류주를 기본 원료로 주정, 향료, 당분 등을 넣거나 착색한 술. ⇒ 재제주, 합성주.

혼음(混飮)

종류가 다른 여러 가지 술을 마심.

혼화주(混和酒)

섞어서 만든 술.

홉(hop)

맥주에 독특한 향기를 나게 하는 식물성 향료로서 뽕나무과에 속하는 다년생 만초(蔓草)의 이름. 방향과 쓴맛이 있어 건위제로도 사용된다.

홍국(紅麴)

누룩의 한 종류. 멥쌀로 밥을 지어 누룩가루를 섞어 띄운 것으로 붉은 빛깔이 나는 술을 양조 할 때 사용된다.

홍국주(紅麴酒)

홍국으로 담근 약용주.

홍유동(紅遊洞) **막걸리**

합천 해인사로 들어가는 길목인 홍유동에서 만든 막걸리. 홍유동은 경치가 좋기로 유명한 곳이어서 유람객들의 호평을 받았다.

홍진취객(紅塵醉客)

① 번거롭고 속된 세상의 술. ② 번거롭고 속된 세상에 취한 사람.

홍차주(紅茶酒)

홍차를 재료로 한 향미주. 홍차 60g, 그래뉴당 300g, 25～35%의 소주 1ℓ 비율로 담갔다가 20일 정도 지난 후 베 헝겊으로 거르고 설탕을 더하여 마신다.

홍화주(紅花酒)

잇꽃(홍화)과 씨의 성분을 추출한 약용주. 홍화 80g, 그래뉴당, 300g, 백주나 소주 1ℓ 비율로 담근다. 꽃은 짓이겨서 섞어 담갔다가 한 달 정도 후에 베 헝겊으로 짜서 다른 용기에 담고 설탕 300g과 술을 더하여 1ℓ가 되도록 한다. 주로 여성의 건강, 강장에 효과가 있다고 알려져 있다.

화계란배(火鷄卵杯)

술을 따르면 저절로 데워지게 되는 술잔의 종류.

화이트 와인(white wine) ⇒ 백포도주

화주(和酒)

일본 청주를 이르는 말. 일본인들이 자국의 술을 지칭하는 말.

황기주(黃耆酒)

황기의 뿌리를 소주에 담근 술. 황기 100g, 그래뉴당 200g, 소주 1ℓ 비율로 섞어서 한 달 정도 저장한다.

황정주(黃精酒)

죽대의 뿌리를 소주에 담근 약용주. 생약 황정 300g, 그래뉴당 200g, 소주 1ℓ 비율로 혼합하고 두 달 정도 후에 베 헝겊으로 걸러서 다른 병에 넣고 설탕을 더한다. 분량이 1ℓ가 안 되면 새 술을 추가하여 쓰는데 다른 술과 섞어서 혼성주를 만들어 마셔도 좋다. 또한 영양, 강장, 특히 허약자와 병약자의 체력회복에 좋다고 한다.

황주(黃酒)

중국 동북지방 특산의 양조주. 곡식(좁쌀과 황미)을 원료로 만들며 주정분은 8~9%, 엑기스 10%, 당분 6%를 넣어 만든다. 감산미가 강한 선홍색과 향기가 강한 흑갈색의 두 종류가 있다. 국주(菊酒), 행주(行酒)라고도 하며, 후자는 홍주(紅酒)라고 한다.

황항주(滉缸酒)

중국 산 노주(老酒)의 일종. 복건성 용암(龍岩)에서 생산되는 최고급 노주이다. 참

쌀로 만든 홍국과 이 지방에서 나는 찹쌀로 담근다.

효모균(酵母菌)

자낭균 가운데 효모균과에 속하는 균. 엽록소가 없는 단세포로 이루어졌는데 보통 원형이거나 타원형을 띠고 있고 그 종류가 많다. 출아법과 내성포자 생성법으로 번식한다. 효모균에는 zymase라는 효소가 있어 발효작용을 하며 술이나 빵을 만들 때 사용된다.

효소(酵素)

생활세포에 의해 생성되는 유기화합물. 누룩도 효소의 일종이다. 술 간장, 치즈를 만드는 데 사용된다.

후래삼배(後來三杯)

늦게 술자리에 도착한 사람은 연이어 석 잔을 마셔야 한다는 말.

후래선배(后禮先杯)

술자리에 늦게 온 사람에게는 순서를 무시하고 먼저 술을 권해야 한다는 말.

후주(後酒)

술을 떠낸 재강에 가시 물을 부어 떠낸 술.

훈주(葷酒)

고약한 냄새가 나는(파, 마늘, 부추 등) 훈채와 술.

휴주답청(携酒踏靑)

봄날에 술병을 들고 풀을 밟으며 야외로 나간다는 뜻.

휴호관비(携壺款扉)

술병을 들고 사립문을 두드린다는 뜻. 친구를 찾아 술을 마신다는 의미.

흑국소주(黑麴燒酒)

포성국균(泡盛麴菌)이 *Aspergillus luchuensis*를 쌀과 좁쌀 등에 생리적으로 순수 배양함으로서 가급적 많은 포자를 형성케 한 종국으로 만든 소주. 1919년 한국에 처음으로 도입되었다.

흑맥주(黑麥酒)

하면발효형 맥주. 양조과정에서 맥아를 가열하여 그 당 부분으로 캐러멜화 하여 발효시킨 맥주. 짙은 갈색을 띠며 눌은 맛과 비슷한 맛이 난다.

흥분주(興奮酒)

뇌수(腦髓)의 신경이나 심장을 흥분시키는 술. ⇒ 브레이서(bracer).

희석소주(稀釋燒酒)

곡물 등으로 양조하여 증류하지 않고 알코올을 주재료로 가미와 향료 등을 가미하고 증류수로 희석시킨 소주.

제 5 부

옥편과 국어사전에서 주(酒)자의 용어

감어(酣飫)

술과 음식에 물림.

감오(勘娛)

술에 취하여 즐김.

감음(酣飮)

흥치 있고 달게 술을 마심.

감적(酣適)

술에 취하여 즐김.

감창(酣暢)

술을 마시고 기분이 수장해짐.

감취(酣醉)

몹시 술에 취함.

고주(酤酒)

① 술을 삼. ② 술을 팔음. ③ 간술

고주(酤酒)

술을 삼. 술을 팔음. 고(酤 : 술 살 → 고, 술 팔 → 고).

고주(苦酒)

① 독한 술. ② 맛이 쓴 술이라 하여 남에게 겸손하게 하는 말.

관주(觀酒)

술을 보고 즐거워하되 이미 마실 수 없는 사람.

기주(嗜酒)

술의 진미(眞味)에 반한 사람.

낙주(樂酒)

마시거나 안 마셔도 술과 더불어 유유자적하는 사람.

두주(酘酒)

두 번 빚은 술. 두(酘 : 두 번 빚은 → 두).

두주불사(斗酒不辭)

말술도 사양하지 않을 만큼 주량이 매우 강함.

민주(憫酒)

취하는 것을 민망하게 야기는 사람.

반주(飯酒)

밥맛을 돕기 위하여 술을 마시는 사람.

배주(醅酒)

거르지 않은 술. 배(醅 : 거르지 않은 → 배).

부주(不酒)

술을 아주 못 먹진 않으나 안 먹는 사람.

상주(商酒)

무슨 잇속이 있을 때만 술을 내는 사람.

색주(色酒)

성생활을 위하여 술을 마시는 사람.

서류(醑類)

미주(美酒)를 말한다. 여기에는 약산주(藥山酒), 소국주(小麯酒), 부의주(浮蟻酒), 자주(煮酒), 밀주(蜜酒) 등이 속한다. 『고사십이집』(1789년)의 술의 분류에서 나온 주류. 서(醑 : 좋은 술 → 서).

서리(醑醨)

좋은 술과 나쁜 술.

서주(醑酒)

좋은 술. 아름다운 술. 서(醑 : 좋은 술 → 서).

석주(惜酒)

술과 인정을 너무 참아 술을 못 마시는 사람.

수작(酬酢)

주객이 서로 잔을 주고받음.

수주(睡酒)

잠이 안와서 술을 마시는 사람.

수주부인(醇酒婦人)

주색에 빠지는 것.

순료(醇醪)

좋은 막걸리.

순주(醇酒)

좋은 술. 진한 술. 순(醇 : 진국 술 → 순).

시주(釃酒)

술을 걸음. 거른 술. 시(釃 : 술 거를 →시).

앙류(醠類)

탁주(濁酒)를 말한다. 여기에는 이화주(梨花酒), 청감주(淸甘酒)등이 속한다. 『고사십이집』(1789년)의 술의 분류에서 나온 주류. 앙(醠 : 막걸리 → 앙).

앙주(醠酒)

막걸리. 앙(醠 : 막걸리 → 앙).

애주(愛酒)

술의 취미를 맛보고 술에 대하여 새롭게 눈을 뜬 사람.

양조(釀造)

술, 간장을 담가서 만든 곳.

양주장(釀酒場)

술을 빚어 만드는 곳.

예류(醴類)

감주(甘酒)를 말한다. 여기에는 일숙주(一宿酒), 일일주(一日酒) 등이 속한다. 『고사십이집』(1789년)의 술의 분류에서 나온 주류. 예(醴 : 단술 → 례).

예주(醴酒)

맛이 단술. 예(醴 : 단술 → 례).

예천(醴泉)

단맛이 나는 물이 솟는 샘. 맛이 좋은 물이 솟는 샘.

온양(醞釀)

① 술을 담금. ② 잘 조합함.

온주(醞酒)

진한 술. 온(醞 : 술 빚은 → 온).

외주(畏酒)

술을 마시기는 마시나 술을 겁내는 사람.

요약(醪藥)

술과 약.

요육(醪肉)

술덧과 고기 안주.

유주(醹酒)

푸른 술. 유(醹 : 전국 술 → 유).

은주(隱酒)

돈이 아쉬워서 혼자 숨어 마시는 사람.

음주(飮酒)

술을 마심.

이류(酏類)

청주를 말한다. 여기에는 향온주(香醞酒), 백로주(白露酒), 녹파주(綠波酒), 벽향주(碧香酒) 등이 속한다. 『고사십이집』(1789년)의 술의 분류에서 나온 주류. 이(酏 : 기장이 술 → 이).

이식(酏食)

미음. 죽.

이주(醨酒)

붉은 술. 이(醨 : 붉은 술 → 리).

작교(酌交)

술을 따라 서로 권함.

작주(酌酒)

술잔에 술을 따름.

잔류(醆類)

조금 맑은 술. 미청주(微淸酒)를 말한다. 여기에는 하향주(荷香酒), 백주(白酒) 등이 속한다. 『고사십이집』(1789년)의 술의 분류에서 나온 주류. 잔(醆 : 조금 맑은 술 → 잔).

잔주(醆酒)

조금 맑은 술.

잔주(醆酒)

약간 맑은 술. 잔주(醆 : 조금 맑은 술 → 잔).

장주(長酒)

주도 삼매(三昧)에 든 사람.

적부(酌婦)

연회에서나 술집에서 손님에게 술을 따라 주는 여자.

제류(醍類)

홍주(紅酒)를 말한다. 여기에는 소주양법(燒酒釀法), 관서감홍로(關西甘紅露), 관서계당주(關西桂當酒) 등이 속한다. 『고사십이집』(1789년)의 술의 분류에서 나온 주류. 제(醍 : 붉은 술 → 제).

제주(醍酒)

붉은 술. 맑은 술. 제주(醍 : 붉은 술 → 제).

주가(酒家)

술집.

주갈(酒渴)

술에 중독이 되어 갈증이 나는 병.

주감(酒酣)

주연이 한참 벌어지는 부렴.

주계(酒戒)

음주의 계(戒).

주고(酒庫)

술을 넣어 두는 광.

주광(酒狂)

① 주란. ② 주망(酒忘). ③ 술에 취하면 몹시 주정을 하는 사람의 별명.

주기(酒氣)

① 술을 마셔 취한 기분. ② 술 냄새.

주기(酒器)

술을 마시는 데 쓰이는 온갖 그릇. 술잔, 술병 따위. 주구(酒具).

주대반낭(酒袋飯囊)

술 부대와 밥주머니. 술과 음식을 함부로 먹으면서 일을 하지 않는 사람을 꾸짖어 일컫는 말.

주덕(酒德)

① 술의 공덕, ② 술에 취한 뒤에도 주정은 않고 정신을 바르게 가지는 버릇.

주도(酒徒)

술꾼들. 술을 같이 마시는 친구. 주붕(酒朋).

주도(酒道)

술자리에서의 도리.

주독(酒毒)

술의 중독으로 얼굴에 생기는 붉은 반점.

주란(酒亂)

① 습관적으로 술에 취해서 미쳐 날 뛰는 일. ② 심한 주정. ③ 주광(酒狂).

주량(酒量)

술을 마시는 분량.

주력(酒力)

① 술의 힘을 빌려 나는 힘. ② 술이 사람을 취하게 하는 힘.

주력(酒歷)

술을 마신 이력이나 경력.

주령(酒令)

여럿이 술을 마실 때 마시는 방식을 정하는 약속.

주료(酒醪)

술이 발효가 진행되고 있는 발효액.

주루(酒樓)

① 설비가 좋은 술집. ② 주사(酒肆).

주류(酒類)

① 술의 종류. ② 알코올을 함유한 음료의 총칭.

주류업(酒類業)

주류를 양조하거나 거래하는 영업.

주류품(酒類品)

주류에 딸리는 물품의 총칭.

주막(酒幕)

시골 길가에서 술, 밥을 팔고 나그네를 치는 집. 주막집.

주망(酒妄) ⇒ **주광**(酒狂)

주매(酒媒)

누룩.

주모(酒母)

술밑. ① 술집 안주인. ② 술을 파는 여자.

주박(酒粕)

지게미.

주반(酒飯)

① 주식(酒食). ② 술밥.

주반(酒盤)

술과 안주를 올려놓은 예반.

주방(酒榜)

술집 앞에 내어다 거는 방.

주벽(酒癖)

① 술을 썩 즐기는 버릇. ② 술을 취한 뒤의 버릇. 주성(酒性).

주병(酒餠)

술과 떡.

주보(酒保)

군대의 영내 매점의 구칭.

주보(酒甫)

술을 걸은 사람.

주부(酒婦) ⇒ **주모**(酒母)

주불쌍배(酒不雙杯)

술 마실 때 잔의 수효가 짝수가 됨을 피함.

주사(酒肆) ⇒ **주루**(酒樓)

주사(酒邪)

술을 마신 뒤의 못된 버릇.

주상(酒商)

술장사 또는 술장수.

주상(酒傷)

술로 인하여 생긴 위장의 탈.

주색(酒色)

① 술과 여색. ② 술과 계집.

주색잡기(酒色雜技)

술과 계집과 노름.

주석(酒席)

술자리.

주석산(酒石酸, **tartaric acid, 타타르산**)

주선(酒仙) ⇒ **주호**(酒豪)

주세(酒稅)

주류에 부과하는 소비세.

주수(酒嗽)

술의 열기가 위속에서 남아 기침과 가래가 심한 병.

주수병(酒水甁)

미사 때 사용되는 물과 포도주를 담는 작은 병.

주수상반(酒水相半)

약을 달일 때 술과 물을 똑같은 분량으로 섞는 일.

주순(酒巡)

술잔을 돌리는 일. 순배(巡杯).

주식(酒食)

술과 밥.

주식점(酒食店)

술과 밥을 파는 집.

주안(酒案)

술상.

주잠(酒箴)

술을 경계하도록 가르치는 말.

주장(酒場)

술자리. 술도가.

주장(酒藏)

술 창고.

주적(酒積)

음주로 말미암아 소화가 안 되고 가슴이 뭉클하고 얼굴이 황흑색으로 변하는 병.

주전(酒錢)

술을 마셔서 정신이 나감.

주전자(酒煎子)

술을 데우기도 하고 술을 담아 잔에 따르기도 하는 그릇.

주점(酒店)

술집. 술을 파는 집.

주정(酒政)

술을 먹는 일이나 절차.

주정(酒精)

에틸알코올. 각종 주류에 함유되어 있다 하여 일컫는 말.

주정계(酒精計)

물 백분 가운데 함유된 알코올 분량을 측정하는 부칭(浮秤).

주정발효(酒精醱酵)

당류가 효모에 의하여 분해되어 알코올과 탄산가스가 생성되는 화학변화.

주정발효(酒精醱酵)

육탄당이 효모에 의하여 분해하여 알코올과 이산화탄소를 생산하는 현상.

주정음료(酒精飮料)

주정분을 함유한 음료.

주조(酒槽)

술 저장 통.

주조(酒造)

술을 빚어 만드는 것.

주조(酒糟)

재강.

주조세(酒造稅)

생산되는 술의 석수에 따라 매기는 소비세의 하나. 주세(酒稅).

주조업(酒造業)

술을 만들어 파는 영업.

주조장(酒造場)

술도가.

주주류(酎酒類)

소주(燒酎, 燒酒). 화주(火酒)를 말한다. 여기에는 호산춘(壺山春), 삼해주(三亥酒), 도화주(桃花酒), 연엽주(蓮葉酒), 과하주(過夏酒) 등이 속한다. 『고사십이집』(1789년)의 술의 분류에서 나온 주류. 주(酎 : 세 번 빚은 술 → 주).

주준(酒樽)

술통.

주찬(酒饌) ⇒ **주효**(酒肴)

주채(酒債)

술값으로 진 빚.

주체(酒滯)

술로 인한 체증.

주초(酒草)

술과 담배.

주초(酒炒)

약재를 술에 담았다가 볶음.

주충(酒蟲)

술에 미치다시피 된 사람.

주취(酒臭)

술 취한 사람에서 나는 술 냄새.

주치(酒痔)

음주로 인하여 생기는 치질.

주침(酒浸)

약재를 술에 담가 우려내는 것.

주탕(酒湯)

술국.

주파(酒婆)

술을 파는 늙은 여자.

주포(酒逋)

술값으로 진 빚.

주표(酒瓢)

술을 넣는 호로병.

주합(酒盒)

① 뚜껑을 술잔 대신 쓸 수 있는 쇠붙이로 만든 술그릇. ② 술과 안주를 담아 들고 다니게 된 찬합.

주항(酒缸)

술을 닫는 항아리.

주향(酒香)

술에서 나는 향기.

주호(酒壺)

술병.

주호(酒豪)

술을 잘 마시는 사람.

주후(酒後) ⇒ **취후**(醉后)

주흔(酒痕)

① 술이 묻은 자국. ② 술이 취한 흔적.

주흥(酒興)

① 술을 마신 뒤의 흥취. ② 술자리에서 하는 오락, 놀이.

차주(醝酒)

흰 술(백주). 맑은 술. 차(醝 : 흰 술 → 차).

취도(醉倒)

술에 만취하여 쓰러짐.

취매(醉罵)

술에 취하여 욕하며 꾸짖음.

취면(醉眠)

술에 취하여 잠.

취사(醉死)

술에 취하여 죽음.

취어(醉語)

취중에 마구 하는 말.

취언(醉言)

취중에 하는 말.

취취(醉趣)

술에 취한 동안에 느끼는 좋은 기분.

취태(醉態)

술에 취하여 거칠어진 태도.

탐주(耽酒)

술의 진견(眞境)을 탐닉하는 사람.

탐탐(耽耽)

① 술을 마시고 즐김, 또는 즐기는 모양. ② 경치나 꽃이 매우 아름다운 모양. ③ 앙심을 가지고 잔득 노리는 모양.

폐주(廢酒)

술로 말미암아 다른 술 세상으로 떠나게 된 사람.

폭주(暴酒)

주도(酒道)를 맹렬하게 탐닉하는 사람.

학주(學酒)

진의 진경(眞境)을 배우는 사람.

향음주례(鄕飮酒禮)

조선시대의 향촌의 선비와 유생들이 주연을 즐기는 의례로 예절은 주연을 통해 예법 등의 풍속을 지키는 것. 단정한 복장으로 끝까지 자세를 흩트리지 않고 술을 흘리지 않으며 언행이 일치해야 하며 술자리에서 일어 날 때 몸가짐을 바르게 하여야 한다.

혜계(醯鷄)

술 단지에 생기는 작은 벌레. 초파리.

후주(酗酒)

술주정.

후주(後酒)

술을 떠내고 재강에 다시 물을 부어 떠낸 술.

후주잡기(酗酒雜技)

술주정과 노름. 후(酗 : 주정할 → 후).

제 6 부

주(酒)가 든 고사성어

고주일배(苦酒一杯)

고잔의 쓴 술. 대접하는 술이 변변치 못하다 하여 겸손하게 이르는 말.

금주송병(金酒宋餠)

예전 논산군 연산 김 씨의 술 맛이 좋았고, 대전 회덕 송 씨의 떡 맛이 좋기로 유명하였다.

남주북병(南酒北餠)

조선조 서울에서 술은 남촌 술이 좋았고, 떡은 북촌 떡이 좋았다는 말.

두주불두(斗酒不辭)

말술도 사양하지 않는다. 주량이 한 말 되는 술도 먹을 정도로 대주객(大酒客)이라는 뜻.

예주불설(醴酒不說)

스승을 기다리는 마음이 점점 줄어진다는 것.

일취천일(一醉千日)

한 번 취하면 여러 날 간다는 뜻으로 아주 좋은 술을 형용하여 이르는 말.

주낭반대(酒囊飯袋)

술 주머니와 밥자루란 뜻으로 먹기만 하고 허송세월하는 쓸모없는 사람의 경우.

주례국얼(酒禮麴蘖)

임금 옆에 있는 원로의 신하를 이름.

주룡시호(酒龍詩號)

시와 술을 좋아하는 사람.

주백약지장(酒百藥之長)

술은 모든 약 중에서 으뜸이다. 장은 어른을 말한다. 술을 마시면 인심을 길러 그

공이 많으므로 약 중에서 첫째간다는 뜻.

주불쌍배(酒不雙杯)

술을 마실 때는 3, 5와 같이 기수로 마시고 2, 4와 같은 우수로 마시지 않는 다는 말. 주석에는 남에게서 받은 잔을 두 개 이상은 두지 말고, 받은 잔은 바로 반배(返杯)하여야 한다는 뜻.

주식지옥(酒食地獄)

매일 같이 주연이 계속되는 것.

주유별장(酒有別腸)

술을 마시는 사람의 창자는 따로따로 있다는 뜻으로 마시는 사람에 따라 다르다는 뜻이다.

주주객반(酒主客飯)

주인은 손님에 술을 권하고, 손은 주인에게 밥을 권한다는 말. 주객이 한상에서 밥과 술을 먹을 때는 주인은 손에게 술을 권하게 되고, 손은 주인에게 밥을 권하는 것이 예의라는 뜻이다.

주중선(酒中仙)

술을 마시어 세상일을 잊어버리고 사는 사람.

주지육림(酒池肉林)

걸왕과 주당의 주색 탐식. 술로 못을 이루고, 고기로 숲을 이룬다는 뜻으로 극히 호사롭게 방탕한 주연을 일컫는 말.

후래삼배(後來三杯)

술좌석에 늦게 참석한 사람은 거듭 석 잔을 먹어서 먼저 참석한 사람들과 비등하게 취하도록 하라는 뜻이다.

제 7 부

주(酒)가 든 한시(漢詩)

김삿갓의 한시와 이백(李白)의 한시를 소개한다. 김삿갓의 본명은 감병연(金炳淵), 1907년(순조)·1863년(철종 14년). 이조 후기의 방랑시인. 자는 성심(性深), 호는 난고(蘭皐), 속칭 김삿갓. 선천부사 김익순의 손자. 1811년(순조 11년) 가산에서 일어난 홍경래의 난 때 그의 조부가 항복하여 가문이 적몰되었다. 이에 굴욕을 느껴 벼슬을 단념하였으며 삿갓을 쓰고 죽장을 입고 방랑생활을 하였다.

풍랑, 해학으로 퇴폐되어 가는 세상을 개탄, 저주, 조사하는 기발한 시구를 가는 곳마다 쏟아 놓으며 세월을 모냈다. 김삿갓(金笠)은 그가 삿갓을 쓰고 방랑한 데서 나온 별명이며 많은 한시가 구전되고 있다.

錙銖寧荒志 詩酒自娛身
(치주녕황지 시주자오신)
得月卽帶億 悠悠日朦頻)
(득월즉대억 유유일몽빈)

내 마음은 조금인들 거칠게 할까 보냐
시와 술로써 인생을 혼자 즐기련다.
달이 밝은 밤이면 혼자 즐기련다.
고운 꿈을 유유히 내 멋대로 키워 가리.

雁塔庭中古 松風洞裡寒
(안탑정중고 송풍동리한)
鐘聲驚醉客 燈火報長昏
(종성경취객 등화보장혼)

고요한 뜰에 있는 탑은 옛스럽고
산골짜기에 부는 바람은 차기만 하다.
종소리는 취한 길손의 꿈을 깨우네.
등불은 아침저녁을 알려 주노라.

이백(李白, 701~162)은 당시대의 시인. 자는 태백(太白). 호는 청련거사(淸蓮居士). 술 한 말에 시 100편을 지을 만큼 시상이 떠오르면 즉석에서 작품을 토하였다고 한 두보(杜甫)와 함께 이두(李杜)라고 부르며, 중국 역사상 가장 위대한 시인이다. 시 약 1,000수가 산문과 함께 이태백집(李太白集)에 수록되어 있다.

대표작은 장진주(將進酒), 야사(夜思), 파주문월(把酒問月), 독작(獨酌), 산중답속인(山中答俗人) 등이다.

李白一斗詩白編 長安市上 酒家眠
(이백일두시백편 장안시상 주가면)
天子呼來 不上船 自稱臣是 酒中仙
(천자호래 불상선 자칭신시 주중선)

이백은 술 한 말에 시를 백 편씩 지으며
언제나 장안거리 술집에서 잔다오.
천자가 부르셔도 배를 타지 아니하고
자기를 술의 신선이라고 말했다오.

花問一壺酒 獨酌無相親
(화문일호주 독작무상친)
擧杯邀明日 對影成三仁
(거배요명일 대영성삼인)

꽃그늘에서 술 한 병을 놓고
친구도 없이 혼자서 마시노라
잔을 들어 밝은 달을 맞이하니
그림자까지 서 사람이 되는구나.

제 8 부

병행복발효주(酒)의 술맛보기 용어

1. 술맛 보기(술의 관능검사, 술의 pannel test) 용어

1. 노향(老香) : 노숙 향. 청주가 과숙되어 생기는 좋지 못한 향기.
2. 병향(瓶香) : 유리병 향기. 청주나 포도주를 유리병에 오랫동안 저장하였을 때 생기는 냄새. 일광취.
3. 맛의 노약(老若) : 맛의 과성숙도.
4. 약(若) : 미숙. 숙성이 덜 되고 맛이 거침.
5. 노(老) : 과숙. 저장이 오래 됨.
6. 감신(甘辛) : 쌉쌀한 맛
7. 감(甘) : 달콤하고 쌉쌀하지 않음.
8. 신(辛) : 달콤하지 않고 쌉쌀함.
9. 음양향(吟讓香) : 깨끗한 과실의 방향으로 음양주의 향기.
10. 음양주(吟讓酒) : 정백도 60% 이하의 원료미를 사용하고 젊은 국을 사용하며 술덧은 저온에서 발효시켜 청주박도 가볍게 압착하여 얻게 되는 방향이 강하고 원숙한 맛의 최고급 청주.

2. 청주 맛(味)에 관한 술맛보기 용어

1. 감칠맛 : 진하고 깊이가 있는 좋은 맛.
2. 농순미(濃醇味) : 농순한 맛. 술이 바특하고 짙은 맛. 감칠맛.
3. 농미(濃味) : 진한 맛.
4. 방순(芳醇) : 향이 풍부하고 진한 맛.
5. 후미(後) : 뒷맛.
6. 담려(淡麗) : 맛이 깨끗함. 미려한.
7. 호미(糊味) : 쌀풀 맛. 덱스트린 맛.
8. 깨끗한 맛 : 적당한 깊은 맛이 있고 깔끔한 느낌.
9. 부패미(腐敗味) : 청주 저장 중 화락균에 의하여 생기는 부패된 맛.
10. 감신(甘辛) : 단맛과 쌉쌀한 맛.

3. 청주 향기(香氣)에 관한 술맛보기 용어

1. 신주향(新酒香) : 새 술 향. 신주는 생주(生酒)라 한다. 신주를 화입하여 저장하면 없어진다. 숙성 술덧을 압착 여과한 후 화입(살균)하기 전의 술의 향기.
2. 국향(麴香) : 국의 향. 신주를 화입하여 저장하면 없어진다.
3. 음양향(吟讓香) : 음양주와 같은 과실 향.
4. 숙향(熟香) : 숙성된 향.
5. 강취(糠臭) : 겨 냄새.
6. 감주취(甘酒臭) : 감주 냄새(감주는 쌀에 미국을 첨가하여 당화한 감미료).
7. 미림취(味醂臭) : 미린 냄새(미린은 찹쌀을 알코올 용액 중에서 미국으로 당화한 조미료).
8. 감취(甘臭) : 단맛 냄새. 달고 역한 냄새.
9. 탄소취(炭素臭) : 활성탄 냄새.
10. 여과면취(濾過綿臭) : 여과면 냄새.
11. 지취(紙臭) : 종이 냄새.
12. 목취(木香) : 나무의 향기.
13. 이향(移香) : 다른 물건에서 옮겨진 냄새.
14. 노향(老香) : 과숙한 향기. 청주가 과숙되었을 때 생기는 좋지 못한 향기.
15. 초취(焦臭) : 탄 냄새. 탄내. 누른 내.
16. 입덧취(口臭) : 양조공장에서 생기는 산패 냄새.
17. 냉향(冷香) : 효모에 의한 알코올 발효가 지체되어 생기는 향기. 당도가 높아져 유산균 등에 의하여 생기는 산취.
18. 화락향(火落香) : 청주 저장 중에 화락균에 의하여 생기는 산패된 냄새.
19. 주독 취(臭) : 술독의 냄새.
20. 병향(瓶香) : 술병의 냄새. 제품 유통중 일광조사로 생기는 일광 냄새.
21. 부조취(腐造臭) : 제품 저장중 화락균의 번식으로 생기는 냄새.
22. 산취(酸臭) : 산패된 냄새.
23. 부향(付香) : 향료, 에센스 등 인공적으로 첨가된 향기.
24. 대향(袋香) : 술자루의 향기.
25. 삽향(澁香) : 다른 물건에서 우러난 떫은 향기.
26. 박취(粕臭) : 주박 냄새.
27. 준취(樽臭) : 나무술통의 냄새.

4. 청주 색(色)에 관한 술맛보기 용어

1. 투명도(透明度)
2. 징명도(澄明度)
3. 광택(光澤)
4. 혼탁(混濁)
5. 단백질 혼탁(蛋白質 混濁)
6. 부유물(浮遊物)
7. 흑색(黑色)
8. 다갈색(茶褐色)
9. 황금색(黃金色)
10. 산취색(山吹色)
11. 호박색(琥珀色)
12. 번차색(番茶色) : 질이 낮은 엽차 색.
13. 색택농후(色澤濃厚) : 색택이 농후하다.
14. 담색(淡色) : 색이 엷다. 색이 묽다(묽은색).
15. 농색(濃色) : 색이 진하다(진한 색).
16. 무색(無色) : 색이 없다(무색).
17. 물 같음 : 물과 같이 맑음.

제 9 부

한국의 고문헌 속의 주류의 생활문화

1. 우리나라 술맛의 표현 용어

술맛의 표현용어는 아래와 같으며, 술의 빛깔을 표현할 때는 "술 빛이 파랗다." "술 빛이 댓잎 같다." "술 빛이 아름답다." 등으로 표현하였고, 술 위에 뜬 밥알을 표현할 때는 "밥알이 뜬다." "개미가 뜬다." 등으로 표현하였다.

맛이 평범하다.	술맛이 매우 독하다.
술맛이 매우 순하다.	술맛이 달다.
향취가 기이하다.	맛이 준렬하다.
맛이 청렬하다.	술 빛이 댓잎 같고 맛이 향기롭다.
맛이 감미롭다.	맛이 콕 쏘게 맵다.
맛이 훈감하다.	맛이 맵고 달다.
맛이 평평하고 순하다.	극히 맹렬하다.
술맛이 극히 좋다.	감미가 많다.
달고 독하다.	술맛이 특이하다.
맛이 기이하다.	술이 향긋하고 감미롭다.
맛이 향열(香烈)하다.	맛이 감열하다.
청향(淸香)이 그윽하다.	우유와 같이 감미롭다.
맛이 달고 향기롭다.	맛이 맵고 좋다.
맛이 매우 아름답다.	맛이 달고 향기롭다.
달고 독하다.	맛이 좋다.
맛이 쓰다.	맛이 향긋하다.
산첨담박(酸添淡博)하다.	술맛이 맵다.
감미가 있다.	맛이 향긋하다.
소주 맛이 짜르르하고 콕 쏜다.	술의 색이 아름답고 맛이 좋다.
맛이 훈감하고 기특하다.	술이 아리땁고 맛이 좋다.
맛이 훈감하고 향긋하며 기특하다.	술이 아리땁고 빛이 냉수 같다.

2. 탕액편(湯液篇)에는 술(酒)과 약용주 그리고 치료효과가 기술되어 있다.『동의보감』,

주(酒, 술)

성질이 몹시 열하고(大熱) 맛이 쓰면서(苦) 달고(甘) 매우며(辛) 독이 있다. 약기운(藥勢)이 잘 퍼지게 하고 온갖 사기와 독한 기운을 없앤다. 혈맥을 잘 통하게 하고 장위를 든든하게 하며 피부를 윤택하게 한다. 근심을 없애고 성내게 하며 말을 잘 하게 하고 기분을 좋게 한다.『본초(本草)』

1. 오랫동안 먹으면 정신이 상하고 수명에 지장이 있다.『본초(本草)』
2. 몹시 추워서 바다가 얼어붙는다고 하여도 술은 얼지 않는다. 이것을 보아 술의 성질이 그 무엇보다도 제일 열(熱)하다는 것을 알 수 있다. 술을 마시면 갑자기 몸을 잘 쓰지 못하고 정신이 얼떨떨해지는데 그것은 술이 독하기 때문이다.『본초(本草)』
3. 술이 모든 경락을 잘 통하게 하는 데는 부자(附子)와 같다. 이것의 매운 맛은 헤치고(散) 쓴맛은 내리게 하며 단맛은 속에 가만히 있기도 하고 끌고 가기도 하는데 온몸의 표면까지 다 돌아가며 제일 높은 곳에서도 간다. 맛이 심심한 것은 오줌을 잘 나가게 하며 빨리 내려가게 한다. [탕액(湯液)]
4. 『본초(本草)』에는 오직 성질이 열하고 독이 있다는 것만 씌어 있지 습 가운데 열이 있어서 상화(相火)와 비슷하다는 것은 씌어 있지 않다. 그것은 사람이 술에 몹시 취하면 몸이 부들부들 떨리는 것으로 알 수 있다. [단심(丹心)]
5. 술에는 여러 가지기 있으나 오직 쌀술(米酒)만 약으로 쓴다. 찹쌀에 맑은 물과 흰 가루누룩(白麪麴)을 넣어서 만든 술이 좋다. 서전(正書)에 "만약 술이나 단술을 만들려면 누룩(麴)과 엿기름(蘖)을 만들어야 한다."고 씌어 있는데 술을 만드는 데는 누룩(麴)을 쓰고 단술(蘖酒)을 만드는 데는 엿기름(蘖)을 쓴다.『본초(本草)』

○ 여러 가지 술의 이름을 다음과 같이 소개하였다.

조하주(糟下酒)

성질이 덥다(煖溫). 위(胃)를 따뜻하게 하고 찬바람과 추위를 막는다. 이것은 아마 거르지 않은 술(미착주, 未搾酒)을 말하는 것 같다.

두림주(豆淋酒)

풍으로 경련이 일어(풍경, 風痙) 몸이 뒤로 젖혀지는 것(각궁반장, 角弓反張)을 치료한다. (처방은 풍문에 있다)

총시주(葱豉酒)

풍한증(風寒證)을 풀고 땀이 나게 하여 상한을 낫게 한다. (처방은 상한문에 있다)

포도주(葡萄酒)

얼굴빛이 좋아지게 하고 신(腎)을 덥게 한다. (처방은 잡방에 있다)

삼심주(桑椹酒)

오장을 보하고 눈과 귀를 밝게 한다. 오디즙을 내어 만든 술이다.

구기주(枸杞酒)

허(虛)한 것을 보(補)하고 살을 찌게하며 건강해지게 한다. (처방은 잡방에 있다)

지황주(地黃酒)

혈을 고르게 하며(和血) 얼굴이 젊어지게 한다. (처방은 잡방에 있다)

무술주(戊戌酒)

양기(陽氣)를 세게 보한다(大補). (처방은 잡방에 있다)

송엽주(松葉酒)

각기(脚氣)와 풍비(風痹)를 치료한다. (처방은 풍문에 있다)

송절주(松節酒)

역절풍(歷節風)을 치료한다. (처방은 풍문에 있다)

창포주(菖蒲酒)

풍비(風痹)를 치료하고 오래 살 수 있게 한다. (처방은 신형문에 있다)

녹두주(鹿頭酒**)**

기혈(氣血)을 보(補)한다. 사슴의 대가리(鹿頭)를 고운 물로 만든 술이다.

고아주(羔兒酒**)**

살을 찌게하고 건강해지게 한다. 새끼양(羔兒)을 잡아 고운 물로 만든 술이다.

밀주(蜜酒**)**

보익(補益)하며 풍진(風塵)을 치료한다. (처방은 잡방에 있다)

춘주(春酒**)**

맛이 좋은 술이다. 요즘 삼해주(三亥酒)라고 하는 술과 같은 것이다.

무희주(無灰酒**)**

아무 것도 넣지 않은 술인데, 즉 좋은 청주(醇酒)를 말한다.

병자주(餠子酒**)**

찹쌀가루(糯米粉)와 여러 가지 약을 섞어서 누룩을 만들어 빚은 술이기 때문에 병자주라고 한다.

황련주(黃連酒**)**

술독을 푸는데 사람을 상하지 않게 한다. 어떤 술인지 자세하게 알 수 없다.

국화주(菊花酒**)**

오래 살게 하며(延年益壽) 풍으로 어지러운 것(풍현)을 치료한다. (처방은 신형문에 있다)

천문동주(天門冬酒**)**

기혈을 보하고 오래 살 수 있게 한다. (처방은 신형문에 있다)

지라주(暹羅酒**, 섬라술)**

섬라국(暹羅國)에서 온 술이다. 적을 헤치고(破積) 고독을 없앤다. [입문(入門)]

홍국주(紅麴酒)

성질이 몹시 열(大熱)하고 독이 있다. 산람장기(瘴氣)를 막고 타박상을 낫게 한다. [입문(入門)

동양주(東陽酒)

술맛이 시원하고 향기롭다(청향). 예로부터 이름난 술인데 이웃의 여러 가지 술도 다 이것보다 못하다. [입문(入門)]

금분로(金盆露)

처주(處酒)에서 나는데 맛이 좋다. 먹을 만은 하지만 동양(東陽) 술보다는 못하다. [입문(入門)]

산동추로백(山東秋露白)

빛이 순수하고(色純) 맛이 세다(冽). [입문(入門)]

소주소병주(蘇州小瓶酒)

성질이 열한 약이 든 누룩(麴有熱藥)으로 만든 것이기 때문에 마시면 머리가 아프고 갈증이 난다. [입문(入門)]

남경금화주(南京金華酒)

맛이 아주 달다(태첨, 太甛). 많이 마시면 속에 머물러 있고 담(痰)이 뭉친다. [입문(入門)]

희안녹두주(淮安綠豆酒)

녹두가 든 누룩으로 만든 것이므로 독을 푸는 데 좋은 술이다. [입문(入門)]

강서마고주(江西麻姑酒)

마고천(麻姑泉)의 샘물로 만들었다고 하여 마고술이라 하는데 맛이 특별이 좋다. [입문(入門)

소주(燒酒)

원(元)나라 때부터 나온 술인데 맛이 아주 독하다(극신렬, 極辛裂). 그러므로 많이 마시면 사람이 상할 수 있다.

자주(煮酒)

맛이 특별히 좋은데 여름에 맛이면 좋다. [속방(俗方)]

이화주(梨花酒)

빛이 맑고 맛이 좋은데 봄과 여름에 마시면 좋다. [속방(俗方)]

조(糟, 술지게미)

성질이 따뜻하고(溫) 맛이 짜며(鹹) 독이 없다. 얻어맞아서 어혈(瘀血)이 진 데는 이것으로 찜질하고, 얼어서 상한(동창, 凍瘡) 데는 이것으로 씻는다. 뱀이나 벌한테 쏘인 독과 채소독(菜蔬毒)을 없앤다. 또한 물건을 보관하는 데는 이것을 넣으면 물건이 변하지 않고 부드러워진다. 『본초(本草)』

3. 한의서(韓醫書) 중의 약용주. 『동의보감』

장수 주류

고본주, 오발주, 창포주, 천문동주, 무술주, 지황주.

귀병 치료주

침사주(鍼砂酒).

허리병 치료주

신국주(神麴酒).

백발 치료 주류

중산환동주(中產環童酒), 경험오방주(經驗烏髮酒), 신선고본주(神仙固本酒).

풍병 치료 주류

송엽주, 송절주, 독활주(獨活酒), 두마주, 조화주, 총두주.

응달 치료 주류

당귀주, 원지주(遠志酒), 괴화주(槐花酒), 인동주.

나창 치료 주류

백화사주(白花蛇酒), 오사주(烏蛇酒).

두진(痘疹) 치료 주류

고타주(古妥酒).

오장 보약 주류

상심주.

안색 보호 주류

포도주.

기혈 보약 주류

서두주(庶頭酒).

흉건용 주류

어하주.

풍진 치료 주류

밀주.

적치료 주류

진라주(進羅酒).

타상 치료 주류

홍국주.

해독용 주류

황연주, 녹두주.

기타 약용 주류

춘주, 무회주, 병자주, 동양주, 금본주, 산동추로백(山東秋露白), 소주소병주, 남경금화주, 강서마고주, 소주, 이화주.

4. 술이 든 속담(진로그룹 홍보실, 1988)

술이 든 속담은 무척 많다. 편의상 일련번호를 매겨 속담과 그 뜻을 정리하면 다음과 같다.

(1) 건너 술 막 꾸짖기

직접 그 사람의 잘못을 꾸짖지 않고 다른 사람의 잘못을 끌어다가 그것을 빌어서 꾸짖는다.

(2) 계(契)술에 낯내기 / 상둣술에 벗 사귄다.

공동의 소유물을 가지고 자기 얼굴을 세운다.

(3) 공술에 술 배운다.

술이라는 것은 처음에는 반드시 남의 권유에 못 이겨 마시다가 배우게 된다.

(4) 공술 한잔 보고 십리 간다.

제 돈 안들이고 거저 생기는 것이라면 무엇이나 좋아한다.

(5) 금주(禁酒)에 누룩 흥정

술을 먹지 않는다는 사람에게 누룩을 팔려고 흥정한다 함이니 필요 없는 수고를 한다는 뜻이다.

(6) 김 씨가 먹고 이 씨가 취한다.

무슨 일을 하거나 그 좋지 않은 결과에 대하여 남에게 책임을 지운다.

(7) 남의 술에 삼십 리 간다.

자기는 가고 싶은 생각이 없으나 술을 받아먹자고 권하는데 못 이겨 삼십 리 간다 함이니 무릇 저 하기 싫은 일을 남의 권유로 하게 됨을 일컫는다.

(8) 당나귀 새낀가 보다, 술 때 아는 걸 보니

당나귀는 닭보다 더 잘 알며 술을 잘 먹어 한번 술을 주면 그때만 되면 언제나 술을 달라고 소리 지르고 발로 차고 한다 함이니 술 잘 먹는 사람이 술자리를 알아 가지고 온다 하여 놀리는 말이다.

(9) 더운 술을 마시면 코끝이 붉어진다.

술을 불면서 마시지 말라.

(10) 뜨물 먹고 주정한다.

공연히 취한 체하고 건성으로 부리는 주정을 이름. 이치에 맞지 않는 생억지를 장난으로 이르는 말이다.

(11) 모주 장사 열 바가지 부르듯

얼마 되지 않는 것을 겉으로만 많은 체하려 한다.

(12) 미운 놈 보려면 술장사 하라.

술장사하면 미운사람 많이 볼 수 있다 하여 하는 말이다.

(13) 박한 술이 차보다 낫다.

없을 때는 좋지 않은 것이라도 낫게 여겨진다.

(14) 반 잔 술에 눈물 나고 한 잔 술에 웃음 난다.

남에게 무엇을 주려면 푸짐하게 주어야지 그렇지 못하면 도리어 인심을 잃게 된다.

(15) 보리로 담근 술 보리 냄새 안 빠진다.

무엇이나 본성 그대로를 지닌다. 근원이 좋으면 결과도 좋고, 근원이 나쁘면 결과도 나쁘다.

(16) 술 익자 채 장수 간다.

일이 우연히 잘 맞아 감을 비유한 말이다.

(17) 아전의 술 한 잔이 환자(患子)가 석 섬이라고

관리로부터 적은 신세를 지면 몇 곱으로 갚게 된다.

(18) 아주머니 술도 싸야 먹는다.

아무리 친분이 있어도 이해관계에 있어서는 명백히 따져본다.

(19) 이태백도 술병 날 때가 있다.

돈의 낭비가 있으니 술을 마시지 말라는데 대하여 반대하는 말이다.

(20) 외모는 거울로 보고 마음은 술로 본다.

술을 먹으면 마음을 털어 놓고 이야기하기 때문에 이르는 말이다.

(21) 좋은 술에 간판 없다.

술 맛이 좋으면 주객은 멀리서도 찾아온다.

(22) 금주(禁酒)에 누룩장사 / 금주(禁酒)에 누룩 흥정 / 주모(酒母) 보면 염소 똥 보고 설사한다.

술은 도무지 조금도 못 한다.

(23) 중매 잘 하면 술이 석 잔이고 못하면 빰이 석대다.

혼인 중매를 잘하면 술대접을 받지만 못하면 뺨을 맞을 일이라 함이니 곧 혼인은 억지로 권할 일은 못 된다는 뜻이다.

(24) 중 술 취한 것

아무데도 소용이 없고 도리어 해로운 것을 이르는 말이다.

(25) 초상술에 권주가 부른다.

때와 장소를 분별 못하는 행동을 이르는 말이다.

(26) 한 잔 술에 눈물 난다.

사소한 일에 원함이 생기는 것이니 사람에게 대접할 때 어떤 사람에게는 후하게 하고, 어떤 사람에게는 박하게 하는 일이 없이 고르게 하라는 말이다.

(27) 흰 술은 사람 얼굴을 누르게 하고, 황금은 사람 마음을 검게 한다.

술과 황금은 조화를 부려 잘 못하면 사람을 나쁘게 하니 조심해야 한다.

(28) 보리술이 제맛 난다.

제 본성을 지닌다.

(29) 사후(死後) 석 잔 술 말고 생전에 한 잔 술 달라 / 죽은 석 잔 술이 살아 한 잔 술만 하랴.

죽은 후에 아무리 잘 해도 소용이 없다.

(30) 상둣술에 낯내기 / 상둣술로 벗 사귄다.

남의 것을 가지고 제 것 같이 생색을 낸다.

(31) 상시(常時)에 먹은 맘이 취중(醉中)에 난다.

누구나 술에 취하게 되면 평소에 가졌던 생각이 언행에 나타난다.

(32) 수풀의 꿩은 개가 내몰고 오장의 말은 술이 내몬다.

술만 마시면 마음속에 있는 것을 모두 말해 버린다.

(33) 술값보다 안주 값이 비싸다.

어떤 일에 있어서 주(酒)가 되는 것 보다 그에 딸린 것이 더 많다.

(34) 술과 안주를 보면 맹세를 잊는다.

술 즐기는 사람은 늘 술이 몸에 해롭다 하여 끊으려고 하나 보기만 하면 안 먹고 못 견딘다.

(35) 술 담배 참아 소 샀더니 호랑이가 물어갔네.

돈을 모으기만 할 것이 아니라 쓸 때는 써야 한다.

(36) 술 먹여 놓고 해장 가자 부른다.

일을 못하게 망쳐 놓고서 그 뒤를 도와주는 체 한다.

(37) 술 먹은 개

술 취한 사람 멸시하는 말이다.

(38) 술 받아 주고 뺨 맞는다.

자기 돈 써가면서 남을 대접하고 자기가 도리어 욕을 보게 되는 경우에 쓰이는 말이다.

(39) 술 냄새 나는 주전자

상식으로 판단할 수 없는 허망한 일을 바란다.

(40) 술은 괼 때에 걸러야 한다.

무슨 일에 있어서 최적의 기회가 있으니 기회를 놓치지 말고 그 때를 타서 해야 한다.

(41) 술은 초물에 취하고 사람은 훗물에 취한다.

① 술은 처음 마실 때부터 취하기 시작하나 사람은 한참 사귀고 나서야 그 사람의 장점을 발견할 수 있어 사이좋게 지낼 수 있다.
② 사람은 전처보다 후처에게 더 혹한다는 것을 가리키는 말이기도 하다.

(42) 술이 아무리 독해도 먹지 않으면 취하지 않는다.

무엇이나 해보지 않으면 아무런 결과도 나타나지 않는다.

5. 조지훈(趙之薰)의 주도유단(酒道有段)

술을 마시면 누구나 다 기고만장하여 영웅호걸이 되고 위인현사(偉人賢士)도 안중에 없는 법이다. 그래서 주정만 하면 다 주정이 되는 줄 안다. 그러나 그 사람의 주정을 보면 그 사람의 인품과 직업은 물론 그 사람의 주력(酒歷)과 주력(酒力)을 당장 알아낼 수 있다. 주정도 교양이다. 많이 안다고 해서 다 교양이 높은 것은 아니듯이 많이 마시고 떠드는 것만으로 주격은 높아지지 않는다.

주도(酒道)에는 엄연히 단(段)이 있다는 말이다. 첫째 술을 마신 연륜, 둘째 같이 술을 마신 친구, 셋째는 마신 기회, 넷째 술을 마신 동기, 다섯째 술버릇이다. 이런 것을 종합해 보면 그 단의 높이가 어떤 것인가를 알 수 있다.

음주에는 무릇 18개의 계단이 있다.

(1) 불주(不酒)(등급 : 9급) : 술을 아주 못 먹진 않으나 안 먹는 사람
(2) 외주(畏酒)(등급 : 8급) : 술을 마시기는 하나 술을 겁내는 사람
(3) 민주(憫酒)(등급 : 7급) : 마실 줄도 알고 겁내지도 않으나 취하는 것을 민망하게 여기는 사람
(4) 은주(隱酒)(등급 : 6급) : 마실 줄도 알고 겁내지도 않고 취할 줄도 알지만 돈이 아쉬워서 혼자 숨어 마시는 사람
(5) 상주(商酒)(등급 : 5급) : 마실 줄도 알고 좋아도 하면서 무슨 잇속(이익)이 있을 때만 술을 내는 사람
(6) 색주(色酒)(등급 : 4급) : 성 생활을 위하여 술을 마시는 사람
(7) 수주(睡酒)(등급 : 3급) : 잠이 안 와서 술을 마시는 사람
(8) 반주(飯酒)(등급 : 2급) : 밥맛을 돕기 위하여 마시는 사람
(9) 학주(學酒)(등급 : 1급) : 술의 진경(眞境)을 배우는 사람(酒卒)
(10) 애주(愛酒)(등급 : 초단) : 술의 취미를 맛보는 사람(酒徒)
(11) 기주(嗜酒)(등급 : 2단) : 술의 진미에 반한 사람(酒客)
(12) 탐주(耽酒)(등급 : 3단) : 술의 진경을 체득한 사람(酒豪)
(13) 막주(幕酒)(등급 : 4단) : 주도를 수련하는 사람(酒狂)
(14) 장주(長酒)(등급 : 5단) : 주도 삼매(三昧)에 든 사람(酒仙)
(15) 석주(惜酒)(등급 : 6단) : 술을 아끼고 인정을 아끼는 사람(酒賢)
(16) 낙주(樂酒)(등급 : 7단) : 마셔도 그만 안 마셔도 그만으로 술과 더불어 유유자적 하는 사람(酒聖)
(17) 관주(觀酒)(등급 : 8단) : 술을 보고 즐거워하되 이미 마실 수 없는 사람(酒宗)
(18) 폐주(廢酒)(등급 : 9단) : 리반주(涅槃酒) : 술로 말미암아 다른 술 세상으로 떠나게 된 사람.

불주(不酒), 외주(畏酒), 민주(憫酒), 은주(隱酒)는 술의 진경(眞境)을 모르는 사람들이요, 상주(商酒), 색주(色酒), 수주(睡酒), 반주(飯酒)는 목적을 위하여 마시는 술이니 술의 전체를 모르는 사람들이 학주(學酒)의 자리에 이르러 비로소 주도의 초급을 주고 주졸(酒卒)이란 칭호를 줄 수 있다. 반주(飯酒)는 2급이요 차례로 내려가서 불주가 9급이니 그 이하는 척주(斥酒) 반주당(反酒黨)들이다.

애주(愛酒), 기주(嗜酒), 탐주(耽酒), 막주(幕酒)는 술의 진미(珍味), 진경(眞境)을 오달(悟達)한 사람이요, 장주(長酒), 석주(惜酒), 낙주(樂酒), 관주(觀酒)는 술의 진미를 체득하고 다시 한 번 넘어서 임운자적(任運自適)하는 사람들이다. 애주(愛酒)의 자리에 이르러 비로소 주도(酒道)의 초단을 주고 주도(酒徒)란 칭호를 줄 수 있다. 기주(嗜酒)가 2단이요, 차례로 올라가서 반주가 9단으로 명인 급이다. 그 이상은 이미 이승 사람이 아니니 단(段)을 뗄 수 없다.

· · · 하 략 · · ·

술 좋아하는 사람 쳐놓고 악인이 없다는 것은 그만큼 술꾼이란 만사에 악착같이 달라붙지 않고 흔들리기 때문이다. 그 때문에 모든 일에 야무지지 못하다.

제 10 부

부 록

부록 1. 양조주 평가 시 고려할 사항

(출처 : 미상)

▶ 색 상

1. 비정상적인 색상
   - 원료 또는 숙성에 의해 생성된 색이 아닌 것.
   - 발효나 저장 시 공기 유입에 의해 과도하게 갈변된 색.
   - 햇빛에 의한 홍변이나 미생물 오염으로 혼탁한 것.
2. 특징적인 색상
   - 원료 유래의 고유한 색을 가진 것.
   - 안토시아닌의 붉은색이나 보라색, 플라보노이드의 엷은 노란색 등.
   - 정상적인 숙성으로 생긴 노란색 및 엷은 갈색 빛깔.

▶ 향

1. 바람직하지 않은 향(이취)
   - 발효 중에 초산균이나 유산균의 오염으로 과도하게 생성된 acetic acid odor 또는 diacetyl이나 acetoin 등의 냄새.
   - 금속성 용기나 기구 유래의 metallicity odor.
   - 발효 시 생성된 acetaldehyde, 폴리페놀성 물질의 산화취.
2. 균형된 좋은 향
   - 원료 유래의 향기(아로마)나 장기간 숙성으로 생긴 향기가 풍부한 것.
   - Ethyl acetate나 isoamyl isovalerate 같은 과일향이 풍부한 것.

▶ 맛

1. 바람직하지 않은 맛
   - 과도한 신맛이나 쓴맛, 떫은맛으로 균형이 잡히지 않은 맛.
   - *Leuconostoc*속 세균 오염으로 생긴 끈끈한 점질성의 맛.
   - 원료나 발효, 숙성 유래의 맛이 아닌 것.
2. 균형된 좋은 맛
   - 단맛과 신맛이 잘 어우러진 맛.
   - 장기간 숙성으로 쓴맛과 떫은맛이 잘 조화된 부드러운 맛.
   - 원료 유래 유기산과 발효 중에 생성된 아미노산의 감칠맛.

부록 2. Tasting Notes

light 약함 → strong 강함, 1→ 5 (출처 : 미상)

		SAMPLE												
		A	B	C	D	E	F	G	H	I	J	K	L	M
Sight 색	Limpidity 탁도													
	Colour 색													
Aromas 아로마	Intensity 농도													
	Grain 곡물 향													
	Fruit 과일 향													
	Yeast 누룩 향													
	Complexity 복합성													
	Harmony 조화													
Palate 맛 (Flavour)	Viscosity (걸쭉한 맛)													
	Acidity (신맛, 酸)													
	Sweet (단맛, 甘)													
	Bitter (쓴맛, 苦)													
	Bubble (톡 쏘는 맛, 辛 - 발포)													
	Body 바디													
	Harmony 조화													
	Persistence (잔미, 殘味 - 피니쉬)													
Overall Judgement	평 가													

- 막걸리의 영문표기는 「makgeolli」입니다. 더 좋은 의견이 있으시면 적어주십시오. ( )
- 막걸리의 사전적 의미는 「한국에서 역사가 가장 오래된 술로서 빛깔이 뜨물처럼 희고 탁하며 6~8도로 알코올 성분이 적은 술이다.」입니다. 느끼시는 막걸리의 의미를 자유롭게 적어주십시오. ( )

부록 3. 시민품평회 평가표(과실주 부문)

(출처 : 미상)

샘플번호	
정정횟수	

평가결과(확인자)	(점)
확인자 성명	(인)

항 목 (배점)	평가기준	배 점				평 가
		1번	2번	3번	4번	
색상 (20점)	**※ 외관상 과실주의 특징적인 색상에 따라 평가**					
	유쾌하지 않은 색상 및 혼탁					
	약간 벗어난 색상					
	무난한 색상					
	맑고 뛰어나며 깨끗한 색상					
향 (20점)	**※ 이취의 유무 및 고유의 다양한 좋은 냄새의 조화도에 따라 평가**					
	이취 강하고 싫은 향(코르크, 곰팡이, 고무 등 불쾌한 향)					
	이취가 약간 있고(인공 향 포함) 특유의 과일 향이 약함					
	특유의 과일 향이 있고 유쾌한 향					
	특유의 과일 향이 있고 다양한 향이 균형잡힌 좋은 향					
맛 (40점)	**※ 특징적인 맛과 조화로움 및 느낌의 균형성에 따라 평가**					
	바람직하지 않은(조화롭지 못한 맛(단맛, 신맛, 쓴맛 등)					
	이미가 약간 있으며 균형이 잡히지 않은 맛					
	보통의 무난한 맛					
	맛의 조화가 적절하며 유쾌한 맛					
	균형이 잘 잡히고 조화로운 아주 좋은 맛					
후미 (10점)	**※ 목 넘김 후의 느낌에 따라 평가**					
	싫은 느낌(부조화, 불쾌한 느낌)					
	보 통					
	좋은 느낌(조화, 유쾌한 느낌)					

(계속)

항 목 (배점)	평가기준	배 점				평 가
		1번	2번	3번	4번	
종합적 평가 (10점)	**※ 색상, 향, 맛 및 후미 등을 종합적으로 평가**					
	나 쁨					
	보 통					
	좋 음					
	아주 좋음					
종합 평가		총 점				

평가자 성명 : ____________________ (서명) 연락처 : ____________________

부록 4. 막걸리 관능 평가기준

훈련된 패널의 크기는 10명 이상으로 하여 KS Q ISO 4121(관능검사-정량적 반응척도 사용을 위한 지침), 6.3.2.(불연속 척도)에 따라 다음 항목을 평가한다.

항 목	세부항목	채 점 기 준
시각적 평가	1. 색 상	○ 고유의 색상을 아주 뚜렷이 가지고 있는 것은 5점으로 한다.
		○ 고유의 색상을 뚜렷이 가지고 있는 것은 4점으로 한다.
		○ 고유의 색상을 가지고 있는 것은 3점으로 한다.
		○ 고유의 색상을 약간 가지고 있지 않는 것은 2점으로 한다.
		○ 고유의 색상을 가지고 있지 않는 것은 1점으로 한다.
후각적 평가	2. 복합향	○ 고유의 향을 아주 뚜렷이 가지고 이취가 없는 것은 5점으로 한다.
		○ 고유의 향을 뚜렷이 가지고 이취가 없는 것은 4점으로 한다.
		○ 고유의 향을 가지고 이취가 없는 것은 3점으로 한다.
		○ 고유의 향을 약간 가지고 이취가 약간 있는 것은 2점으로 한다.
		○ 고유의 향을 가지고 있지 않고 이취가 뚜렷이 있는 것 1점으로 한다.
미각적 평가	3. 단 맛	○ 매우 양호한 것은 5점으로 한다.
		○ 양호한 것은 4점으로 한다.
		○ 양호하지도 나쁘지도 않은 것은 3점으로 한다.
		○ 나쁜 것은 2점으로 한다.
		○ 매우 나쁜 것은 1점으로 한다.
	4. 신 맛	○ 매우 양호한 것은 5점으로 한다.
		○ 양호한 것은 4점으로 한다.
		○ 양호하지도 나쁘지도 않은 것은 3점으로 한다.
		○ 나쁜 것은 2점으로 한다.
		○ 매우 나쁜 것은 1점으로 한다.
	5. 복합미	○ 고유의 맛을 아주 뚜렷이 가지고 있고 이미가 없는 것 5점으로 한다.
		○ 고유의 맛을 뚜렷이 가지고 있고 이미가 없는 것은 4점으로 한다.
		○ 고유의 맛을 가지고 있고 이미가 없는 것은 3점으로 한다.
		○ 고유의 맛을 약간 가지고 있고 이미가 약간 있는 것은 2점으로 한다.
		○ 고유의 맛을 가지고 있지 않고 이미가 뚜렷이 있는 것 1점으로 한다.

(계속)

항 목	세부항목	채 점 기 준
미각적 평가	6. 입안 감촉	○ 매우 양호한 것은 5점으로 한다.
		○ 양호한 것은 4점으로 한다.
		○ 양호하지도 나쁘지도 않은 것은 3점으로 한다.
		○ 나쁜 것은 2점으로 한다.
		○ 매우 나쁜 것은 1점으로 한다.
	7. 후 미	○ 매우 양호한 것은 5점으로 한다.
		○ 양호한 것은 4점으로 한다.
		○ 양호하지도 나쁘지도 않은 것은 3점으로 한다.
		○ 나쁜 것은 2점으로 한다.
		○ 매우 나쁜 것은 1점으로 한다.
8. 종합적 기호도		○ 매우 양호한 것은 5점으로 한다.
		○ 양호한 것은 4점으로 한다.
		○ 양호하지도 나쁘지도 않은 것은 3점으로 한다.
		○ 나쁜 것은 2점으로 한다.
		○ 매우 나쁜 것은 1점으로 한다.

■ 막걸리 판정기준

1. 제조방법 기준은 각 항목이 모두 적합해야 한다.
2. 제조장 기준은 3.1항 및 3.2항의 필수기준 10개 모두와 권장기준 7개 중에서 4개 이상이 적합해야 하며, 3.3항의 기타는 모두 적합해야 한다.
3. 제품의 품질기준 중 이화학적 품질기준은 각 항목이 모두 적합해야 하며, 관능 평가기준은 세부 항목별로 전체 평가자 평균 3점 이상이어야 한다.

부록 5. 약주 관능 평가기준

훈련된 패널의 크기는 10명 이상으로 하여 KS Q ISO 4121(관능검사-정량적 반응척도 사용을 위한 지침), 6.3.2.(불연속 척도)에 따라 다음 항목을 평가한다.

항 목	세부항목	채 점 기 준
시각적 평가	1. 투명도	○ 매우 양호한 것은 5점으로 한다.
		○ 양호한 것은 4점으로 한다.
		○ 양호하지도 나쁘지도 않은 것은 3점으로 한다.
		○ 나쁜 것은 2점으로 한다.
		○ 매우 나쁜 것은 1점으로 한다.
	2. 색 상	○ 고유의 색상을 아주 뚜렷이 가지고 있는 것은 5점으로 한다.
		○ 고유의 색상을 뚜렷이 가지고 있는 것은 4점으로 한다.
		○ 고유의 색상을 가지고 있는 것은 3점으로 한다.
		○ 고유의 색상을 약간 가지고 있지 않는 것은 2점으로 한다.
		○ 고유의 색상을 가지고 있지 않는 것은 1점으로 한다.
후각적 평가	3. 복합향	○ 고유의 향을 아주 뚜렷이 가지고 이취가 없는 것은 5점으로 한다.
		○ 고유의 향을 뚜렷이 가지고 이취가 없는 것은 4점으로 한다.
		○ 고유의 향을 가지고 이취가 없는 것은 3점으로 한다.
		○ 고유의 향을 약간 가지고 이취가 약간 있는 것은 2점으로 한다.
		○ 고유의 향을 가지고 있지 않고 이취가 뚜렷이 있는 것 1점으로 한다.
미각적 평가	4. 단 맛	○ 매우 양호한 것은 5점으로 한다.
		○ 양호한 것은 4점으로 한다.
		○ 양호하지도 나쁘지도 않은 것은 3점으로 한다.
		○ 나쁜 것은 2점으로 한다.
		○ 매우 나쁜 것은 1점으로 한다.
	5. 신 맛	○ 매우 양호한 것은 5점으로 한다.
		○ 양호한 것은 4점으로 한다.
		○ 양호하지도 나쁘지도 않은 것은 3점으로 한다.
		○ 나쁜 것은 2점으로 한다.
		○ 매우 나쁜 것은 1점으로 한다.

(계속)

항 목	세부항목	채 점 기 준
미각적 평가	6. 복합미	○ 고유의 맛을 아주 뚜렷이 가지고 있고 이미가 없는 것 5점으로 한다.
		○ 고유의 맛을 뚜렷이 가지고 있고 이미가 없는 것은 4점으로 한다.
		○ 고유의 맛을 가지고 있고 이미가 없는 것은 3점으로 한다.
		○ 고유의 맛을 약간 가지고 있고 이미가 약간 있는 것은 2점으로 한다.
		○ 고유의 맛을 가지고 있지 않고 이미가 뚜렷이 있는 것 1점으로 한다.
	7. 후 미	○ 매우 양호한 것은 5점으로 한다.
		○ 양호한 것은 4점으로 한다.
		○ 양호하지도 나쁘지도 않은 것은 3점으로 한다.
		○ 나쁜 것은 2점으로 한다.
		○ 매우 나쁜 것은 1점으로 한다.
8. 종합적 기호도		○ 매우 양호한 것은 5점으로 한다.
		○ 양호한 것은 4점으로 한다.
		○ 양호하지도 나쁘지도 않은 것은 3점으로 한다.
		○ 나쁜 것은 2점으로 한다.
		○ 매우 나쁜 것은 1점으로 한다.

■ 약주 판정기준

1. 제조방법 기준은 각 항목이 모두 적합해야 한다.
2. 제조장 기준은 3.1항 및 3.2항의 필수기준 12개 모두와 권장기준 7개 중에서 4개 이상이 적합해야 하며, 3.3항의 기타는 모두 적합해야 한다.
3. 제품의 품질기준 중 이화학적 품질기준은 각 항목이 모두 적합해야 하며, 관능 평가기준은 세부 항목별로 전체 평가자 평균 3점 이상이어야 한다.

부록 6. 청주 관능 평가기준

훈련된 패널의 크기는 10명 이상으로 하여 KS Q ISO 4121(관능검사 - 정량적 반응척도 사용을 위한 지침), 6.3.2.(불연속 척도)에 따라 다음 항목을 평가한다.

<table>
<tr><th>항 목</th><th>세부항목</th><th>채 점 기 준</th></tr>
<tr><td rowspan="10">시각적 평가</td><td rowspan="5">1. 투명도</td><td>○ 매우 양호한 것은 5점으로 한다.</td></tr>
<tr><td>○ 양호한 것은 4점으로 한다.</td></tr>
<tr><td>○ 양호하지도 나쁘지도 않은 것은 3점으로 한다.</td></tr>
<tr><td>○ 나쁜 것은 2점으로 한다.</td></tr>
<tr><td>○ 매우 나쁜 것은 1점으로 한다.</td></tr>
<tr><td rowspan="5">2. 색 상</td><td>○ 고유의 색상을 아주 뚜렷이 가지고 있는 것은 5점으로 한다.</td></tr>
<tr><td>○ 고유의 색상을 뚜렷이 가지고 있는 것은 4점으로 한다.</td></tr>
<tr><td>○ 고유의 색상을 가지고 있는 것은 3점으로 한다.</td></tr>
<tr><td>○ 고유의 색상을 약간 가지고 있지 않는 것은 2점으로 한다.</td></tr>
<tr><td>○ 고유의 색상을 가지고 있지 않는 것은 1점으로 한다.</td></tr>
<tr><td rowspan="5">후각적 평가</td><td rowspan="5">3. 복합향</td><td>○ 고유의 향을 아주 뚜렷이 가지고 이취가 없는 것은 5점으로 한다.</td></tr>
<tr><td>○ 고유의 향을 뚜렷이 가지고 이취가 없는 것은 4점으로 한다.</td></tr>
<tr><td>○ 고유의 향을 가지고 이취가 없는 것은 3점으로 한다.</td></tr>
<tr><td>○ 고유의 향을 약간 가지고 이취가 약간 있는 것은 2점으로 한다.</td></tr>
<tr><td>○ 고유의 향을 가지고 있지 않고 이취가 뚜렷이 있는 것 1점으로 한다.</td></tr>
<tr><td rowspan="10">미각적 평가</td><td rowspan="5">4. 단 맛</td><td>○ 매우 양호한 것은 5점으로 한다.</td></tr>
<tr><td>○ 양호한 것은 4점으로 한다.</td></tr>
<tr><td>○ 양호하지도 나쁘지도 않은 것은 3점으로 한다.</td></tr>
<tr><td>○ 나쁜 것은 2점으로 한다.</td></tr>
<tr><td>○ 매우 나쁜 것은 1점으로 한다.</td></tr>
<tr><td rowspan="5">5. 쓴 맛</td><td>○ 매우 양호한 것은 5점으로 한다.</td></tr>
<tr><td>○ 양호한 것은 4점으로 한다.</td></tr>
<tr><td>○ 양호하지도 나쁘지도 않은 것은 3점으로 한다.</td></tr>
<tr><td>○ 나쁜 것은 2점으로 한다.</td></tr>
<tr><td>○ 매우 나쁜 것은 1점으로 한다.</td></tr>
</table>

(계속)

항 목	세부항목	채 점 기 준
미각적 평가	6. 복합미	○ 고유의 맛을 아주 뚜렷이 가지고 있고 이미가 없는 것 5점으로 한다.
		○ 고유의 맛을 뚜렷이 가지고 있고 이미가 없는 것은 4점으로 한다.
		○ 고유의 맛을 가지고 있고 이미가 없는 것은 3점으로 한다.
		○ 고유의 맛을 약간 가지고 있고 이미가 약간 있는 것은 2점으로 한다.
		○ 고유의 맛을 가지고 있지 않고 이미가 뚜렷이 있는 것 1점으로 한다.
	7. 입안 감촉	○ 매우 양호한 것은 5점으로 한다.
		○ 양호한 것은 4점으로 한다.
		○ 양호하지도 나쁘지도 않은 것은 3점으로 한다.
		○ 나쁜 것은 2점으로 한다.
		○ 매우 나쁜 것은 1점으로 한다.
	8. 후 미	○ 매우 양호한 것은 5점으로 한다.
		○ 양호한 것은 4점으로 한다.
		○ 양호하지도 나쁘지도 않은 것은 3점으로 한다.
		○ 나쁜 것은 2점으로 한다.
		○ 매우 나쁜 것은 1점으로 한다.
9. 종합적 기호도		○ 매우 양호한 것은 5점으로 한다.
		○ 양호한 것은 4점으로 한다.
		○ 양호하지도 나쁘지도 않은 것은 3점으로 한다.
		○ 나쁜 것은 2점으로 한다.
		○ 매우 나쁜 것은 1점으로 한다.

■ 청주 판정기준

1. 제조방법 기준은 각 항목이 모두 적합해야 한다.
2. 제조장 기준은 3.1항 및 3.2항의 필수기준 12개 모두와 권장기준 7개 중에서 4개 이상이 적합해야 하며, 3.3항의 기타는 모두 적합해야 한다.
3. 제품의 품질기준 중 이화학적 품질기준은 각 항목이 모두 적합해야 하며, 관능 평가기준은 세부 항목별로 전체 평가자 평균 3점 이상이어야 한다.

부록 7. 과실주 관능 평가기준

훈련된 패널의 크기는 10명 이상으로 하여 KS Q ISO 4121(관능검사-정량적 반응척도 사용을 위한 지침), 6.3.2.(불연속 척도)에 따라 다음 항목을 평가한다.

항 목	세부항목	채 점 기 준
시각적 평가	1. 투명도	○ 매우 양호한 것은 5점으로 한다.
		○ 양호한 것은 4점으로 한다.
		○ 양호하지도 나쁘지도 않은 것은 3점으로 한다.
		○ 나쁜 것은 2점으로 한다.
		○ 매우 나쁜 것은 1점으로 한다.
	2. 색 상	○ 고유의 색상을 아주 뚜렷이 가지고 있는 것은 5점으로 한다.
		○ 고유의 색상을 뚜렷이 가지고 있는 것은 4점으로 한다.
		○ 고유의 색상을 가지고 있는 것은 3점으로 한다.
		○ 고유의 색상을 약간 가지고 있지 않는 것은 2점으로 한다.
		○ 고유의 색상을 가지고 있지 않는 것은 1점으로 한다.
후각적 평가	3. 복합향	○ 고유의 향을 아주 뚜렷이 가지고 이취가 없는 것은 5점으로 한다.
		○ 고유의 향을 뚜렷이 가지고 이취가 없는 것은 4점으로 한다.
		○ 고유의 향을 가지고 이취가 없는 것은 3점으로 한다.
		○ 고유의 향을 약간 가지고 이취가 약간 있는 것은 2점으로 한다.
		○ 고유의 향을 가지고 있지 않고 이취가 뚜렷이 있는 것 1점으로 한다.
미각적 평가	4. 단 맛	○ 매우 양호한 것은 5점으로 한다.
		○ 양호한 것은 4점으로 한다.
		○ 양호하지도 나쁘지도 않은 것은 3점으로 한다.
		○ 나쁜 것은 2점으로 한다.
		○ 매우 나쁜 것은 1점으로 한다.
	5. 신 맛	○ 매우 양호한 것은 5점으로 한다.
		○ 양호한 것은 4점으로 한다.
		○ 양호하지도 나쁘지도 않은 것은 3점으로 한다.
		○ 나쁜 것은 2점으로 한다.
		○ 매우 나쁜 것은 1점으로 한다.

(계속)

항 목	세부항목	채 점 기 준
미각적 평가	6. 입안 감촉	○ 매우 양호한 것은 5점으로 한다.
		○ 양호한 것은 4점으로 한다.
		○ 양호하지도 나쁘지도 않은 것은 3점으로 한다.
		○ 나쁜 것은 2점으로 한다.
		○ 매우 나쁜 것은 1점으로 한다.
	7. 후 미	○ 매우 양호한 것은 5점으로 한다.
		○ 양호한 것은 4점으로 한다.
		○ 양호하지도 나쁘지도 않은 것은 3점으로 한다.
		○ 나쁜 것은 2점으로 한다.
		○ 매우 나쁜 것은 1점으로 한다.
8. 종합적 기호도		○ 매우 양호한 것은 5점으로 한다.
		○ 양호한 것은 4점으로 한다.
		○ 양호하지도 나쁘지도 않은 것은 3점으로 한다.
		○ 나쁜 것은 2점으로 한다.
		○ 매우 나쁜 것은 1점으로 한다.

■ 과실주 판정기준

1. 제조방법 기준은 각 항목이 모두 적합해야 한다.
2. 제조장 기준은 3.1항 및 3.2항의 필수기준 9개 모두와 권장기준 7개 중에서 4개 이상이 적합해야 하며, 3.3항의 기타는 모두 적합해야 한다.
3. 제품의 품질기준 중 이화학적 품질기준은 각 항목이 모두 적합해야 하며, 관능 평가기준은 세부 항목별로 전체 평가자 평균 3점 이상이어야 한다.

부록 8. 증류식 소주 관능 평가기준

훈련된 패널의 크기는 10명 이상으로 하여 KS Q ISO 4121(관능검사-정량적 반응척도 사용을 위한 지침), 6.3.2.(불연속 척도)에 따라 다음 항목을 평가한다.

항 목	세부항목	채 점 기 준
시각적 평가	1. 투명도	○ 매우 양호한 것은 5점으로 한다.
		○ 양호한 것은 4점으로 한다.
		○ 양호하지도 나쁘지도 않은 것은 3점으로 한다.
		○ 나쁜 것은 2점으로 한다.
		○ 매우 나쁜 것은 1점으로 한다.
후각적 평가	2. 알코올 향	○ 매우 양호한 것은 5점으로 한다.
		○ 양호한 것은 4점으로 한다.
		○ 양호하지도 나쁘지도 않은 것은 3점으로 한다.
		○ 나쁜 것은 2점으로 한다.
		○ 매우 나쁜 것은 1점으로 한다.
	3. 복합향	○ 고유의 향을 아주 뚜렷이 가지고 이취가 없는 것은 5점으로 한다.
		○ 고유의 향을 뚜렷이 가지고 이취가 없는 것은 4점으로 한다.
		○ 고유의 향을 가지고 이취가 없는 것은 3점으로 한다.
		○ 고유의 향을 약간 가지고 이취가 약간 있는 것은 2점으로 한다.
		○ 고유의 향을 가지고 있지 않고 이취가 뚜렷이 있는 것 1점으로 한다.
미각적 평가	4. 복합미	○ 고유의 맛을 아주 뚜렷이 가지고 있고 이미가 없는 것 5점으로 한다.
		○ 고유의 맛을 뚜렷이 가지고 있고 이미가 없는 것은 4점으로 한다.
		○ 고유의 맛을 가지고 있고 이미가 없는 것은 3점으로 한다.
		○ 고유의 맛을 약간 가지고 있고 이미가 약간 있는 것은 2점으로 한다.
		○ 고유의 맛을 가지고 있지 않고 이미가 뚜렷이 있는 것 1점으로 한다.
	5. 입안 감촉	○ 매우 양호한 것은 5점으로 한다.
		○ 양호한 것은 4점으로 한다.
		○ 양호하지도 나쁘지도 않은 것은 3점으로 한다.
		○ 나쁜 것은 2점으로 한다.
		○ 매우 나쁜 것은 1점으로 한다.

(계속)

항 목	세부항목	채 점 기 준
6. 종합적 평가		○ 매우 양호한 것은 5점으로 한다.
		○ 양호한 것은 4점으로 한다.
		○ 양호하지도 나쁘지도 않은 것은 3점으로 한다.
		○ 나쁜 것은 2점으로 한다.
		○ 매우 나쁜 것은 1점으로 한다.

■ 증류식 소주 판정기준

1. 제조방법 기준은 각 항목이 모두 적합해야 한다.
2. 제조장 기준은 3.1항 및 3.2항의 필수기준 9개 모두와 권장기준 7개 중에서 4개 이상이 적합해야 하며, 3.3항의 기타는 모두 적합해야 한다.
3. 제품의 품질기준 중 이화학적 품질기준은 각 항목이 모두 적합해야 하며, 관능 평가기준은 세부 항목별로 전체 평가자 평균 3점 이상이어야 한다.

부록 9. 일반 증류식 소주 관능 평가기준

훈련된 패널의 크기는 10명 이상으로 하여 KS Q ISO 4121(관능검사-정량적 반응척도 사용을 위한 지침), 6.3.2.(불연속 척도)에 따라 다음 항목을 평가한다.

항 목	세부항목	채 점 기 준
시각적 평가	1. 투명도	○ 매우 양호한 것은 5점으로 한다.
		○ 양호한 것은 4점으로 한다.
		○ 양호하지도 나쁘지도 않은 것은 3점으로 한다.
		○ 나쁜 것은 2점으로 한다.
		○ 매우 나쁜 것은 1점으로 한다.
후각적 평가	2. 알코올 향	○ 매우 양호한 것은 5점으로 한다.
		○ 양호한 것은 4점으로 한다.
		○ 양호하지도 나쁘지도 않은 것은 3점으로 한다.
		○ 나쁜 것은 2점으로 한다.
		○ 매우 나쁜 것은 1점으로 한다.
	3. 복합향	○ 고유의 향을 아주 뚜렷이 가지고 이취가 없는 것은 5점으로 한다.
		○ 고유의 향을 뚜렷이 가지고 이취가 없는 것은 4점으로 한다.
		○ 고유의 향을 가지고 이취가 없는 것은 3점으로 한다.
		○ 고유의 향을 약간 가지고 이취가 약간 있는 것은 2점으로 한다.
		○ 고유의 향을 가지고 있지 않고 이취가 뚜렷이 있는 것 1점으로 한다.
미각적 평가	4. 복합미	○ 고유의 맛을 아주 뚜렷이 가지고 있고 이미가 없는 것 5점으로 한다.
		○ 고유의 맛을 뚜렷이 가지고 있고 이미가 없는 것은 4점으로 한다.
		○ 고유의 맛을 가지고 있고 이미가 없는 것은 3점으로 한다.
		○ 고유의 맛을 약간 가지고 있고 이미가 약간 있는 것은 2점으로 한다.
		○ 고유의 맛을 가지고 있지 않고 이미가 뚜렷이 있는 것 1점으로 한다.
	5. 입안 감촉	○ 매우 양호한 것은 5점으로 한다.
		○ 양호한 것은 4점으로 한다.
		○ 양호하지도 나쁘지도 않은 것은 3점으로 한다.
		○ 나쁜 것은 2점으로 한다.
		○ 매우 나쁜 것은 1점으로 한다.

(계속)

항 목	세부항목	채 점 기 준
6. 종합적 평가		○ 매우 양호한 것은 5점으로 한다.
		○ 양호한 것은 4점으로 한다.
		○ 양호하지도 나쁘지도 않은 것은 3점으로 한다.
		○ 나쁜 것은 2점으로 한다.
		○ 매우 나쁜 것은 1점으로 한다.

■ 일반 증류식 소주 판정기준

1. 제조방법 기준은 각 항목이 모두 적합해야 한다.
2. 제조장 기준은 3.1항 및 3.2항의 필수기준 9개 모두와 권장기준 7개 중에서 4개 이상이 적합해야 하며, 3.3항의 기타는 모두 적합해야 한다.
3. 제품의 품질기준 중 이화학적 품질기준은 각 항목이 모두 적합해야 하며, 관능 평가기준은 세부 항목별로 전체 평가자 평균 3점 이상이어야 한다.

부록 10. 리큐르주 관능 평가기준

훈련된 패널의 크기는 10명 이상으로 하여 KS Q ISO 4121(관능검사-정량적 반응척도 사용을 위한 지침), 6.3.2.(불연속 척도)에 따라 다음 항목을 평가한다.

항 목	세부항목	채 점 기 준
시각적 평가	1. 투명도	○ 매우 양호한 것은 5점으로 한다.
		○ 양호한 것은 4점으로 한다.
		○ 양호하지도 나쁘지도 않은 것은 3점으로 한다.
		○ 나쁜 것은 2점으로 한다.
		○ 매우 나쁜 것은 1점으로 한다.
후각적 평가	2. 알코올향	○ 매우 양호한 것은 5점으로 한다.
		○ 양호한 것은 4점으로 한다.
		○ 양호하지도 나쁘지도 않은 것은 3점으로 한다.
		○ 나쁜 것은 2점으로 한다.
		○ 매우 나쁜 것은 1점으로 한다.
	3. 복합향	○ 고유의 향을 아주 뚜렷이 가지고 이취가 없는 것은 5점으로 한다.
		○ 고유의 향을 뚜렷이 가지고 이취가 없는 것은 4점으로 한다.
		○ 고유의 향을 가지고 이취가 없는 것은 3점으로 한다.
		○ 고유의 향을 약간 가지고 이취가 약간 있는 것은 2점으로 한다.
		○ 고유의 향을 가지고 있지 않고 이취가 뚜렷이 있는 것 1점으로 한다.
미각적 평가	4. 복합미	○ 고유의 맛을 아주 뚜렷이 가지고 있고 이미가 없는 것 5점으로 한다.
		○ 고유의 맛을 뚜렷이 가지고 있고 이미가 없는 것은 4점으로 한다.
		○ 고유의 맛을 가지고 있고 이미가 없는 것은 3점으로 한다.
		○ 고유의 맛을 약간 가지고 있고 이미가 약간 있는 것은 2점으로 한다.
		○ 고유의 맛을 가지고 있지 않고 이미가 뚜렷이 있는 것 1점으로 한다.
	5. 입안 감촉	○ 매우 양호한 것은 5점으로 한다.
		○ 양호한 것은 4점으로 한다.
		○ 양호하지도 나쁘지도 않은 것은 3점으로 한다.
		○ 나쁜 것은 2점으로 한다.
		○ 매우 나쁜 것은 1점으로 한다.

(계속)

항 목	세부항목	채 점 기 준
6. 종합적 평가		○ 매우 양호한 것은 5점으로 한다.
		○ 양호한 것은 4점으로 한다.
		○ 양호하지도 나쁘지도 않은 것은 3점으로 한다.
		○ 나쁜 것은 2점으로 한다.
		○ 매우 나쁜 것은 1점으로 한다.

■ 리큐르주 판정기준

1. 제조방법 기준은 각 항목이 모두 적합해야 한다.
2. 제조장 기준은 3.1항 및 3.2항의 필수기준 9개 모두와 권장기준 7개 중에서 4개 이상이 적합해야 하며, 3.3항의 기타는 모두 적합해야 한다.
3. 제품의 품질기준 중 이화학적 품질기준은 각 항목이 모두 적합해야 하며, 관능 평가기준은 세부 항목별로 전체 평가자 평균 3점 이상이어야 한다.

부록 11. 알코올의 용량%와 일본주도 대조표(일본)

알코올 %	일본주도 (+)	알코올 %	일본주도 (+)	알코올 %	일본주도 (+)	알코올 %	일본주도 (+)	알코올 %	일본주도 (+)
1.0	3.5	16.0	30.5	31.0	54.3	46.0	89.8	61.0	140.8
1.5	4.5	16.5	31.2	31.5	55.3	46.5	91.3	61.5	142.8
2.0	5.6	17.0	32.0	32.0	56.2	47.0	92.8	62.0	144.8
2.5	6.7	17.5	32.8	32.5	57.1	47.5	94.2	62.5	146.7
3.0	7.7	18.0	33.5	33.0	58.1	48.0	95.7	63.0	148.8
3.5	8.7	18.5	34.1	33.5	59.2	48.5	97.3	63.5	150.8
4.0	9.7	19.0	34.9	34.0	60.1	49.0	98.8	64.0	152.9
4.5	10.6	19.5	35.6	34.5	61.2	49.5	100.5	64.5	154.8
5.0	11.6	20.0	36.4	35.0	62.3	50.0	102.0	65.0	157.0
5.5	12.5	20.5	37.1	35.5	63.4	50.5	103.6	65.5	158.9
6.0	13.5	21.0	37.9	36.0	64.4	51.0	105.1	66.0	161.0
6.5	14.4	21.5	38.7	36.5	65.5	51.5	106.8	66.5	163.2
7.0	15.5	22.0	39.6	37.0	66.6	52.0	108.4	67.0	165.3
7.5	16.3	22.5	40.3	37.5	67.7	52.5	110.1	67.5	167.5
8.0	17.2	23.0	41.1	38.0	68.8	53.0	111.8	68.0	169.6
8.5	18.1	23.5	41.9	38.5	70.0	53.5	113.5	68.5	171.8
9.0	19.1	24.0	42.8	39.0	71.2	54.0	115.1	69.0	174.0
9.5	19.9	24.5	43.4	39.5	72.4	54.5	117.0	69.0	176.2
10.0	20.3	25.0	44.2	40.0	73.5	55.0	118.7	70.0	178.5
10.5	21.7	25.5	45.1	40.5	74.9	55.5	120.6	70.5	180.7
11.0	22.5	26.0	45.8	41.0	76.1	56.0	122.2	71.0	183.1
11.5	23.3	26.5	46.6	41.5	77.4	56.5	124.1	71.5	185.3
12.0	24.2	27.0	47.4	42.0	78.7	57.0	125.8	72.0	187.7
12.5	24.9	27.5	48.3	42.5	80.1	57.5	127.7	72.5	190.1
13.0	25.8	28.0	49.1	43.0	81.4	58.0	129.4	73.0	192.5
13.5	26.6	28.5	50.0	43.5	82.8	58.5	131.3	73.5	194.9
14.0	27.5	29.0	50.8	44.0	84.1	59.0	133.2	74.0	197.3
14.5	28.2	29.5	51.7	44.5	85.6	59.5	135.1	74.5	199.8
15.0	29.0	30.0	52.5	45.0	86.9	60.0	137.0	75.0	202.2
15.5	29.7	30.5	53.4	45.5	88.4	60.5	138.9	75.5	204.1

(계속)

알코올 %	일본 주도 (+)	알코올 %	일본 주도 (+)	알코올 %	일본 주도 (+)	알코올 %	일본 주도 (+)	알코올 %	일본 주도 (+)
76.0	206.1	82.0	238.6	88.0	274.0	94.0	317.0	100.0	374.4
76.5	209.2	82.5	241.4	88.5	277.3	94.5	321.1		
77.0	212.2	83.0	244.1	89.0	280.6	95.0	325.2		
77.5	214.7	83.5	247.1	89.5	284.1	95.5	329.5		
78.0	217.3	84.0	249.9	90.0	287.4	96.0	333.9		
78.5	219.8	84.5	252.8	90.5	291.0	96.5	338.5		
79.0	222.5	85.0	255.6	91.0	294.5	97.0	343.1		
79.5	225.0	85.5	258.6	91.5	298.1	97.5	348.0		
80.0	227.7	86.0	261.7	92.0	301.6	98.0	352.9		
80.5	230.4	86.5	264.7	92.5	305.5	98.5	358.0		
81.0	233.1	87.0	267.7	93.0	309.3	99.0	363.2		
81.5	235.9	87.5	271.0	93.5	313.1	99.5	368.7		

부록 12. 알코올의 용량%와 비중(15/15℃) 환산표

알코올% (15℃)	비 중 15/15℃	알코올% (15℃)	비 중 15/15℃	알코올% (15℃)	비 중 15/15℃	알코올% (15℃)	비 중 15/15℃
0	1.0000						
1.0	0.9985	26.0	0.9700	51.0	0.9329	76.0	0.8753
2.0	0.9970	27.0	0.9690	52.0	0.9309	77.0	0.8726
3.0	0.9956	28.0	0.9679	53.0	0.9289	78.0	0.8699
4.0	0.9942	29.0	0.9668	54.0	0.9269	79.0	0.8672
5.0	0.9929	30.0	0.9657	55.0	0.9248	80.0	0.8645
6.0	0.9916	31.0	0.9645	56.0	0.9227	81.0	0.8617
7.0	0.9903	32.0	0.9633	57.0	0.9206	82.0	0.8589
8.0	0.9891	33.0	0.9621	58.0	0.9185	83.0	0.8560
9.0	0.9878	34.0	0.9608	59.0	0.9163	84.0	0.8531
10.0	0.9867	35.0	0.9594	60.0	0.9141	85.0	0.8502
11.0	0.9855	36.0	0.9581	61.0	0.9119	86.0	0.8472
12.0	0.9844	37.0	0.9567	62.0	0.9096	87.0	0.8442
13.0	0.9833	38.0	0.9553	63.0	0.9073	88.0	0.8411
14.0	0.9822	39.0	0.9538	64.0	0.9050	89.0	0.8379
15.0	0.9812	40.0	0.9523	65.0	0.9027	90.0	0.8346
16.0	0.9802	41.0	0.9507	66.0	0.9004	91.0	0.8312
17.0	0.9792	42.0	0.9491	67.0	0.8980	92.0	0.8278
18.0	0.9782	43.0	0.9474	68.0	0.8956	93.0	0.8242
19.0	0.9773	44.0	0.9457	69.0	0.8932	94.0	0.8206
20.0	0.9763	45.0	0.9440	70.0	0.8907	95.0	0.8168
21.0	0.9753	46.0	0.9422	71.0	0.8882	96.0	0.8128
22.0	0.9742	47.0	0.9404	72.0	0.8857	97.0	0.8086
23.0	0.9732	48.0	0.9386	73.0	0.8831	98.0	0.8042
24.0	0.9721	49.0	0.9367	74.0	0.8805	99.0	0.7996
25.0	0.9711	50.0	0.9348	75.0	0.8779	100.0	0.7947

술 발효 용어사전

2016년 7월 10일 초판 인쇄
2016년 7월 15일 초판 발행

편 자 : 정동효
펴낸이 : 천승배
펴낸곳 : 도서출판 유한문화사

주소 : (157-801) 서울시 강서구 강서로76길 21(가양동)
전화 : 2668-2055~6
팩스 : 2668-2565
http://www.yuhansa.com
E-mail : yuhansa@hanmail.net
등록 : 제 5-31호. 1979. 3. 6.

값 32,000 원

ISBN : 978-89-7722-925-9 93590

「이 도서의 국립중앙도서관 출판예정도서목록(CIP)은 서지정보유통지원시스템 홈페이지(http://seoji.nl.go.kr)와 국가자료공동목록시스템(http://www.nl.go.kr/kolisnet)에서 이용하실 수 있습니다.(CIP제어번호: CIP2016016470)」